新生代知识型员工反生产行为的影响机制与对策研究

刘文彬 著

科 学 出 版 社
北 京

内 容 简 介

我国的新生代知识型员工作为知识型员工中的新生群体,一方面因其与中国传统知识分子面临共同的文化环境和社会境遇,自然也就潜移默化地具有这一群体共有的一些基本特征。另一方面,又因其出生和成长于改革开放、社会加速转型的大时代背景下,而明显带有不同于传统知识分子的特殊的时代印记。因此,针对新生代知识型员工开展反生产行为的系统研究十分必要:从企业的角度来看,这关系到企业人力资源管理策略的制定和具体实践,更关系到企业未来的生存和发展;从个人的角度来看,这关系到新生代知识型员工能否尽快成长为真正意义上的高绩效工作者,更关系到其个人长期的职业发展和成功。

本书可供在高等院校从事工商管理学科领域,尤其是组织与人力资源管理领域相关学术问题研究的教师和研究生,以及在企事业单位和政府部门从事人力资源职能管理工作的管理者使用。

图书在版编目(CIP)数据

新生代知识型员工反生产行为的影响机制与对策研究/刘文彬著. —北京:科学出版社,2019.12
ISBN 978-7-03-063264-7

Ⅰ.①新… Ⅱ.①刘… Ⅲ.①职工-行为-研究 Ⅳ.①F241

中国版本图书馆CIP数据核字(2019)第249525号

责任编辑:冯 铂 刘 琳/责任校对:彭 映
责任印制:罗 科/封面设计:墨创文化

科 学 出 版 社 出版
北京东黄城根北街16号
邮政编码:100717
http://www.sciencep.com

成都锦瑞印刷有限责任公司 印刷
科学出版社发行 各地新华书店经销

*

2019年12月第 一 版 开本:787×1092 1/16
2019年12月第一次印刷 印张:10
字数:240 000
定价:99.00元
(如有印装质量问题,我社负责调换)

前　言

员工在工作场域中表现出来的反生产行为（counterproductive work behavior，CWB）作为组织与和人力资源管理领域的一个热门话题，已经有超过 20 年的研究历程。如果想要在这个问题上开展一些具有创新性和前瞻性，以及具有较高学术性和理论性的研究，可以选择两条基本路径：第一，采用更新颖也更科学的研究方法对尚未达成一致结论的现有研究问题进行更加深入和细致的探索，例如：采用计算机仿真和模拟、大数据分析或者实验研究的方法。第二，选择更有针对性的研究对象，在适度拓展现有理论基础的过程中，发现更具有管理实践价值和可操作性的研究结论，例如：选择某一个行业、某一个区域或者具有明显共性的某类人群作为特定的研究对象。根据上述两条基本路径，结合前期开展相关理论研究已经取得的成果与积累的经验，本书选择了一个更有针对性的研究对象来开展更加具体和深入的探索，以期能够获得一些在管理实践层面更有价值的研究结论。

事实上，我国的新生代知识型员工作为知识型员工中的新生群体，一方面因其与中国传统知识分子面临共同的文化环境和社会境遇，自然也就潜移默化地具有这一群体共有的一些基本特征。但是，从另一方面来看，我国的新生代知识型员工又因其出生和成长于改革开放、社会加速转型的大时代背景下，而明显带有不同于传统知识分子的特殊时代印记。与此同时，他们所处的特殊年龄阶段又使得其身上呈现出同龄群体所共有的人格特征。总而言之，我国的新生代知识型员工具有一些非常明显的核心特征。针对新生代知识型员工开展反生产行为的系统研究十分必要，从企业的角度来看，这关系到企业人资源管理策略的制定和具体实践，更关系到企业未来的生存和发展；而从个人的角度来看，这关系到新生代员工能否尽快成长为一个真正意义上的高绩效工作者，更关系到其个人长期的职业发展和成功。

本书选择新生代知识型员工作为核心研究对象，并围绕这一研究对象来建构相应的研究内容，从而在员工反生产行为这个热门话题的研究中，提出了一系列具有创新性和前瞻性，以及具有较高学术性和理论性的新问题。具体而言，本书围绕个体特征和组织情境这两个层面，建构了一个包括个体人格特质、绩效反馈模式、组织伦理气氛以及组织结构特征在内的，影响新生代知识型员工反生产行为的理论研究框架，并通过案例和实证研究等方法比较科学和系统地探索了新生代知识型员工反生产行为的影响因素、发生机制和控制策略等一系列问题。与此同时，在上述研究的基础上，本书还对涉及员工反生产行为的主体研究框架和内容做出了进一步的扩展，即发现了"工作乐趣（work place fun）"对新生代知识型员工的重要意义和价值，为后续相关研究指明了方向、奠定了基础。

目 录

第1章 研究绪论 ·· 1
  1.1 研究背景 ·· 1
    1.1.1 一个热门话题：员工反生产行为 ························ 1
    1.1.2 一个重要问题：新生代知识型员工的反生产行为 ········ 3
  1.2 研究内容与意义 ·· 6
    1.2.1 新生代知识型员工反生产行为的结构维度研究 ········· 7
    1.2.2 新生代知识型员工反生产行为的影响因素研究 ········· 8
    1.2.3 新生代知识型员工的工作乐趣研究 ···················· 9
  1.3 研究设计与方法 ··· 10
    1.3.1 研究设计 ··· 10
    1.3.2 研究方法 ··· 11
  1.4 研究创新 ··· 12

第2章 新生代知识型员工反生产行为的结构维度 ················· 14
  2.1 新生代知识型员工的综合分析 ······························· 14
    2.1.1 新生代知识型员工的成长环境 ························· 14
    2.1.2 新生代知识型员工的基本属性 ························· 16
    2.1.3 新生代知识型员工的职业追求 ························· 18
  2.2 新生代知识型员工反生产行为的差异性分析 ··············· 21
  2.3 新生代知识型员工反生产行为的结构维度探索 ············ 25
    2.3.1 挖掘新生代知识型员工反生产行为的具体表现形式 ··· 26
    2.3.2 基于多维尺度分析对新生代知识型员工反生产行为进行分类 ··· 29
    2.3.3 新生代知识型员工反生产行为的维度和因子命名 ····· 32
  2.4 本章小结 ··· 36

第3章 个体人格特质与新生代知识型员工反生产行为 ··········· 37
  3.1 理论基础和研究假设 ··· 37
    3.1.1 理论基础：资源保护理论 ······························ 37
    3.1.2 理论基础：社会认知理论 ······························ 38
    3.1.3 研究假设：理论推导 ·································· 39
  3.2 实证研究1：假设检验和研究结论 ·························· 44
    3.2.1 数据收集和信效度检验 ································ 44
    3.2.2 数据分析和假设检验 ·································· 46
    3.2.3 研究结论和主要问题 ·································· 50

3.3 实证研究 2：对相关问题的进一步探索 ·················· 51
   3.3.1 研究假设和理论基础 ··························· 51
   3.3.2 数据分析和假设检验 ··························· 55
   3.3.3 研究结论和政策建议 ··························· 58

第4章 绩效反馈模式与新生代知识型员工反生产行为 ··············· 62
4.1 绩效反馈模式：基于反馈效价的视角 ················· 62
   4.1.1 相关文献综述 ······························ 62
   4.1.2 基于反馈效价视角的绩效反馈的概念内涵 ·············· 64
4.2 绩效反馈模式与新生代知识型员工反生产行为的理论研究 ······· 66
   4.2.1 绩效反馈模式对新生代知识型员工反生产行为的直接影响 ····· 66
   4.2.2 绩效反馈模式对新生代知识型员工反生产行为的中介机制 ····· 66
   4.2.3 理论模型 ································· 68
4.3 绩效反馈模式与新生代知识型员工反生产行为的案例研究 ······· 69
   4.3.1 案例研究对象的基本现状 ························ 69
   4.3.2 案例研究设计与基本结论 ························ 72
4.4 绩效反馈模式与新生代知识型员工反生产行为的实证研究 ······· 73
   4.4.1 实证研究的工具与数据收集 ······················· 74
   4.4.2 数据分析与假设检验 ··························· 76
4.5 管理启示和政策建议 ··························· 79
   4.5.1 管理启示 ································· 79
   4.5.2 政策建议 ································· 80

第5章 组织伦理气氛与新生代知识型员工反生产行为 ··············· 81
5.1 理论基础和研究假设 ··························· 81
   5.1.1 组织文化和组织伦理气氛 ························ 81
   5.1.2 理论基础：社会控制理论 ························ 82
   5.1.3 研究假设：理论推导 ··························· 83
5.2 实证研究：数据收集和信效度检验 ··················· 86
   5.2.1 研究工具 ································· 86
   5.2.2 数据收集 ································· 86
   5.2.3 信度和效度检验 ····························· 87
5.3 实证研究：假设检验和研究结论 ···················· 89
   5.3.1 相关分析和回归分析 ··························· 89
   5.3.2 自变量的优势分析 ···························· 91
   5.3.3 研究结论和管理启示 ··························· 94

第6章 组织结构特征与新生代知识型员工反生产行为 ··············· 96
6.1 理论基础和研究假设 ··························· 97
   6.1.1 组织结构特征和员工心理气氛 ····················· 97
   6.1.2 组织结构对新生代知识型员工反生产行为的直接影响 ········ 98

  6.1.3　员工心理气氛的中介作用 ·· 100
 6.2　数据分析与假设检验 ··· 103
  6.2.1　研究工具和数据收集 ·· 103
  6.2.2　回归分析和主要结论 ·· 104
 6.3　结果讨论与管理启示 ··· 107
  6.3.1　研究结论 ·· 107
  6.3.2　管理启示 ·· 108
  6.3.3　未来研究展望 ·· 109

第7章　超越个体特征和组织情境：对工作乐趣的初步探索 ···················· 111
 7.1　工作乐趣研究的广义文献计量分析 ··· 112
  7.1.1　广义文献的收集、编码与内容分析 ···································· 112
  7.1.2　广义文献存在的问题分析 ·· 116
 7.2　工作乐趣的结构维度研究 ··· 118
  7.2.1　文献综述和操作性定义 ·· 118
  7.2.2　理论模型和数据分析 ·· 119
 7.3　工作乐趣的结果变量研究 ··· 121
  7.3.1　理论基础和研究假设 ·· 121
  7.3.2　变量测量和假设检验 ·· 123
  7.3.3　研究结论和政策建议 ·· 126
 7.4　工作乐趣未来研究的展望 ··· 126
  7.4.1　厘清工作乐趣的边界研究 ·· 127
  7.4.2　厘清工作乐趣的分类研究 ·· 128
  7.4.3　厘清工作乐趣的因果研究 ·· 129

第8章　研究总结 ··· 131
 8.1　研究内容和结论 ··· 131
 8.2　管理对策和建议 ··· 133
 8.3　创新与不足 ··· 137

参考文献 ··· 139

第1章 研究绪论

本书的核心研究问题是工作过程中的反生产行为（counterproductive work behavior，CWB），针对新生代知识型员工这一特定的研究对象，我们围绕个体特征和组织情境这两个层面，建构了一个包括个体人格特质、绩效反馈模式、组织伦理气氛以及组织结构特征在内的，影响新生代知识型员工反生产行为的理论研究框架，并通过案例和实证研究等方法比较科学和系统地探索了新生代知识型员工反生产行为的影响因素、发生机制和控制策略等一系列问题。

与此同时，在上述研究的基础上，我们还对主体研究框架和内容进行了进一步的扩展，即发现了"工作乐趣（workplace fun）"对新生代知识型员工的重要意义和价值，从而为后续开展相关研究指明了方向、奠定了基础。本章作为全书的绪论部分，将主要对整个研究的理论和现实背景、研究的内容与意义、研究的方法与设计以及相应的研究创新进行概括性介绍。

1.1 研究背景

1.1.1 一个热门话题：员工反生产行为

对于组织行为（organizational behaviour，OB）学和人力资源（human resource，HR）管理领域的研究而言，个体行为是探索组织功能有效性与组织绩效问题的一个非常重要的途径。为此，从20世纪60年代开始，就有学者基于不同的视角、通过不同的方法探究个体行为对组织绩效的影响。例如，Katz（1964）就曾指出，对于一个组织而言，有三种个体行为非常重要：第一，为获得组织成员身份而表现出的匹配行为；第二，为完成组织提出的特定工作要求而表现出的职务行为或称角色行为（in-role behavior）；第三，作为组织成员自发表现出的各种工作规定之外的行为，即职务外或角色外行为（extra-role behavior）。随后的二十多年里，组织行为学和人力资源管理领域的学者大多将研究的重点放在Katz发现的匹配行为和角色行为上（他们认为这两种行为对个体和组织绩效的影响更大），并开展了如能岗匹配、胜任素质模型，以及职业倦怠、离职倾向等方面的具体研究。

然而，进入20世纪80年代之后，越来越多的学者开始关注Katz发现的角色外行为，如亲社会性行为（prosocial organization behavior）、组织公民行为（organizational citizenship behavior）。这种研究内容上的扩展显然对于我们丰富个体行为相关领域的理论知识和实践经验产生了巨大的帮助。但是，经过十多年的快速发展和研究沉淀，有些学者敏锐地发现，Katz所说的角色外行为指的是超出组织制度和工作职责要求，但又不一定得到组织明确的回报或惩罚的行为，其核心特征是缺乏外部约束性，员工可以自主决定、自我裁量。

因此,角色外行为实际上应该包含两个层面,或者说具有两个既相互独立又有机统一的研究对象:①从20世纪80年代初开始受到广泛关注的,以组织公民行为为代表的积极角色外行为(positive extra-role behavior);②在当时(即20世纪90年代初期)还没有受到广泛关注的,以反生产行为为代表的消极角色外行为(negative extra-role behavior)。这一研究发现使我们逐渐认识到:在探索角色外行为的过程中,也应该适度关注人性的阴暗面可能带来的消极影响。

事实上,从国外学者的相关调查和统计数据来看,员工反生产行为从20世纪八九十年代开始,已经发展成为一种比较普遍甚至严重的组织内员工个体行为。例如,Harper(1990)曾明确指出,有33%~75%的美国公司员工曾经欺骗过同事或者故意损坏过公司财物;Coffin(2003)则发现至少有75%的美国公司员工在工作过程中贪墨过公司财物。此外,Gruber(1990)认为在美国的职场上,有将近50%的女职员受到过同事的各种形式的性骚扰,并且还有7%的职员受到过同事的各种形式的侮辱和威胁;而在Farrell等(2006)的研究中,这个数据更是达到惊人的63.5%(即曾经受到同事或者上级恶意的言语或身体攻击)。LeBlanc和Kelloway(2002)曾经估计:对于全美国的企业而言,每周都可能有将近18000名员工在工作过程中遭受各种各样的心理和身体伤害。所有的这一切,其实都属于消极的角色外行为——反生产行为。当然,这些反生产行为也必定给组织带来极其严重和恶劣的影响,让组织绩效受到很大的损失。例如,Camara和Schneider(1994)曾粗略统计过,仅仅员工贪墨或侵占公司财物这一项,全体美国企业每年就面临将近2000亿美元的直接经济损失。美国国家广播环球公司也曾经做过一项调查并发布了相关数据:由于员工在工作中或涉及工作的相关领域所表现出的各种欺诈行为(该欺诈行为没有指明特定对象)给全体美国企业带来的直接以及间接经济损失(直接经济损失以司法鉴定出具的相关文件核定)也达到近4000亿美元。

正是因为反生产行为在管理实践领域具有如此重要的影响,所以从20世纪90年代中期开始,越来越多的西方学者开始针对这一问题进行不断深入的研究和探索。如今,员工反生产行为的研究已经成为中西方组织行为学和人力资源管理研究的热门话题,各种研究文献不断涌现,极大地丰富了相关领域的理论认识和管理实践。我们在开展本书研究的过程中,在中英文数据库中分别对中文和英文关键词进行了文献检索。英文数据库包括JSTOR、Elsevier、Springer,检索的关键词包括counterproductive work behavior、deviant behavior;中文数据库包括中国知识资源总库(CNKI)和万方数据资源系统,检索的关键词包括反生产行为、越轨行为。所有经检索并确认后的中英文献都做了参考文献的阅读查漏,以补充可能遗漏的相关文献,结果发现:针对反生产行为展开相关研究的文献数量及其变化趋势如图1-1所示。

从图1-1可以清楚地看出:2000年以后,西方学者对反生产行为的研究热情"快速升温",产生了数以百计的相关研究文献。与此同时,2011年之后,中国学者也对该问题的研究表现出了极大的热情,虽然在研究文献的总体数量上还与国外有一定的差距,但是高水平的研究成果也在不断涌现。因此在探索组织功能有效性和组织绩效问题的过程中,研究员工的反生产行为是一项非常重要的理论工作,相关研究成果必然为指导人力资源管理的实践活动提供重要的理论基础。

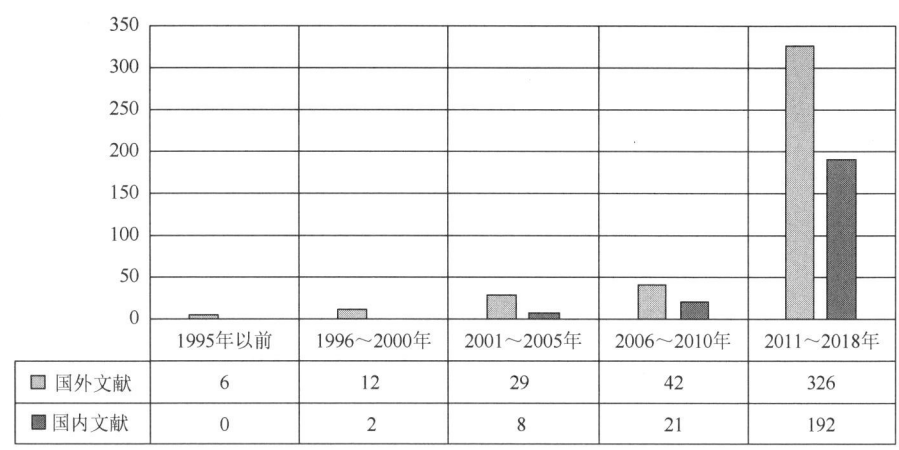

图 1-1 国内外反生产行为研究的文献数量统计

1.1.2 一个重要问题：新生代知识型员工的反生产行为

员工反生产行为作为组织行为学和人力资源管理领域的一个热门话题，在西方已经有超过 20 年的研究历程。如果想要在这个问题上开展一些具有创新性的研究，可能有两条基本路径：第一，采用更新颖也更科学的研究方法对尚未达成一致结论的现有研究问题进行更加深入和细致的探索，如采用计算机仿真和模拟、大数据分析或者实验研究的方法。第二，选择更有针对性的研究对象，在适度拓展现有理论基础的过程中，发现更具有管理实践价值和可操作性的研究结论，如选择某一个行业、某一个区域或者具有明显共性的某类人群作为特定的研究对象。

根据上述两条基本路径，结合前期研究的相关成果与经验，我们选择了第二条路径，即选择一个更有针对性的研究对象来开展更加具体和深入的探索，以期能够获得一些在管理实践层面更有价值的研究结论。具体而言，我们选择了新生代知识型员工作为核心研究对象，并围绕这一研究对象来建构相应的研究内容，在员工反生产行为这个热门话题的研究中，提出了一个（也可以称为一系列）相对比较有价值的新问题。而我们之所以选择新生代知识型员工作为研究对象，主要是因为他们具有一些非常明显的核心特征，而这些核心特征必然使得其表现出与不同年龄段的员工群体，以及非知识型员工群体不一样的反生产行为，进而给企业的管理实践带来巨大的挑战。

1. 新生代知识型员工具有明显的核心特征

在西方，各种媒体把 20 世纪 70 年代出生的人称为"X 世代"，这一概念在很大程度上源自 20 世纪 90 年代初期的一部小说——《X 世代：速成文化的故事》。在这部由柯普兰（Coupland）撰写的小说中，所有出生于婴儿潮结束后那个世代的人都被称为 X 世代（即 1965～1979 年）。而作为一个生活形态的代名词，X 世代中的 X 来自英文单词 Excluding 中的字母 X，隐喻着某种"被排挤"和"被遗弃"的意思。随后，与 X 世代相对应的另一个概念——Y 世代也出现了，指 1980～2000 年出生的，伴随着计算机和互联网技术的发展而成长起来的新一代，也有人将其称为 N 世代（The Net Generation）。

在国内，与西方所谓的"世代"相对应的一个概念往往是"年代"，因为社会学家把第二次世界大战以后的每 10 年分成一个阶段（即称为一个年代）加以研究。所以，在中国有着"60 年代、70 年代和 80 年代……"的分类方法以及与之相对应的派生称谓（即 60 后、70 后和 80 后……）。需要指出的是，"80 后"这个词最早由国内作家恭小兵提出，原本仅是对国内文坛出生于 1980~1989 年的年轻作家的特定称呼，但是目前"80 后"（或 90 后）这个术语显然已经被扩展到各个不同的领域，成为一个具有广泛指代性的生活形态名词。

现如今，无论是在企事业单位，还是在政府部门，新生代员工已经在各行各业占据了非常重要的位置，成为一股非常重要的力量。按照我国在 1994 年颁布的《中华人民共和国劳动法》，除文艺、体育和特种工艺单位，其他就业人口的法定劳动年龄均为 16 周岁。据此推断，在 1999 年之前出生的中国公民，到 2016 年均已达到法定劳动年龄。所以，1980~1999 年出生的中国公民，从理论上均可被纳入新生代员工的统计范围。但是，考虑到我国的高等教育毛入学率（毛入学率 = 学生人数/18~22 岁年龄组人口数×100%）已经从 1998 年[①]的 9.76%提高到了 2015 年的 40%，这意味着大量年满 16 周岁的适龄人群选择了进一步接受高等教育。因此，一方面对新生代员工群体的总量产生了一定的"排挤"效应；另一方面也直接催生了一个非常重要的新生代员工群体的分支（即新生代知识型员工）[②]。根据《2017 年中国统计年鉴》发布的相关数据进行简单估算，截至 2017 年，在各行业工作的新生代知识型员工的总数量已达近 9000 万人。

我国的新生代知识型员工作为知识型员工中的新生群体，一方面因其与中国传统知识分子面临共同的文化环境和社会境遇，自然也就潜移默化地具有这一群体共有的一些基本特征。另一方面，又因其出生和成长于改革开放、社会加速转型的大时代背景下，而明显带有不同于传统知识分子的特殊的时代印记。同时，他们所处的特殊年龄阶段又使其身上呈现出同龄群体所共有的人格特征。总而言之，我国的新生代知识型员工具有一些非常明显的核心特征，如表 1-1 所示。

表 1-1 新生代知识型员工的核心特征

作者与时间	研究结论（核心特征）
伍晓奕（2007）	（1）兼有积极与消极的工作态度；（2）多变的职业观念；（3）对成功有独到的界定；（4）对权威有自己的看法；（5）通常具有较高的计算机水平和专业技术能力；（6）通常不喜欢循规蹈矩的工作；（7）忠实于自己的生活方式。
谢蓓（2007）	（1）自信、独立、个性张扬、追求自我，自尊心及他人认可意识强；（2）与之对应的是心理承受能力不高；（3）容易产生挫折感；（4）缺乏吃苦耐劳的精神；（5）过分注重短期利益。
黄洪基等（2009）	（1）价值观上强烈的个体性，注重个性的自我完成，重视自我感受；（2）很强的接受新鲜事物的能力和意识；（3）独立思维与批判精神；（4）想信事实；（5）自我保护意识和法律意识强烈；（6）热心社会活动，有强烈的公民意识，认可"普世价值"；（7）更具环保观念，践行以环保、健康为理想的生活方式；⑧娱乐化；⑨开阔的国际视野；⑩具备真正的现代人格。

---

① 按 9 年义务教育加 3 年高中教育计算，1980 年出生的儿童从 6 岁入学到 1998 年开始接受高等教育。

② 我们先暂且按照出生时间和是否接受过高等教育这两个标准进行简单界定，即将那些出生于 1980 年之后，接受过高等教育的人群视为新生代知识型员工群体。

续表

作者与时间	研究结论（核心特征）
周石（2009）	（1）职业理想表现出兴趣化、多元化；（2）注意个人和组织的发展，重视职业规划，流动性强；（3）把收入作为职业成功的重要标志；（4）喜欢宽松、和谐的职业环境；（5）愿意接受具有挑战性的工作；（6）注重工作与生活的平衡。
周青（2010）	自信、早熟、独立、张扬、叛逆、自我、自主、参与等特点
展珊珊（2011）	（1）拥有多元化的价值取向；（2）具有较高的知识水平；（3）崇尚自由，要求工作与生活的平衡；（4）不畏惧权威，敢于挑战权势，通常不喜欢一成不变的工作；（5）流动意愿强，抗压能力差；（6）工作态度情绪化，有明确多变的职业观
纪海楠（2011）	（1）多元化价值观趋向；（2）具有较高的文化知识水平，创新意识强；（3）思想解放，崇尚自由，主张自主；（4）希望享受工作而不让工作控制；（5）自己的生活责任感和自我约束力弱。
姚月娟（2012）	具有独立的思想意识、具有开拓精神、多变的职业观念、不喜欢循规蹈矩的工作。
李燕萍和侯烜方（2012）	（1）自我导向、寻求多变刺激；（2）期望获得职业发展空间、工作经验和社会网络；（3）易有新颖独到的想法构思和创新思路，具备较强的创造力和想象力；（4）渴望得到尊重理解，获取领导重视，缺乏企业忠诚度、责任感和自律性；（5）不愿背负过多的工作强度，对工作地点和距离带来的生活问题也比较重视
傅红和段万春（2013）	（1）文化水平较高，学习能力和竞争意识较强；（2）以自我为中心，自我意识强烈；（3）崇尚自由平等，多元化的价值观；（4）经不起挫折，面临较大的压力。
白晓君（2013）	（1）个性突出，强调高自尊；（2）价值观呈现多元化；（3）功利性的态度；（4）创新意识强；（5）技能多元化；（6）团队协作性弱；（7）流动意愿强。

2. 新生代知识型员工带来复杂的管理挑战

随着新生代知识型员工不断地在工作中呈现出一些新的核心特征和职业追求，针对这个特殊群体的管理问题已逐渐成为理论与实践研究共同关注的核心问题。尤其是在组织行为学和人力资源管理领域内，国内已经有学者开始研究新生代知识型员工的管理问题，并形成了一些重要成果，例如，从员工个体的角度来看，基于新生代知识型员工的核心特征，李国富（2012）、潘琦华（2013）认为应该考虑如何有针对性地构建体现差别化和需求偏好属性的人力资源管理模型；吕翠和周文霞（2010）则提出：应该引入必要的心理干预机制和思想教育方法来弥补现有管理模式所存在的某些缺失。此外，从组织的角度来看，学者主要关注的是应该如何改变管理者的领导方式或者组织管理的传统模式，从而实现有效控制和激励新生代知识型员工这个核心目的。具体而言，李燕萍等（2012）提出了所谓的"包容性领导理论"；朱光和黄盼盼（2012）认为通过科学有效的目标管理可以在一定程度上调动新生代知识型员工强大的内在潜力从而推动企业实现可持续发展；潘琦华（2012）认为建立新生代知识型员工职业发展通道体系，也可以在一定程度上调动新生代知识型员工强大的内在潜力从而推动企业实现可持续发展；而蔡波（2012）则提出，应该适当改变企业的工作环境和职场文化，为新生代知识型员工创造更加适合他们工作的环境和氛围。

事实上，新生代知识型员工管理的实质主要在于：创立一种基于知识资产和智力资本的、创新的企业管理机制与管理文化，使员工得以摆脱传统的权力和职能体系，充分发挥其主动性和自治精神，以积极参与的态度整合并运用整个企业所拥有的知识资产，为企业创造更大的价值。然而，新生代知识型员工既能改变企业传统管理理念和体制，也势必给管理者带来挑战：在新生代知识型员工的认知体系中，企业不再是传统意义上的为员工遮挡风雨的地方，也不单单是为员工提供一份劳动报酬的"雇主"，而是个人知识和技能得以施展的"舞台"，他们绝不会平白无故地对管理者"俯首听命"、"肃然起敬"甚至"感恩戴德"，他们更倾向于把管理者看成自己的"职业导师"和"发展伙伴"。

大部分新生代知识型员工有技术、有才能、个性张扬、开放灵活，他们虽然都"能力出众"但往往也"恃才傲物"，令管理者感到"又爱又恨"却又"无所适从"。尤其是新生代知识型员工在工作过程中会表现出一些虽然没有明显违反规章和制度，但会对团队和企业整体绩效产生消极或负面影响的行为，即本书想要重点探索的反生产行为。Moffitt（1993）在20世纪90年代初，就采用实证研究的方法证明了青年员工群体的反生产行为与其他年龄段的员工群体是存在着很大差异的；而Payne等（2002）也在一项研究中发现，个体的人口特征变量是对其反生产行为产生重要影响的潜在因素，例如，由于不同年龄段的员工群体的心理成熟度和自我评价存在显著差异，所以面对各种不公平对待时所表现出来的反生产行为在类型和程度上都有很大的差异。不难理解，由于新生代知识型员工和其他年龄段的员工群体有着完全不同的生活与成长背景；尤其是对于中国的新生代知识型员工而言，他们的生活和成长伴随着我国社会的快速变革与高度转型，所以他们表现出来的反生产行为必然与非新生代或非知识型员工存在明显差异。

毫无疑问，针对新生代知识型员工开展反生产行为的系统研究十分必要。从企业的角度来看，这关系到企业人资源管理策略的制定和具体实践，更关系到企业未来的生存和发展；而从个人的角度来看，这关系到新生代员工能否尽快成长为一个真正意义上的高绩效工作者，更关系到其个人长期的职业发展和成功。

1.2 研究内容与意义

如图1-2所示，根据组织行为学和人力资源管理领域对某一特定构念的研究设计与内容建构，如果要全面且系统地探究新生代知识型员工的反生产行为，至少应从四个层

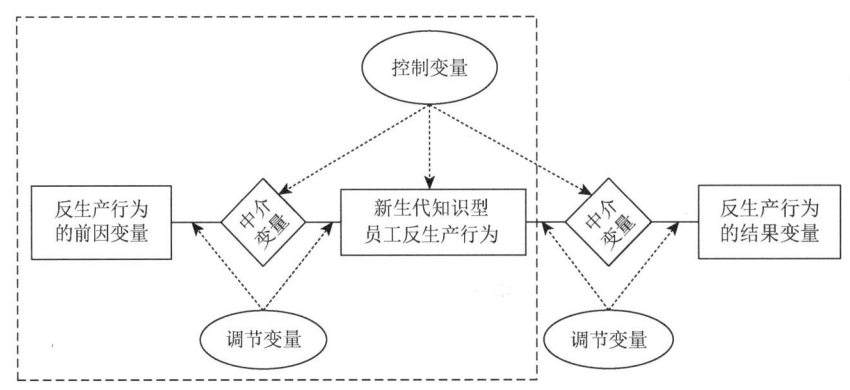

图1-2 新生代知识型员工反生产行为基本研究内容示意图

面展开和推进：第一，新生代知识型员工反生产行为的结构维度；第二，影响新生代知识型员工反生产行为的主要因素（即前因变量）；第三，新生代知识型员工反生产行为对员工个体和组织整体产生的影响（即结果变量）；第四，新生代知识型员工反生产行为与各种前因变量、结果变量之间存在的中介效应或调节变量。

我们经过前期文献探索和企业调研，最终决定将研究重点锁定在如图1-2所示的虚线方框内所涵盖的相关内容。主要基于如下考虑：①我们前期做过中国文化情境下的员工反生产行为的结构维度研究，形成了一定的研究基础，可以在对比研究的基础上验证新生代知识型员工反生产行为的独特性；②从企业管理实践的角度来看，找到影响新生代知识型员工反生产行为的主要因素比分析其可能产生的影响更有意义，也更具有实践紧迫性。具体而言，本书最终涉及的研究内容及其研究意义，主要表现在如下几个方面。

1.2.1 新生代知识型员工反生产行为的结构维度研究

首先，从反生产行为结构维度的研究对象来看。虽然反生产行为的研究从20世纪90年代中期开始受到学者的广泛关注，不同的研究者基于不同的视角，采用不同的方法，对反生产行为的结构维度展开了一系列的探索和建构。但是，却很少有研究专门针对新生代知识型员工这一明显具有特殊性的研究对象，开展具体的结构维度研究。

其次，从反生产行为结构维度的研究逻辑来看。现有的文献基本上都是采用反生产行为的行为特征（轻微-严重、没有不道德-不道德、任务相关-任务不相关）或行为指向（组织-个人）作为其结构维度研究的基础和依据。但是，到目前为止，除了"组织-个体"这一分类标准得到了研究者的普遍认同，其他分类标准都尚未取得比较一致的意见。此外，此类研究可能还普遍存在一个非常重要的问题——没有揭示反生产行为发生的动因，因此影响甚至是阻碍了对反生产行为的前因变量进行更为精细化的研究（Spector et al.，2010；Bowling and Gruys，2010）。例如，Spector等（2006）发现，员工传播谣言和窃取公司财物可能有着明显不同的动因，但是在过去的分类体系中却要将它们归为一类。其结果可能就是在研究导致这两种被归为一类的反生产行为的前因变量时很难找到一个统一的结论，从而也掩盖了某些潜在变量与某种具体反生产行为之间的关系（Spector et al.，2010；Bowling and Gruys，2010）。

综上所述，目前对反生产行为结构维度的研究，由于在研究对象和研究逻辑上存在限制（抑或可以称为不足），所以使其研究结论在一定程度上存在过度概括化的倾向。因此，有必要对新生代知识型员工反生产行为的结构维度进行更为精细化的研究。换言之，本书的第一项研究内容就是通过更为具体化的研究设计，探索新生代知识型员工反生产行为的结构维度。一方面可以帮助我们对新生代知识型员工反生产行为的表现内容和表现形式有一个更为科学与准确的认识；另一方面也为接下来探索影响新生代知识型员工反生产行为的前因变量提供了必要的理论基础和研究工具。

1.2.2 新生代知识型员工反生产行为的影响因素研究

探索新生代知识型员工反生产行为的结构维度,其目的就在于从理论上更加全面、也更加有针对性地分析影响新生代知识型员工反生产行为的主要因素,从而在实践层面为企业控制和治理它们提供必要的理论指导与政策建议。换言之,本书的第二项研究承接第一项研究而具体展开。

事实上,影响员工反生产行为的主要因素可分为员工个体特征和组织情境特征两大类(Martinko et al., 2002)。然而,在研究这个问题的早期,绝大多数学者似乎都更加关心个体差异,如性别、年龄、工作时间、受教育程度等人口统计特征(Robinson and Greenberg, 1998; Harris and Ogbonna, 2002; Appelbaum et al., 2007)、自我效能和归因风格(Bies and Tripp, 1996; Baron and Neuman, 1996; Fox and Spector, 1999)、消极情感特质(Skarlicki et al., 1999; Aquino et al., 1999)、大五人格特质(Salgado, 2002; Cullen and Sackett, 2003; Lee et al., 2005; Mount et al., 2006)等。虽然 Peterson(2002)曾经旗帜鲜明地指出:从现有的实证研究的结果来看,个体特征对员工反生产行为的直接影响其实并没有大家想象得那样显著,所以可能未来的研究需要更多的探索组织情境层面的影响因素。但是,学者对组织特征的关注往往也仅仅局限于少数几种组织情境变量,如组织公平(Aquino et al., 2004; Conlon et al., 2005; Henle, 2005; Judge et al., 2006; Devonish and Greenidge, 2010; Holtz and Harold, 2013; Khan et al., 2014)、组织支持(Rhoades and Eisenberger, 2002; Stamper and Masterson, 2002; Hewlin, 2003; Colbert et al., 2004; Liao et al., 2004; Abas et al., 2015)以及组织政策(包括组织控制和惩罚机制)(Marcus and Schuler, 2004; Kwok et al., 2005)。

虽然上述研究在很大程度上扩展和完善了我们对员工反生产行为产生原因的认知与理解。但是,我们认为目前依然有两个不可忽视的问题还值得思考或者说还没有解决:第一,是否所有个体特征都对其反生产行为产生影响?个体特征对反生产行为的影响是否受到其他影响的调节?换言之,个体特征影响反生产行为的边界和限制条件是什么?尤其是员工的大五人格特质在很多研究中都被作为重要的前因变量,然而其影响的实证检验结果却又往往存在不一致的结论,这一点显然需要更多的研究来逐渐还原其真相。第二,是否可以超越现有的关于员工反生产行为在组织特征层面的前因变量的研究局限?尤其是围绕一些更具有可操作性和可塑性的组织特征变量,探索其对员工反生产行为的影响作用,这可能会对组织管理的实践提供更多和更有价值的理论指导。综上所述,本书结合特定的研究对象(即新生代知识型员工),一方面,从个体层面检验个体特征对新生代知识型员工反生产行为的具体影响以及在此过程中的调节效应(即边界和限制条件);另一方面,有效扩展员工反生产行为在组织情境层面的影响因素研究,并探索这种影响的具体机制。基于此,本书主要关注如下几个核心问题。

第一,从个体层面来看,员工大五人格特质中的哪些具体特质对新生代员工反生产行为的影响最强、最稳定,即其预测效果最好。更重要的是,这种影响是否受到某些组织情境特征的调节作用,例如,很多研究都已经证实组织伦理气氛对员工反生产行为具有显著影响,那么组织伦理气氛是否会对大五人格特质与新生代知识型员工反生产行为之间的关系产生相应的调节作用呢?对该问题的探索将有助于界定人格特质影响新生代知识型员工反生产行为的边界条件。

第二,从组织情境层面来看,绩效反馈是绩效管理过程中经常被国内企业忽视的一个重要环节,也是影响绩效考核效果和员工行为的重要因素。越来越多的学者发现:在绩效管理的四个核心环节(制订绩效计划、开展绩效辅导、实施绩效考核、提供绩效反馈)中,绩效考核(如考核内容、频率、精度、偏差等)会对员工态度和行为产生影响,绩效反馈(即考核结果的反馈)同样会对员工态度和行为产生重要影响(Aleassa and Zhang, 2014)。因此,怎样对绩效反馈进行类型划分,从而界定不同的绩效反馈模式呢?更重要的是,不同的绩效反馈模式又是否会对新生代知识型员工的反生产行为产生影响,这种影响的基本原理和具体机制又是什么?对该问题的探索将拓展现有研究员工反生产行为影响因素的理论视角。

第三,除了绩效反馈,组织伦理气氛以及组织结构特征这些核心的组织情境因素是否会对新生代知识型员工的反生产行为产生影响,这种影响的基本原理和具体机制又是什么?探索这些组织情境因素对新生代知识型员工反生产行为的影响机制,能够给企业的管理实践带来怎样的启示和帮助?当然,对此类问题的研究也将进一步验证本领域已有的相关研究结论。

1.2.3 新生代知识型员工的工作乐趣研究

无论是从个体层面还是从组织情境层面探索影响新生代知识型员工反生产行为的前因变量,都是为了抑制新生代知识型员工表现出对组织整体绩效产生明显负面影响的反生产行为。上述研究(包括已有的研究和本书展开的研究)显然对于我们治理和控制新生代知识型员工的反生产行为具有重要的理论价值与实践指导意义。然而,不可忽视的一个问题是:这种基于"定性因果推理"(qualitative causality reasoning)的基本逻辑建构起来的研究框架和理论模型及其得到的研究结论往往具有较强的"功利性和目的性"。换句话说,基于因果推理得到验证的那些理论假设,在被管理实践者转化为一种具体管理方法的过程中,往往使得他们对这些具体的管理方法产生了一种"工具化"的认识和感知。例如,如果实证研究证实了积极的组织伦理气氛对抑制新生代知识型员工的反生产行为具有很好的效果,那么管理者就会把建构积极的组织伦理气氛当成一种"工具"来看待,进而有可能在一定程度上忽视对员工本身(包括思维方式、工作价值观、核心追求等)的关注。需要说明的是,我们并不认为产生这种认识和感知有什么本质上的错误,我们想要强调的是:在管理过程中,更应该关注员工本身,而不是过分关注甚至依赖所谓的"工具"。

为了解决上述问题,本书希望超越员工反生产行为的现有研究体系来探索一些看似不相关,但实则非常重要的问题。具体而言,我们希望能够跳出"因果推理"的逻辑框架,不仅仅是从"因"的角度,工具化地探索新生代知识型员工反生产行为的影响因素,进而提出所谓的"管理方法";还将从新生代知识型员工在工作中的价值追求的角度,探索如何提升新生代知识型员工的工作乐趣。我们相信,只要员工能够体验到更多的工作乐趣,很多现实的管理困境(包括反生产行为)都会迎刃而解。当然,这也体现了管理者超越工具化的思维,关注员工本身的一种价值导向。

1.3 研究设计与方法

为了探索上述研究内容所涉及的具体问题,我们将采用严谨的研究设计和科学的研究方法来逐步推进各项工作。

1.3.1 研究设计

本书的逻辑主线非常清晰,即先探索新生代知识型员工反生产行为的结构维度,再分析影响新生代知识型员工反生产行为的主要因素及其具体的影响机制。在此基础上,我们还将跳出"因果推理"的逻辑框架,超越"工具化"的思维,从关注员工价值观与核心追求的角度,探索如何提高新生代知识型员工的工作乐趣。

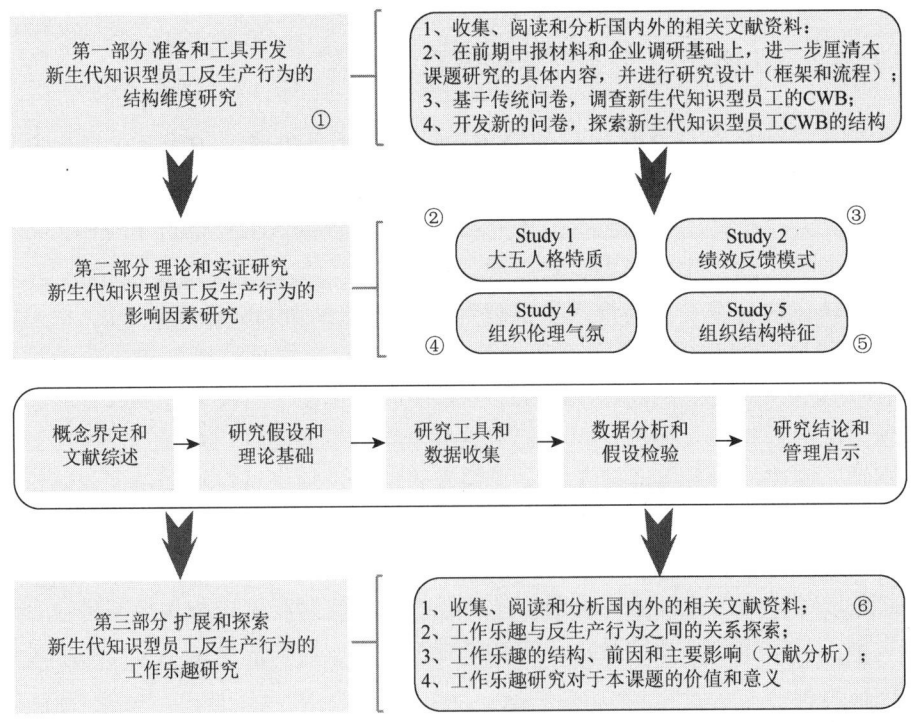

本书的整体框架可以分成三个部分。第一部分"准备和工具开发",对应的主要研究内容有:①收集、阅读和分析国内外的相关文献资料;②在前期申报材料和企业调研的基

础上,进一步厘清本书的具体内容,并进行研究框架和流程的设计;③基于传统问卷,调查新生代知识型员工的反生产行为;④开发新的问卷,探索新生代知识型员工反生产行为的结构。第二部分"理论和实证研究",对应的主要研究内容有:①大五人格特质对新生代知识型员工反生产行为的影响机制;②绩效反馈模式对新生代知识型员工反生产行为的影响机制;③组织伦理气氛对新生代知识型员工反生产行为的影响机制;④组织结构特征对新生代知识型员工反生产行为的影响机制。第三部分"扩展和探索",对应的主要研究内容有:①收集、阅读和分析国内外的相关文献资料;②工作乐趣与反生产行为之间的关系探索;③工作乐趣的结构、前因和主要影响(文献分析);④工作乐趣研究对于本书的价值和意义。

遵循上述整体研究框架和相应的基本研究流程,本书的主要研究内容涵盖了六项子研究,全书共分为八章。第1章研究绪论,主要介绍了研究背景、研究内容与意义,初步建构本书的基本框架,并对研究价值、研究流程和研究方法进行了相应的阐释。第2章新生代知识型员工反生产行为的结构维度,这是本书的第1项子研究,首先利用传统的员工反生产行为量表针对新生代知识型员工进行小样本调查,并与非新生代知识型员工进行对比;然后基于行为动因的视角,将具有类似动因的反生产行为进行合并与整合,探索新生代知识型员工反生产行为的结构维度并开发相应的测量量表,从而为本书的后续研究提供基本的研究工作。第3~6章对应第2~5项子研究,分别探索大五人格特质对新生代知识型员工反生产行为的影响机制;绩效反馈模式对新生代知识型员工反生产行为的影响机制以及影响员工个体的反馈寻求行为的因素;组织伦理气氛、组织结构特征对新生代知识型员工反生产行为的影响机制。针对这五项子研究的探索,我们按照实证研究的基本标准具体展开:首先进行概念界定和文献综述,其次提出研究假设和理论基础,然后收集数据、分析数据并检验假设,最后给出研究结论和管理启示。第7章对应第6项子研究,主要针对新生代知识型员工探索其工作乐趣的结构、前因和影响。只要新生代知识型员工能够体验到更多的工作乐趣,很多现实的管理困境(包括反生产行为)都会迎刃而解。第8章是对所有研究内容及其结论的一个总结,当然,我们还将对未来的研究进行必要的展望。

1.3.2 研究方法

从研究方法上来看,本书基于组织行为学与人力资源管理领域的核心研究范式,采用了多种科学的研究方法,具体如下。

第一,文献分析法。本书的选题既来源于对中国管理实践的现实思考(企业如何管理新生代知识型员工),也来源于对员工反生产行为相关理论研究文献的整体分析,可以说文献分析法是本书的基础与起点。除此之外,无论是在研究综述环节,还是在为本书的理论假设提供必要的理论基础时,我们都采用文献分析的方法。

第二,逻辑推演法。为了建构本书的理论模型,即对各变量之间的关系做出相应的假设,本书利用组织行为学、社会心理学以及人力资源管理的相关理论,对各变量之间的关系(包括直接作用、中介作用和调节作用)进行大量的逻辑推演和归纳演绎。

第三，对比分析法。首先，本书将新生代知识型员工的反生产行为与非新生代知识型员工的反生产行为进行比较，在此过程中运用一系列比较分析的实证研究方法。此外，中国的管理研究已经走过了三十多年的发展历程，目前正处在自主创新的重要阶段，在此过程中，本土化研究是一个非常重要的方向和策略。而本土化研究关注本土情境下的新颖问题，或者现有理论框架下未被关注的本土情境下的熟悉问题。本土化研究在具体的研究过程中都必须进行全面和系统的理论对比。因此，本书在理论层面也采用对比分析的方法。

第四，访谈调查法。为了收集实证研究的第一手数据，本书在华北和东南沿海城市（如北京、天津、上海、广州、深圳、东莞、中山等）以及西南内陆城市（如成都、贵阳和重庆）面向企事业单位与政府部分的员工及其部门主管进行了访谈和调查。访谈主要基于半结构化的问卷与被访谈者进行面对面的深度交流；而调查主要通过发放和收集问卷的形式具体开展。问卷发放和收集主要通过三个渠道实现，即邮寄问卷调查、实地问卷调查和在线网络问卷调查（微信和网页）。

第五，统计分析法。本书使用 Excel、SPSS21.0、AMOS22.0 和 HLM7.0 这几个常用的统计分析软件进行数据处理。首先，考虑到本书对个体认知和行为等变量进行相应的测量，所以需要利用 SPSS21.0 和 AMOS22.0 进行量表的探索性和验证性因子分析，并对量表的信度和效度（同质信度、分半信度、结构效度）进行相应的检验。其次，本书要对样本整体进行描述性统计分析以及对各变量的内部结构进行差异性分析，所以需要使用 Excel 和 SPSS21.0 进行频次统计、独立样本 T 检验、方差分析以及相关系数分析。最后，在检验变量之间的关系时，采用层次回归和跨层次分析的方法，所以需要使用 SPSS21.0 和 HLM7.0。

1.4 研究创新

中西方社会对新生代员工的出生年代有着大体一致的时间区间上的界定，而在同一时代出生的人们往往对其所经历的特定历史事件有着共同并且类似的感知和体悟，因此其代际特征往往也就呈现出趋同的态势，即反映了特定历史时期的主流价值观。然而，由于具体的国情存在明显差异，我国的新生代知识型员工与西方的新生代知识型员工又存在显著的差异。

首先，从时代背景与共同经历来看。虽然中西方新生代知识型员工都成长在全球化浪潮以及高科技与互联网技术广泛应用的环境下，但是西方新生代知识型员工处于社会的非转型期，而中国新生代知识型员工出生和成长于我国改革开放的初期，国家开始整体走上工业化道路，整个国家都处于转型阶段，社会、经济等各方面都处于一个剧烈变动的时期。其次，从个人经历来看。虽然中西方新生代知识型员工都出生成长在经济快速增长的年代，所享受到的物质财富超过了以往任何一代群体，但是中国新生代知识型员工中很多是独生子女，他们受到了长辈更多的关爱，平均受教育程度也远高于长辈，因此他们在人格特质、对组织的态度、领导特征与方式的偏好等方面都产生了更大的变化。最后，从群体特征和行为方式来看。虽然中西方新生代知识型员工在价值观上都日益多元化，但是由于中国处于社会发展阶段的转型期,开放程度加深,西方价值观对中国的影响和冲击日益增大,尤其是对新生代群体产生了重要影响,大量新生代知识型员工在价值观方面出现了西化现象。

由此可见,中西方新生代知识型员工所具有的共同特征,使我国学者可以在一定程度上借鉴西方学者的研究成果,为我国新生代知识型员工的管理做出相应的理论指引。但是,由于中西方新生代知识型员工也存在着显著的差异,我国学者在对我国新生代知识型员工进行研究时,必须充分考虑中国本土的具体情况,将中国情境嵌入研究视角中,才能更好地探究针对我国新生代知识型员工的具体管理模式。

事实上,随着中国经济的快速发展和中国企业在全球范围内的竞争力日益增强,西方组织管理领域的学者从 20 世纪 90 年代开始,不仅关注中国企业的管理实践(Xie,1996;Farh et al.,1997,1998),而且也逐渐尝试着探索管理学理论在中国的本土化问题(Barney and Zhang,2009;Tsui,2009;郭重庆,2008,2011;韩巍,2009)。因此,在我们建构"管理的中国理论"(a Chinese theory of management)的过程中,基于中国历史和传统文化解释员工行为,厘清管理者的各种行为发挥效能的核心机制,就逐渐成为一个热点问题,甚至是一个重大议题。需要说明的是,"管理的中国理论"指的是中国所独有的管理现象,这些现象往往根植于中国的传统文化和历史,是西方或者其他国家和地区鲜有的;与之相对应的是"中国管理的理论"(a theory of Chinese management),指的是在中国文化的背景和情境下检验西方现有的管理理论的适用性或者普适性(Barney and Zhang,2009)。

因此,从这个角度来看,研究中国的新生代知识型员工的反生产行为可以帮助我们建构"管理的中国理论",因为中国新生代知识型员工所具有的"时代和地域特殊性",所表现出来的反生产行为可以被看作一个具有明显中国特色的管理现象;也可以为我们提出"中国管理的理论"产生积极的推进作用,即解决西方现有的关于知识型员工反生产行为的管理理论在中国的适用性问题。但是,这都是从整体上来看的,本书所开展的相关研究具有理论创新;从更一般的意义上来看,或者说从更具体的角度来看,本书的理论创新体现在六项子研究的具体内容之中,我们在后面对应的具体章节逐一阐释。

第 2 章 新生代知识型员工反生产行为的结构维度

本章首先对新生代知识型员工进行成长环境、基本属性和职业诉求的全面剖析，然后在比较新生代知识型员工反生产行为所具有的差异性的基础上，基于量表开发的基本程序和步骤，采用多维尺度分析的方法，对新生代知识型员工反生产行为的结构维度进行相应的探索，并形成测量新生代知识型员工反生产行为的核心量表，从而为后续的实证研究提供必要的理论工具。

2.1 新生代知识型员工的综合分析

要探索新生代知识型员工反生产行为的结构维度并开发相应的测量工具，就必须对新生代知识型员工有全面和系统的了解。虽然前面已经分析了新生代知识型员工的核心特征及其带来的管理挑战，但是依然不清楚产生这些核心特征的背后原因。为了回答这个问题，就必须了解新生代知识型员工的成长环境、基本属性和职业诉求。

2.1.1 新生代知识型员工的成长环境

新生代员工之所以称为"新生代"，主要是因为他们的思想、理念、价值观等个体特征与传统意义上的个体特征存在很大差异，而造成这种差异的主要原因则是他们生活和成长的外部环境。事实上，中国的新生代知识型员工出生和成长在中国社会快速转型的重要阶段，他们一方面受到这个时代的强烈影响，另一方面也是这个时代的某种缩影。因此，新生代知识型员工的成长环境是形成其核心特征（如第 1 章中所述）的前提和基础。

1. 政治与经济环境

从政治环境来看，我国新生代知识型员工在成长过程中所面对的政治环境特征可以概括为两个方面：第一，非常稳定的政治氛围，新生代完全没有体验过战火和硝烟，他们面对的是和平稳定的国内政治局势和不断深化的改革开放，这为新生代知识型员工的身心成长提供了非常好的外部环境；第二，逐步健全的法制体系，改革开放后一系列政策、法律和法规的颁布、实施以及不断完善，尤其是社会主义市场经济体制下的法律法规不断健全，使新生代知识型员工的法律意识不断增强，他们比以往任何一代都更加注重公平、公正和个人权利的保障。

从经济环境来看：一方面，十一届三中全会以后，中国的经济体制从计划经济转向了社会主义市场经济，中国经济保持了三十多年的高速增长，综合国力不断提升。因此，按照马斯洛的需求层次理论，出生于这个时代的新生代知识型员工普遍超越了生存需要和安全需要的层次，开始追求更高层次的社会交往和自我价值实现。另一方面，随着全球经济一体化程度的不断加剧，外部竞争的压力也在不断加大，这些压力的产生是随着现代信息技术的迅猛发展，资本、技术、劳动力等生产要素的流动和配置，以越来越大的规模在全球范围内展开带来的。各个国家（当然也包括中国）的经济已经被深深地卷入统一的全球市场体系当中，国家与国家的相互依赖程度达到了前所未有的广度和深度。随着改革开放和社会主义现代化建设的深入发展，处于经济全球化浪潮中的中国经济与世界经济的关系正变得越来越密切，这个环境是以往几代人所不曾遇到的。

2. 社会与科技环境

社会生活方式是整个社会在物质消费、休闲娱乐和精神生活等各方面的总体特征，它既具有鲜明的时代感，又可以反映具有相同生活方式的某个特定群体的文化价值观。新生代知识型员工成长的经济环境得以大大改善，给他们带来相对满足的物质生活状态同时也逐步促使其形成了独特的社会生活方式。例如，新生代知识型员工喜欢标新立异、与众不同，愿意追求时尚和前卫，品牌忠诚度低，而且他们大都能够接受提前消费。而且新生代知识型员工的业余生活更加丰富，他们注重生活品位和乐趣，喜欢不断尝试新的东西，并且在交友、健身和旅行等方面支出的时间与金钱远超以往任何一个时代的人。

此外，新兴技术对新生代知识型员工的日常生活产生了很大的影响，甚至在他们的生活中扮演着必不可少的角色。20世纪90年代末开始，计算机网络技术、电子信息技术的飞速发展，使手机、计算机等科技产品开始进入寻常百姓家，成为新生代知识型员工在成长过程中的必需品。由于新生代知识型员工正是在这样一个资讯便捷的环境下成长起来的，所以无论遇到什么问题，他们都习惯使用网络（如 Google、百度等搜索引擎，以及各种各样的论坛或社区）来寻找答案。但是，这种习惯有可能会减少他们在现实生活中与他人沟通和交流的机会。有学者认为：出生在21世纪的人无时无刻不被各种信息所轰炸，网络作为一个公开且免费的公共信息获取与交流的平台，为现代人的生活、学习和工作提供了太多的资讯与便利，人们独居家中便可以与世界互联，这一方面使人们的视野更加宽广，心态更加通达；另一方面也势必导致人机互联关系对人际关系的冲击。虽然人工智能、虚拟现实和3D打印等技术的飞速发展使各种产品服务更加人性化，可以在一定程度上满足新生代的人际交往的心理需求，但这种心理需求依然需要在与外部环境的不断相互作用中得到强化。

3. 文化与教育环境

从教育的背景来看，新生代知识型员工生活在高校体制改革、大学普遍扩招的时代，他们有更多的机会接受高等教育。从教育的时间来看，新生代知识型员工普遍经历过从幼儿园到小学、初中、高中直至大学的系统学习，因此他们所受教育的时间明显较长。从教育的内容来看，伴随着素质教育的引入，学校课程的设置日益科学，除了传统的数理化等基础类课程，还增加了很多实用性很强的课程，尤其是英语和计算机课程的学习，为新生代知识型员工完善知识结构以及更好地与社会乃至世界交流提供了便利条件。而从教育的方式看,新生代知识型员工在高中和大学阶段所接受的教育往往引入了非常丰富的音频、视频和图像信息,并配备实验室和多媒体教学等,改变了过去单一的黑板式教学,大大提高了他们的学习兴趣和乐趣。但是,从教育的最终目标看,绝大多数新生代接受的依然还是传统的应试教育,这让他们在学习过程中忽略了创造性和批判性思维的系统养成,甚至出现了一些"高分低能"的现象。此外,从就业层面来看,新生代知识型员工都没有赶上国家大学毕业包分配的政策[①],上大学对某些新生代知识型员工来说可能就是一种人力资本投资,这也让他们对市场竞争和优胜劣汰有了更深刻的体会,进而产生了现实型、经济型的价值观。

4. 家庭与组织环境

新生代知识型员工基本都是独生子女,这一方面使新生代知识型员工独享了父母全部的关爱和家中所有的物质资源,因此普遍拥有了优越的物质生活条件。在这种环境中成长起来的新生代知识型员工自尊心特别强,心理特别脆弱,也比较难以接受批评或质疑。此外,由于企业外部竞争环境的日益激烈,有些企业急功近利和只顾眼前利益的做法,在员工管理中体现得特别明显。企业一方面压缩人力成本,如延长劳动时间、压低劳动报酬等,伤害了员工身体;另一方面压缩管理成本,如忽视对工作环境的建设等,伤害了员工情感。而企业的这些做法,其实也无形中使新生代知识型员工逐渐产生了浮躁、焦虑的心理。

2.1.2 新生代知识型员工的基本属性

我国的新生代知识型员工作为知识型员工中的新生群体,一方面因其与中国传统知识分子面临共同的文化环境和社会境遇,自然也就潜移默化地具有这一群体共有的一些基本特征。另一方面,又因其成长于改革开放、社会加速转型的大时代背景下,而明显带有不同于传统知识分子的特殊的时代烙印。同时,他们所处的特殊年龄阶段又使其身上呈现出与同龄群体所共有的人格特征。概括来说,新生代知识型员工的身上呈现出三大明显的代际群体属性,即需求的高层次性、发展的不确定性和定位的不准确性。

1. 需求的高层次性

任何一个时代都会给见证这个时代发展和演化的共同体打上明显的时代印记甚至是时代标签。从精神层面来看,新生代知识型员工生活和成长在我国进行体制变革与社会转型的阶段,大众传媒和通信技术的进步使他们能够更迅捷地接受现代文明的熏陶,形成多元的价值观与开放式的新思维,进而成为现代文明和现代生活方式的向往者、接受者和传播者。而从物质层面来看,新生代知识型员工一方面处于物质生活条件快速提

---

① 《国家不包分配大专以上毕业生择业暂行办法》于1996年1月9日由人事部颁布,在1998年后开始大规模施行,到2000年全面停止了包分配制度。

升的阶段，满足基本生活所需的各种物质资料供给充足甚至过剩；另一方面，国内经济快速发展，同时又面临自然环境不断恶化的困境，这也给新生代知识型员工的物质生活带来了负面的影响。

因此，精神和物质层面的需求被满足的程度不断提高，使他们的需求层次发生了明显的整体性跃迁。具体而言，新生代知识型员工绝不仅仅只把工作看成满足生活需要的基本手段，他们甚至不需要通过工作来满足自身的情感和归属需要，而是试图在工作的过程中获得他人的尊重和实现自我。因此，新生代知识型员工不仅仅注重工资待遇和薪酬福利，也注重自我技能的提升以及核心权利的实现。

2. 发展的不确定性

首先，从外部环境来看，新生代知识型员工面临双重的挤压效应或者说面对双重压力。我们发现，虽然绝大多数新生代知识型员工逐渐开始在各种类型的组织中占据重要岗位、承担重要工作，但是他们一方面正在承受着大量"70后"前辈的"压抑"；另一方面还要在未来受到"00后"的"顶替"，进而不得不面对所谓的"职业天花板"。因此，新生代知识型员工的未来发展受外部环境的影响而存在高度的不确定性，也许有人能够冲破"职业天花板"，但也必定有大量的人因被"压抑"或者"顶替"而不得不接受和面对现实。当然，这在劳动力市场上是非常常见的自然规律或者说是周期性规律，只是对于新生代知识型员工而言，这个问题可能要更加明显。

其次，从个体内部来看，新生代知识型员工的思维和心智都正处于不断发展与变化的阶段，他们对许多问题的认识本身就具有较大的不确定性。尤其是他们对"究竟应该如何看待和平衡工作与家庭的关系"这个问题的认识，很有可能在短时间内发生变化。因为现在的新生代知识型员工绝大多数要么未婚，要么即将面临结婚、生子和子女教育等一系列家庭问题，因此也必然要面对许多可以预见和难以预见的人生变化，而这些变化都会使其对各种问题的认识发生相应的变化。

总之，新生代知识型员工的职业生涯才刚刚开始，职业道路尚处于起步阶段，在个人的职业发展上存在较大的不确定性。

3. 定位的不准确性

我们都知道，职业规划的第一步就是进行自我定位，一个人如何准确地自我定位，是关乎他将来在组织和社会中存在价值的非常重要的一个问题。然而，近年来越来越多的新闻媒体都发布过这样的报道：大学毕业生拿着自己的简历和相关证书去面试求职，然后在接下来的几年时间里却多次换掉工作。智联招聘2015年发布的一项调查数据显示：我国新生代知识型员工的整体离职率达60%以上，并且有近30%的新生代知识型员工在一年中跳槽五次以上，是名副其实的"跳跳族"。为此，业界的人力资源主管纷纷表示：自我定位的不准确是新生代知识型员工频繁跳槽的主要原因。很多新生代知识型员工认为自己有能力、有文凭，应该在组织中受到重用，甚至认为自己的工作比别人重要，自己应该高人一等。如果在实际工作中的感受与自己的定位或者期望不一致，就会产生严重的受挫感，进而选择离职跳槽。

事实上，绝大多数新生代知识型员工都还是职场新人，而作为职场新人首先要认清自我，放低姿态，千万不能"眼高手低"。跳槽频率过高，不仅不利于工作经验的积累，而且在思虑不周全的情况下跳槽，往往会越跳越糟。心理学家则建议新生代知识型员工一定要做好职业发展规划，在充分发挥个人专业和其他特长的基础上，掌握核心工作技能才是长久之策，千万不要产生"越跳槽越值钱"的片面思维和观念。当然我们也需要意识到：新生代知识型员工的自我定位受到很多因素的影响，但是其需求的高层次性和发展的不确定性在一定程度上导致了其自我定位的不准确性。

2.1.3 新生代知识型员工的职业追求

职业追求直接反映了员工的职业价值观，国内学者刘红霞（2013）采用问卷调查和深度访谈这两种方法，对近300名新生代知识型员工的职业追求进行了研究，频次统计的结果显示：对于新生代知识型员工而言，排名前五的职业追求依次是成长追求、经济追求、成就追求、权力追求和人际追求。

1. 新生代知识型员工的成长追求

成长追求反映了对职业能力提升与职业生涯发展的期望。新生代知识型员工大多对自己未来的职业发展寄予了很高的期望，因此非常看重职业发展机会和个人成长空间。根据刘红霞（2013）的访谈，新生代知识型员工既希望从事自己感兴趣的工作，又希望从事符合自己职业发展定位的工作，还希望所从事的工作富有一定的挑战性；同时，他们希望自己的职业能力能够在工作中不断提升，也希望有足够的职位晋升空间。事实上，唐美玲（2007）在较早的一项针对新生代知识型员工的职业选择进行的调查中发现：80%的新生代知识型员工认为个人发展前景、学习机会和发挥个人才干非常重要。因此，二者的研究结论是基本一致的。总体来看，新生代知识型员工之所以如此看重个人的成长与发展，主要有以下三方面的原因。

首先，由于他们步入职场的时间较短，作为"职场新人"的新生代知识型员工对工作往往充满激情和抱负，渴望在组织中找到适合自己的位置，并拥有一个能够充分展现个人能力的舞台，因此他们更希望能够从事那些具有挑战性的工作并将其作为一种体现与实现自我价值的方式。其次，因为新生代知识型员工通常都受过系统的高等教育，他们给自己制定的职业生涯目标往往很高，所以他们更希望能从事与其个人的职业生涯目标以及职业兴趣相吻合并能充分发挥其个人潜能的创造性工作。最后，由于新生代知识型员工喜欢尝试新鲜事物，学习需求强烈，也乐于通过各种途径和方法来提高自身的核心竞争力，并非常渴望在职场中获得更多的培训和学习机会。所以，在上述因素的综合影响下，新生代知识型员工的成长追求就表现得格外强烈，成为其最重要的职业追求。

2. 新生代知识型员工的经济追求

经济追求反映了对薪资、福利等经济性报酬的期望。从刘红霞（2013）的调查结果来看，新生代知识型员工的经济追求只略低于成长追求，这说明新生代知识型员工也非常关注或者在意自己通过工作所获得的报酬。我们认为，新生代知识型员工之所以会有较高的经济追求，主要源于三个非常重要的原因。

第一，教育投资的合理补偿。新生代知识型员工普遍受过高等教育，在适龄阶段放弃工作而选择接受高等教育本身就属于一种人力资本投资的行为。任何投资都是讲求回报的，面对自己因接受高等教育而产生的机会成本，以及接受高等教育本身投入的时间和金钱，新生代知识型员工产生教育投资补偿的需求，进而对薪资待遇有较高的期望，是一种非常合理的追求。

第二，实现价值的内在追求。对于新生代知识型员工而言，工作绝不仅仅只是获得物质补偿的一种手段，更是实现其个人价值的一种途径。换句话说，高水平的报酬在一定程度上反映了新生代知识型员工在组织内的存在价值。所以，他们往往试图通过获得高报酬来证明自己的能力和彰显自己的价值。

第三，应对压力的客观需求。如果说新生代知识型员工仅仅试图通过高报酬来证明自己的个人能力和存在价值，除此之外别无他求，那显然是对现实环境的非理性认知，是不现实也不客观的"妄断"。事实上，虽然新生代知识型员工在走向社会前面临的经济压力比父母同一时期的小很多，但他们在走向社会后面临的经济压力却非常大。例如，在抚育子女方面，他们需要给子女提供良好的教育条件，各种补习班和学区房给他们带来了很大的经济压力；在赡养老人方面，由于人口老龄化时代的到来，两个新生代知识型员工组建的一个家庭往往要负担双方老人的赡养，也给他们带来了很大的经济压力。面对这些压力，只有获得更高的报酬才能更好地缓解自身的紧张感和窘迫感。

3. 新生代知识型员工的成就追求

成就追求反映了通过工作而获得的满足感。刘红霞（2013）在调查和访谈中发现：新生代知识型员工不仅追求内在的满足感，还追求外在的满足感。其中，内在的满足感主要来自于新生代知识型员工对其工作本身的满足感，即通过个人努力完成工作后获得的满足感，表现为较强的自我认可。例如，当他们经过努力终于完成一项工作任务时，即使还没有获得外在的报酬，也会得到一种内心的满足，这种满足就是自豪感与自我价值的体现，它来源于取得的成就本身以及由此产生的内心体验。而外在的满足感主要来自他人（如上级、下属、同事等）或社会的认可。具体而言，他人的认可体现为得到上级的表扬和赞誉、获得表彰或奖金等；社会的认可体现在工作有一定的社会声誉和社会地位等方面。

与其他知识型员工群体相比，新生代知识型员工拥有更高的成就欲望和更强的成就动机，这主要是因为：一方面，新生代知识型员工一般个性较强，更喜欢挑战，更渴望成功，并且他们尤其喜欢实现和获得成功的过程，因为这个过程能够使他们得到内心的满足，进而获得更多的内在满足感；另一方面，新生代知识型员工往往知识层次较高，对自身能力的认识也比较深刻，因此他们大多事业心较强，自主意识较高，更加在意自我价值的实现，也时刻想要通过一些契机来表现和证明自己，具有很强的获得他人认可的需求，并强烈渴望通过自己的努力得到工作单位甚至社会的认可。在这种强烈的成就欲望和成就动机的驱动下，新生代知识型员工往往会在工作中表现出更强的求胜心和进取心，追求更多的成就体验，更热衷于富有挑战性的工作，并把攻克难关看作一种乐趣、一种实现自我价值的方式。

4. 新生代知识型员工的权力追求

权力追求主要是指试图在工作中获得更多的自主权，以便按自己认为有效的方式开展工作，完成上级交付的任务。刘红霞（2013）在调查和访谈中发现：有些新生代知识型员工明确表示不喜欢上级把自己要做的每一项工作都安排得非常具体和明确，因为这会使他们觉得自己完全被上级所控制，个人想法和能力根本无从实现与发挥。相反，他们更希望能够与上级一起商讨确定自己的工作任务、工作内容、工作目标和工作方法，并希望可以自主选择工作伙伴，与志同道合、相互欣赏的人组成工作团队。

知识型员工所从事的工作不同于蓝领工人，他们需要依靠自己的头脑和灵感进行大量复杂的思维过程，这一过程通常不受时间和空间的限制，有时也没有既定的程序和章法，自主性较强，外人无法监督和控制。因此，新生代知识型员工往往更乐于在一个自主、灵活的工作环境中，进行自我引导、自我管理、自我监督和自我约束，以便他们更具张力地安排并完成自己的工作。此外，与那些"60后和70后"知识型员工相比，新生代知识型员工在生活和成长的经济环境、文化氛围等诸多方面都有着明显的不同，他们在开放的经济环境、开放的文化氛围和多种思想冲击下成长，更加追求自由，崇尚平等，不愿受到规章制度的约束，也不愿受到领导的安排和监督。所以，新生代知识型员工重视工作的灵活性和自由度以及获得工作的满足感，拥有较高的权力诉求。

5. 新生代知识型员工的人际追求

人际追求主要是指对职场中和谐人际关系的期望。刘红霞（2013）在调查和访谈中发现：一些新生代知识型员工认为最令其烦恼和焦虑的事情，是工作本身的压力和人际关系。许多新生代知识型员工表示，如何让人际关系不破坏他们的工作和生活状态，甚至还对他们的工作和生活有益是其非常渴望解决的重要问题，也是其非常期望获得的重要技能。已经有越来越多的人发现，在工作和生活节奏不断加快的时代，在各种诱惑和不确定性下，很多现代人的情感生活、人际信任都遭遇到了日益严重的危机。加之新生代知识型员工本身具有一些"局限性"，因此他们的人际关系诉求空前强烈。这种局限性主要的体现是新生代知识型员工通常都不善于处理人际关系。正是这种自我和随性使他们在职场中难以很好地融入已有的同事圈，难以和同事愉悦地相处。

不仅如此，新生代知识型员工还大都缺乏人际沟通技巧，在职场中的具体表现为：有时因为知道如何表达自己，难以扩大交际圈子，导致难以找到更多的客户资源；有时因为不善于与领导沟通，处理不好上下级关系，以至于得不到领导的信任。不良的人际关系不仅让这些新生代知识型员工原本快节奏的工作变得更为枯燥和无趣，还大大影响了他们的工作业绩和对组织的归属感。这些都在很大程度上催生了新生代知识型员工的人际关系诉求，促使他们迫切需要在职场中构建起一个和谐的人际关系网络，与客户、上下级和同事之间进行良好的人际互动，得到信任和友爱。

2.2　新生代知识型员工反生产行为的差异性分析

员工在工作场所的反生产行为是一种典型的消极角色外行为，它指的是员工故意做出的、给组织或组织成员的合法性利益造成了损害或者虽未造成损害但存在潜在危害的各种行为（Rotundo and Sackett，2002）。由于反生产行为的表现形式多种多样，内部关系十分复杂，概念外延的覆盖面又非常广泛，所以从 20 世纪 90 年代中后期开始，不同的研究者基于不同的视角，采用不同的方法，对反生产行为的结构维度展开了一系列非常有意义的探索。

最早将反生产行为作为一个多维构念并探索其结构维度的学者是 Robinson 和 Bennett，他们对之前的学者将反生产行为作为单维构念进行研究提出了两点疑问：第一，已有的单维度研究能否把所有反生产行为都涵盖其中？第二，已有的各种单维度反生产行为之间的关系是怎样的？基于此，Robinson 和 Bennett（1995）利用多维尺度分析（multi-dimensional scale，MDS）的方法，将反生产行为按照行为的指向（组织指向-个体指向）和行为的特征（轻微-严重）进行分类，得到了生产型偏差、财产型偏差、政治型偏差和个人侵犯型偏差四种类型。虽然这一结论在后来的许多研究中被采用，但是 Bennett 和 Robinson（2000）后来对其进行了相应的修正，因为他们认为指向组织和指向个体的反生产行为具有本质差异，而行为的轻微性和严重性特征只有量上的区别，所以有必要将生产型偏差和财产型偏差合并为"组织偏差"，而将政治型偏差和个人侵犯型偏差合并为"人际偏差"，并以此为基础开发了测量工具。

与之类似，Gruys 和 Sackett（2003）利用协方差因子分析和多维尺度分析的方法也得到了反生产行为的两个分类标准，除了在"组织指向-个体指向"这个分类标准上与 Robinson 和 Bennett 的研究结论一致，他们还发现了"任务相关-任务不相关"这一分类标准，并把反生产行为分为组织指向-任务相关型、组织指向-任务不相关型、个体指向-任务相关型和个体指向-任务不相关型四种类型。后来，Rotundo 和 Xie（2008）用来自广东和四川两地的数据，采用多维尺度分析的方法也得到过与 Gruys 和 Sackett 一致的研究结论，只不过他们的研究对象主要是 MBA（工商管理硕士，Master of Business Administration）学员和 EMBA（高级管理人员工商管理硕士，Executive Master of Business Administration）学员。而国内学者彭贺（2010，2011）在采用多维尺度分析的方法对中国企业员工进行研究时，得到了关于行为特征的两个分类标准，即"轻微-严重"和"非不道德-不道德"，并把反生产行为分为人际指向的反生产行为、组织指向的反生产行为、消极式任务指向的反生产行为和激进式任务指向的反生产行为四种类型。此外，Spector 等（2006）基于已有文献中对反生产行为前因变量的研究成果，提出了一个反生产行为的"五分法"，即恶意对待他人的行为、生产偏差行为、蓄意破坏行为、偷窃行为和怠惰行为。通过相关实证研究，他们还发现：这五种反生产行为的潜在前因变量各不相同。而在

Stewart 等（2009）最近的一项研究中，他们从旁观者的角度出发采用非自我报告的方法收集反生产行为的测量项目，对 Robinson 和 Bennett（1995）的分类进行了重新研究，得到了一个含有 14 个因子的反生产行为的三维结构模型，这三个维度是生产偏差行为、资产偏差行为和人际偏差行为。

实际上，从反生产行为结构维度研究的对象选择上来看，现有的文献大多数关注的是工业化大生产背景下的传统行业内的普通员工，对日趋兴起甚至将占据主导地位的高新技术企业内部的新生代知识型员工的关注却远远不够[①]。很明显，相比传统行业内的普通员工，新生代知识型员工本身及其工作性质都发生了重大的变化，他们表现出反生产行为的内容更加负责，且从事反生产行为的方式更加隐蔽，仅生产行为的后果也可能更加严重。因此，Spector（2011）在一项关于员工个性对反生产行为的影响的整合性研究中就明确指出，由于知识型员工的特殊性，我们迫切需要深入了解其反生产行为的表现内容和形式以及结构维度，从而更有针对性地对其进行科学管理。

我们认为，既然要研究新生代知识型员工反生产行为的结构维度，就必须将新生代知识型员工与非新生代普通员工在反生产行为表现形式上的差异进行比较分析。由于我们在过去的研究中利用传统的反生产行为测量工作进行过相应的调查，积累了相应的历史数据；为了比较新生代知识型员工与非新生代普通员工之间表现出来的差异，我们利用传统的反生产行为测量工具调查了 136 名新生代知识型员工，并对前后两次针对两个不同群体的对象调查的结果进行了相应的比较分析。之所以要进行这样的比较，是因为我们发现：虽然之前有很多研究都强调新生代知识型员工与非新生代普通员工在反生产行为上存在差异，但是却很少有相应的实证研究证实这一观点。如果要针对新生代知识型员工反生产行为进行结构维度的探索和测量工具的开发，就应该首先证明他们与非新生代普通员工之间的确存在很大的差异。否则，完全可以利用传统量表来进行针对新生代知识型员工反生产行为的相关研究，而本书设计的第一项研究内容也就失去了应有的意义和价值。

需要说明的是，我们早在 2009 年就利用 Bennett 和 Robinson（2000）开发的反生产行为测量量表（包括组织指向和人际指向两个维度，总计 19 个测量题项）调查过 478 名员工，这 478 名员工中包括 102 名新生代知识型员工和 376 名非新生代普通员工。该测量量表为员工自陈式量表，共有 19 个测量题项，其中测量组织指向反生产行为的题项有 12 个；测量人际指向反生产行为的题项有 7 个。每个题项的答案从 1 分到 7 分，对应"从来没有"到"总是如此"，即表现出相应反生产行为的强度或频率从低到高。2016 年，我们利用该测量表对近 200 名新生代知识型员工进行了再次调查，收回有效调查问卷 136 份。接下来，我们对前后两次调查的相关数据进行了分析，并试图通过比较两组样本均值之间的差异及其显著性来分析新生代知识型员工与非新生代普通员工在反生产行为表现上是否存在明显的差异性。

---

① 本书中对新生代知识型员工的界定是：出生于 1980 年 1 月以后的，具有大学本科及以上学历的，在各种类型的企事业单位和政府部门工作的，主要从事技术、研发、市场和管理等知识型工作的员工。与之相对应，本书将非新生代普通员工界定为满足如下两个条件其中之一的个体：①非新生代员工，即 1980 年 1 月以前出生的员工；②非知识型员工，即不具备大学本科以上学历的员工。

如表 2-1 所示，我们采用独立样本 t 检验的方法，将 376 名前测的非新生代知识型员工（即非新生代知识型员工）与 136 名后测的新生代知识型员工在 19 项反生产行为的具体表现进行了对比分析。在进行独立样本的 t 检验时，我们首先进行了方差齐性检验，结果显示在所有的 t 检验中，两个样本的方差在 19 个题项上都通过了齐性检验。而对比分析的结果显示：首先，从组织指向的反生产行为来看，新生代知识型员工与非新生代普通员工之间存在显著的差异，样本均值的差异为 1.02（$P<0.05$）。具体而言，除了在"明知可能损坏单位设施，依然不愿纠改"这一项上的差异不显著，新生代知识型员工与非新生代普通员工在其余 11 项组织指向的反生产行为上均存在明显差异。其次，从人际指向的反生产行为来看，新生代知识型员工与非新生代普通员工之间存在显著差异，样本均值的差异为 0.67（$P<0.05$）。具体而言，除了在"背后说一些对领导或同事很不礼貌的话"这一项上的差异不显著，新生代知识型员工与非新生代普通员工在其余 6 项人际指向的反生产行为上均存在明显差异。最后，也是最重要的一点，我们发现了一些非新生代普通员工经常表现出的反生产行为，在新生代知识型员工的身上却几乎很少表现出来，如"自己不想做的事情，让别人替自己做"、"故意破坏单位的工作秩序"、"同事间闹情绪，干扰或破坏其他同事的工作"、"说领导或同事的闲话，传播小道消息"以及"背后说一些对领导或同事很不礼貌的话"，等等。这进一步说明了一个非常重要的问题：新生代知识型员工与非新生代普通员工之间在反生产行为的表现形式上的确存在很明显的差异。

表 2-1 新生代知识型员工和非新生代普通员工在反生产行为各测量题项上的差异性分析

测量题项	前测 A 均值	后测均值	均值差异的 t 检验
为逃避工作而做无必要的休息	4.28	3.18	1.10** (2.982)
有意寻找并利用单位制度上的漏洞	5.16	6.22	−1.06** (−3.176)
故意破坏单位的工作秩序	3.77	1.18	2.59*** (4.126)
制造不和谐的工作氛围	5.12	1.32	2.80*** (3.161)
为避免某些事情（或工作）而装病	4.17	2.19	1.98** (3.297)
自己不想做的事情，让别人替自己做	5.11	1.12	3.99*** (4.182)
不愿承担工作责任，对工作缺乏责任心	3.21	2.07	1.14*** (3.612)
为了个人利益有时会牺牲单位的利益	3.67	5.19	−1.52*** (−3.892)
工作中不愿接受别人的建议，固执己见	4.22	5.78	−1.56*** (−4.166)
工作中搞小破坏，让工作任务无法正常进行	4.52	4.33	0.19* (1.982)
明知可能损坏单位设施，依然不愿纠改	3.28	3.19	0.09 (1.013)
投入的工作精力比应该的少	3.18	1.51	1.67 (3.198)***
组织指向的反生产行为	**4.13**	**3.11**	**1.02** (3.228)**
说领导或同事的闲话，传播小道消息	5.12	1.17	3.95** (3.117)
在他人面前嘲弄同事	2.11	4.98	−2.87*** (−3.968)
拒绝和同事合作（甚至交流）	2.16	5.13	−2.97*** (−4.172)

续表

测量题项	前测 A 均值	后测均值	均值差异的 t 检验
背后说一些对领导或同事很不礼貌的话	3.22	1.18	2.04 (0.982)
对一起工作的同事态度不好	3.16	1.26	1.90** (2.917)
同事间闹情绪,干扰或破坏其他同事的工作	2.15	1.12	1.03** (−2.152)
有意说一些或做一些伤害同事的话或事	2.66	1.15	1.51* (−1.879)
人际指向的反生产行为	**2.95**	**2.28**	**0.67**** (−3.126)

注：①前测 A 指的是 376 名非新生代普通员工的历史数据（即 2008 年的调查数据），后测指的是 136 名新生代知识型员工的当期数据。②第四列括号外的数字为样本均值的差值，括号内的数字为独立样本检验的 t 值，***、**和*分别表示 1%、5%和 10%的水平上显著。

接下来，为了分析在前后两次调查中的新生代知识型员工表现出的反生产行为之间是否具有显著差异，我们又将 102 名前测的新生代知识型员工与 136 名后测的新生代知识型员工在 19 项反生产行为的具体表现上进行了对比分析。依然采用独立样本 t 检验的方法进行对比分析，并且在进行独立样本的 t 检验时首先进行了方差齐性检验，结果显示在所有的 t 检验中，两个样本的方差在 19 个题项上都通过了齐性检验，结果如表 2-2 所示。首先，从组织指向的反生产行为来看，136 名后测的新生代知识型员工与 102 名前测的新生代知识型员工存在显著差异，样本均值的差异为 0.70（$P<0.05$）。具体而言，136 名后测的新生代知识型员工在如下四种反生产行为"不愿承担工作责任，对工作缺乏责任心""制造不和谐的工作氛围""故意破坏单位的工作秩序"以及"投入的工作精力比应该的少"上与前测的 102 名新生代知识型员工表现出来的差异最明显。其次，从人际指向的反生产行为来看，136 名后测的新生代知识型员工与 102 名前测的新生代知识型员工不存在显著差异，样本均值的差异为 0.18（$P>0.1$）。具体而言，二者只有在"对一起工作的同事态度不好"、"有意说一些或做一些伤害同事的话或事"这两种行为上存在比较显著的差异。

表 2-2　新生代知识型员工前后两次调查在反生产行为各测量题项上的差异性分析

测量题项	前测 B 均值	后测均值	均值差异的 t 检验
为逃避工作而做无必要的休息	3.98	3.18	0.80* (1.782)
有意寻找并利用单位制度上的漏洞	5.92	6.22	−0.30 (−1.263)
故意破坏单位的工作秩序	3.13	1.18	1.95*** (4.252)
制造不和谐的工作氛围	3.28	1.32	1.96*** (4.162)
为避免某些事情（或工作）而装病	2.17	2.19	−0.02 (−0.982)
自己不想做的事情，让别人替自己做	2.19	1.12	1.07*** (3.971)
不愿承担工作责任，对工作缺乏责任心	4.07	2.07	2.00*** (4.982)
为了个人利益有时会牺牲单位的利益	5.16	5.19	−0.03 (−0.716)
工作中不愿接受别人的建议，固执己见	5.52	5.78	−0.26 (−1.022)
工作中搞小破坏，让工作任务无法正常进行	4.29	4.33	−0.04 (−0.636)

续表

测量题项	前测 B 均值	后测均值	均值差异的 t 检验
明知可能损坏单位设施，依然不愿纠改	3.21	3.19	0.02（0.518）
投入的工作精力比应该的少	2.76	1.51	1.25**（2.917）
组织指向的反生产行为	**3.81**	**3.11**	**0.70**（2.816）**
说领导或同事的闲话，传播小道消息	1.38	1.17	0.21（0.852）
在他人面前嘲弄同事	4.19	4.98	−0.79（−1.016）
拒绝和同事合作（甚至交流）	4.85	5.13	−0.28（−0.901）
背后说一些对领导或同事很不礼貌的话	1.21	1.18	0.03（0.263）
对一起工作的同事态度不好	2.32	1.26	1.06*（2.061）
同事间闹情绪，干扰或破坏其他同事的工作	1.29	1.12	0.17（0.715）
有意说一些或做一些伤害同事的话或事	2.02	1.15	0.87*（1.982）
人际指向的反生产行为	**2.46**	**2.28**	**0.18（0.751）**

注：①前测 B 指的是 102 名新生代知识型员工的历史数据（即 2008 年的调查数据）；后测指的是 136 名新生代知识型员工的当期数据。②第四列括号外的数字为样本均值的差值，括号内的数字为独立样本检验的 t 值，***、**和*分别表示 1%、5%和 10%的水平上显著性。

综上所述，我们发现：新生代知识型员工在反生产行为的表现形式和内容上的确与非新生代普通员工之间存在很明显的差异，因此很有必要针对其结构维度进行相应的研究。此外，我们还发现新生代知识型员工在组织指向的反生产行为的具体表现上也发生了一定程度的变化，一些在前测中表现很明显的反生产行为在后测中出现了相应的弱化。这说明新生代知识型员工的反生产行为一方面与非新生代普通员工存在差异，另一方面还具有不断变化的倾向。

这些研究发现既在一定程度上证明了 Miles 等（2002）以及 Spector（2011）等提出的新生代知识型员工在反生产行为上存在动态差异性的理论假设，也与我国学者赵策（2016）和李玉梅（2016）等得到的相关实证研究的结论基本一致。因此，接下来，我们进一步探索新生代知识型员工反生产行为的结构维度，并形成相应的测量工具，从而为后续的研究奠定相应的基础。

2.3 新生代知识型员工反生产行为的结构维度探索

从反生产行为结构维度研究的基础和依据上来看，现有的文献基本上都是采用反生产行为的行为特征（轻微-严重、没有不道德-不道德、任务相关-任务不相关）或行为指向（组织指向-个体指向）作为其结构维度研究的基础和依据。但是到目前为止，除了"组织-个体"这一分类标准得到了研究者的普遍认同，其他分类标准都尚未取得比较一致的意见。此外，此类研究可能还普遍存在一个非常重要的问题即没有揭示反生产行为发生的动因，因此影响甚至是阻碍了对反生产行为的前因变量进行更为精细化的研究（Spector et al., 2010；Bowling and Gruys, 2010）。例如，Spector 等（2006）就曾发现，员工传播谣言和窃取公司财物可能有着明显不同的动因，但是在过去的分类体系中却将它们归为一类。其结果就是在研究导致这两种被归为一类的反生产行为的前因变量时很难找到一个统一的结论，从而也掩盖了某些潜在变量与某种具体反生产行为之间的关系（Spector et al.，2010；Bowling and Gruys，2010）。由此可见，目前由于其基础和依据的限制，对反生产行为结构维度的研究存在过度概括化的倾向，所以有必要对反生产行为的结构维度进行更为深入和细致的研究。

事实上，Wong 和 Law（1999）、Law 和 Wong（1999）曾经讨论过多维构念的类型，以及多维构念与其各个维度之间的三种可能的关系：第一种多维构念称为潜因子型多维构念（latent multidimensional constructs，LMC），LMC 的各个维度都是同一个构念的不同表现形式，换言之，LMC 的不同维度都是用来表示同一个多维构念的不同方式，LMC 与其各维度之间的关系模型称为潜因子模型（latent model）；第二种多维构念称为合并型多维构念（aggregate multidimensional construct，AMC），AMC 的各个维度都是同一个构念的组成部分，换言之，AMC 是其各个维度的线性函数，AMC 与其各维度之间的关系模型称为合并模型（merge model）；第三种多维构念称为组合型多维构念（profile multidimensional construct，PMC），PMC 本身既不是所有维度背后的共同因子，也不是各维度的线性函数，它作为一个整体构念是每个维度所代表的特征的组合，PMC 与其各维度之间的关系模型称为组合模型（profile model）。从对应的实证研究方法上来看，LMC 可以简单地采用探索性因子分析或验证性因子分析；但是 AMC 却不能通过探索性因子分析来进行模型的参数估计，它至少需要从 AMC 出发的两条路径（即两个结果变量）才能使要估计的模型成为可识别的模型（Maccallum and Browne，1993）。因此，对于 LMC 仅仅用它的各个维度就可以进行模型分析了，但是对 AMC 而言，则必须使用到它的结果变量进行结构方程模型分析。此外，对于 PMC 而言，则需要通过多维尺度分析的方法对具有相关性的测量指标进行分类然后再进行维度命名。

由此可见，选择怎样的研究方法来探索新生代知识型员工反生产行为的结构维度，首先取决于如何界定这个构念与各个维度之间的关系。为此，我们进行了广泛的文献分析和深度的专家访谈，最后确定基于 PMC 的角度来研究新生代知识型员工反生产行为的结构维度，即将反生产行为作为一个整体构念视为其各个维度所代表的特征的组合。换言之，新生代知识型员工反生产行为的每一个维度都具有相对的独立性，而这些具有相对独立性的"维度"组合在一起，就构成了反生产行为的"整体"。基于此，考虑对 PMC 进行研究，需要采用多维尺度分析的方法对具有相关性的测量指标进行相应的分类，所以我们接下来采用如下三个步骤来具体进行新生代知识型员工反生产行为的结构维度探索。

2.3.1 挖掘新生代知识型员工反生产行为的具体表现形式

1. 访谈与问卷调查

为了了解新生代知识型员工在工作中可能表现出哪些类型的反生产行为，我们在多家企业进行了多次深度访谈和问卷调查。考虑到社会称许性心理是导致很多调查不能反映真实情况的主要原因之一,所以为了避免社会称许性心理的消极影响,我们无论在访谈还是在问卷调查的过程中都请被访谈者向我们报告别人在工作中表现出的反生产行为,而不是其自己在工作中表现出的反生产行为。此外,为了便于被访谈者理解我们提出的问题,在访谈和问卷中我们避免使用反生产行为这样的专业术语,而采用消极和负面行为来代替反生产行为。

首先,从访谈的过程和结果来看。访谈主要通过一对一的形式进行,但是也有少数公司的员工或管理者组成了3~5人的小组接受我们的访谈,其提供的信息同样有效。针对每个被访谈者,整个访谈时间控制在30~45分钟。在访谈中我们通常会先请被访谈者介绍一下个人的基本情况,以及他们对公司目前在人力资源管理上所存在的问题的看法。然后,我们会要求他们指出不少于六种新生代知识型员工在其单位表现出来的"消极和负面行为",并请其回答"你认为他们表现出这些行为的原因可能是什么?"。经过近五个月的工作推进,我们总计访谈了17名高管,22名中层管理者(其中有19名人力资源主管),以及46名新生代知识型员工,收集了85份详细的访谈笔录。

其次,从问卷调查的过程和结果来看。受研究时间和经费的限制,访谈的对象往往集中于某一个地区(如我们的访谈工作主要在成都和重庆两地进行),其代表性有可能存在一定的限制。因此,为了更全面地了解新生代知识型员工反生产行为的表现形式,我们还利用问卷调查的形式在不同地区收集了大量新生代知识型员工反生产行为的具体内容及其动因判断。当然,利用问卷调查的形式收集相应的数据还有一个非常明显的优势,就是可以进一步规避被调查者在面对面接受访谈时可能产生的尴尬甚至是顾虑。经过近三个月的工作推进,我们面向北京、厦门、福州、中山、贵州这五个城市的八家公司,总计发出了220份调查问卷,收回有效问卷107份。在访谈与问卷调查的相关工作全部结束后,我们对访谈记录和调查问卷中的信息进行了相应的整理与分析,总计85份访谈笔录和107份调查问卷的描述性统计结果如表2-3所示。

表2-3 访谈与问卷调查对象的描述性统计分析

地区	技术研发	生产制造	职能管理	后勤服务	高层管理	总计
成都(6)	17	6	14	3	9	49
重庆(4)	16	2	8	2	8	36
访谈总计	*33*	*8*	*22*	*5*	*17*	*85*
北京(1)	7	2	6	2	0	17
厦门(2)	8	0	8	2	2	20
福州(2)	10	2	7	1	0	20
中山(2)	9	4	11	2	0	26
贵州(1)	8	3	9	3	1	24
问卷总计	*42*	*11*	*41*	*10*	*3*	*107*
合计	*75*	*19*	*63*	*15*	*20*	*192*

注:①第一列括号内的数字表示该地区接受访谈或问卷调查的企业数量;②生产制造和后勤服务部门的员工可能不是知识型员工,但是他们可以指出自己在工作中看到和发现的新生代知识型员工表现出来的反生产行为。

2. 行为筛选与排查

通过对上述总计 85 份访谈笔录和 107 份调查问卷的详细分析，我们总计获得了 516 种新生代知识型员工的"消极和负面行为"（由于篇幅限制，在此不一一列举）。但是，这 516 种"消极和负面行为"并不全是反生产行为，因为有些消极和负面行为并不符合反生产行为的操作性定义。接下来，我们同时邀请了两名管理学专业的博士研究生和两名企业人力资源主管对这 516 种"消极和负面行为"进行相应的筛选与排查，筛选与排查的具体依据主要有三个：第一，这种行为是员工有意为之的，而不是无意识或不自主的表现；第二，这种行为明显违背了正式组织的制度和规范，但不包括那些违反非正式组织的领导者制定的非正式规范的行为；第三，这种行为给组织或者组织成员造成了伤害，而不包括那些对组织或者组织成员并不构成伤害的行为。

在根据上述依据进行行为筛选与排查的过程中，同时将明显存在重叠性的各种行为进行初步的合并，得到了总计 97 种新生代知识型员工的反生产行为（同样，由于受篇幅限制，在此不一一列举）。

3. 行为删除与合并

接下来，我们与六名专业人士组成研究小组（其中四名博士研究生，两名硕士研究生），共同对这 97 种新生代知识型员工的反生产行为做出了进一步的删除与合并。由于我们在访谈和问卷调查的过程中，除了让被访谈者指出其观察到的反生产行为，还要求其对这些行为背后的"动因"进行了相应的研判。因此，在对反生产行为进行删除与合并的过程中，我们一方面将内涵基本一致，只是表述不同的反生产行为进行必要的删除；另一方面也通过对反生产行为的"动因"进行研判，将明显由同一种"动因"引发的反生产行为尽量合并到一起。在具体操作过程中，当超过半数的研究人员判定某种反生产行为与其他反生产行为具有基本一致的内涵，只是其表述方式或措辞存在差异时，删除该行为；同样，当超过半数的研究人员判定某种反生产行为与其他反生产行为具有相同的动因，并且其表现方式也不存在明显差异时，将该行为与其他行为合并。经过删除与合并，我们最终获得了如表 2-4 所示的，总计 50 种新生代知识型员工在组织中经常表现出来的反生产行为。

表 2-4 新生代知识型员工反生产行为的表现形式

序号	表现形式	序号	表现形式
1	为获加班补贴故意拖延工作	10	对自己的工作应付了事、得过且过
2	虚（高）报自己或团队的工作量	11	与同事互相推诿存在交叉的工作
3	将大家一起做的工作算作自己的功劳	12	将公司商业机密泄露给竞争对手
4	未经许可私拿（藏）公司财物	13	不遵守工作计划或任务流程
5	利用职权或工作之便谋取私利	14	面对不好的结果时推卸应承担的责任
6	利用专业优势欺瞒上级和同事	15	抵制或不愿意创新
7	利用技术优势独享资源和信息	16	发现问题不理会、不上报
8	不愿与同事分享经验和知识	17	工作时网上购物、使用私人聊天工具
9	工作时间从事私人商业活动	18	故意降低过工作效率、磨洋工

续表

序号	表现形式	序号	表现形式
19	未请假（批准），无故迟到早退	35	散布未经证实的小道消息甚至谣言
20	明知浪费单位资源却不理睬、不作为	36	私下里议论、嘲笑同事或上级领导
21	独占基于公司资源和平台实现的创新	37	对同事进行过口头辱骂或人身攻击
22	在工作时间与同事闲谈甚至串岗聊天	38	以各种形式对同事进行性骚扰
23	故意延长工作期间的休息时间	39	故意告诉别人错误的知识和方法
24	工作时间假借工作需要外出办私事	40	向外界传递不利于公司的个人想法
25	虚（假）请病事假	41	不主动学习、不愿意自我提升
26	挑拨其他同事间的关系	42	顶撞上级领导
27	利用职权或工作之便打击或报复同事	43	和同事开过很粗鲁、无礼的玩笑
28	给其他部门的同事制造工作障碍	44	无故不参加公司组织的各项集体活动
29	为私利与同事进行不必要的竞争	45	喜欢抱怨，影响团结和士气
30	斥责同事犯的错误	46	影响或破坏工作环境
31	拉帮结派	47	苛责同事却放松对自己工作的要求
32	对领导阿谀奉承、对同事严词恶语	48	找公司制度和规范上的漏洞，打擦边球
33	只看重关系，不重视工作业绩	49	为短期利益牺牲和损害长期利益
34	拒不执行或拖延领导交代的工作任务	50	不重视、不理睬同事所提出的意见和建议

从上述调查结果可以明显地看出，相对于非新生代普通员工，新生代知识型员工的确表现出了一些特殊的反生产行为，如利用专业优势欺瞒上级和同事，利用技术优势独享资源和信息，不愿与同事分享经验和知识，工作时间从事私人商业活动，抵制或不愿意创新，独占基于公司资源和平台实现的创新，以各种形式对同事进行性骚扰，等等。

2.3.2 基于多维尺度分析对新生代知识型员工反生产行为进行分类

如前所述，我们基于广泛的文献分析和深度的专家访谈，最后确定将新生代知识型员工反生产行为作为一个 PMC 来研究。换言之，新生代知识型员工反生产行为的每一个维度都具有相对的独立性，而这些具有相对独立性的"维度"组合在一起，就构成了反生产行为的"整体"。对 PMC 的结构维度进行研究，需要采用多维尺度分析的方法对具有相关性的测量指标进行相应的分类。多维尺度分析就是检查多个测量指标之间的相似性或差异性的一种多元统计分析方法，它通过在多维空间构图的方法将多个测量指标在图示中标注成具体的点，而这些点之间的距离就反映了它们所代表的测量指标的相似性或差异性。

为了给接下来的多维尺度分析提供必要的研究数据，我们首先邀请了 100 名被试，并将这 100 名被试分成两组（每组 50 人），这些被试主要来自成都地区的三家高新技术企业，所有被试均为新生代知识型员工，其中男性 78 人、女性 22 人。接下来，我们将上述研究中得到的新生代知识型员工反生产行为编制成了 50 套对比问卷，表 2-5 是这 50 套问卷中的一套，它反映了该对比问卷的基本形式和内容。

表 2-5 员工行为间差异的比较结果（范例）

你认为"为获加班补贴故意拖延工作"与下列 49 种行为的相似性有多强？
注："1"代表完全相似，"10"代表完全不相似，即越不相似，分数越高！

进行比较的行为	1	2	3	4	5	6	7	8	9	10
1、虚（高）报自己或团队的工作量							√			
2、将大家一起做的工作算作自己的功劳										√
3、未经许可私拿（藏）公司财物						√				
4、利用职权或工作之便谋取私利										√
5、利用专业优势欺瞒上级和同事					√					
6、利用技术优势独享资源和信息										√
7、不愿与同事分享经验和知识										√
8、工作时间从事私人商业活动									√	
9、对自己的工作应付了事、得过且过										
10、与同事互相推诿存在交叉的工作										√
11、将公司商业机密泄露给竞争对手										√
12、不遵守工作计划或任务流程					√					
13、面对不好的结果时推卸应承担的责任										√
14、抵制或不愿意创新										√
15、发现问题不理会、不上报										
16、工作时网上购物、使用私人聊天工具								√		
17、故意降低过工作效率、磨洋工				√						
18、未请假（批准），无故迟到早退										√
19、明知浪费单位资源却不理睬、不作为										√
20、独占基于公司资源和平台实现的创新										√
21、在工作时间与同事闲谈甚至串岗聊天						√				
22、故意延长工作期间的休息时间					√					
23、工作时间假借工作需要外出办私事					√					
24、虚（假）请病事假						√				
25、挑拨其他同事间的关系										√
26、利用职权或工作之便打击或报复同事										√
27、给其他部门的同事制造工作障碍										√
28、为私利与同事进行不必要的竞争										√
29、斥责同事犯的错误										
30、拉帮结派										√
31、对领导阿谀奉承、对同事严词恶语										
32、只看重关系，不重视工作业绩										√
33、拒不执行或拖延领导交代的工作任务							√			
34、散布未经证实的小道消息甚至谣言										√
35、私下里议论、嘲笑同事或上级领导										√
36、对同事进行过口头辱骂或人身攻击										√

续表

进行比较的行为	1	2	3	4	5	6	7	8	9	10
37、以各种形式对同事进行性骚扰										√
38、故意告诉别人错误的知识和方法										√
39、向外界传递不利于公司的个人想法										√
40、不主动学习、不愿意自我提升										√
41、顶撞上级领导										√
42、和同事开过很粗鲁、无礼的玩笑										√
43、无故不参加公司组织的各项集体活动										√
44、喜欢抱怨，影响团结和士气										√
45、影响或破坏工作环境										√
46、苛责同事却放松对自己工作的要求										√
47、找公司制度和规范上的漏洞，打擦边球				√						
48、为短期利益牺牲和损害长期利益									√	
49、不重视、不理睬同事提出的意见和建议										√

需要说明的是，如果让每个被试对 50 种反生产行为中的每 1 种与其他 49 种进行相似性比较，那么每个被试需要进行 $C_{50}^1 \times = 1225$ 次比较，就算每次比较仅耗时 10 秒，也需要 1225 次×10 秒/次 = 12250 秒，接近 4 小时（204.17 分钟）才能完成。即使不考虑时间成本，从精力和认知的角度来看，在 4 小时的时间里，对 50 种行为之间的相似性做出评估和判断也几乎是一项不可能完成的工作。所以，我们只要求每个被试对上述 50 种行为中的 1 种与其他 49 种进行相似性比较，这样 50 名被试就刚好可以分别对 50 种行为与其他 49 种行为进行相似性比较，进而形成一个矩阵。我们一共邀请了 100 名被试，他们被平均分成两组，每一组完成一套问卷（共 50 份，表 2-5 涉及的一种行为，是这 50 份问卷中的一份），并形成一个相似性矩阵。

接下来，我们采用 SPSS21.0 统计软件中的 Prox asca 分析模块对相似性矩阵中的数据进行分析，碎石图（Scree plot）检验的相关结果显示：从第三个维度开始出现标准化初始应力系数（即 Stress）下降程度逐渐放缓的趋势；所以前两个维度基本上能够解释数据的整体结构（图 2-1）。具体而言，当采用两个维度来解释数据的整体结构时，应力系数等于 0.059。根据 Kruskal（1964）的研究，当标准化初始应力系数小于 0.100 时，模型的拟合程度为"适当、合理（fair）"；当标准化初始应力系数小于 0.050 时，模型的拟合程度为"良好（good）"；当标准化初始应力系数小于 0.025 时，模型的拟合程度为"极好（excellent）"。

需要说明的是：虽然采用三个维度来解释数据的整体结构可以进一步降低标准化初始应力系数，但是会使模型的复杂程度大幅提高，尤其是采用三个维度时的应力系数等于 0.040，并没有非常显著的降低（与采用两个维度时的应力系数是 0.059 相比）。因此，我们只用两个维度来解释新生代知识型员工反生产行为的结构维度，这既保证了模型拟合的科学性，也更加具有现实意义上的合理性。

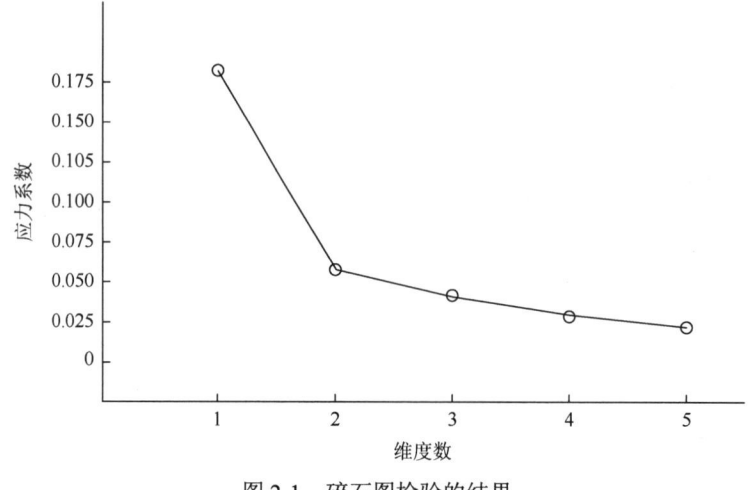

图 2-1　碎石图检验的结果

最后,我们将 50 种新生代知识型员工的反生产行为在两个维度构成的平面空间上的进行具体定位,并制作了定位图(图 2-2)。

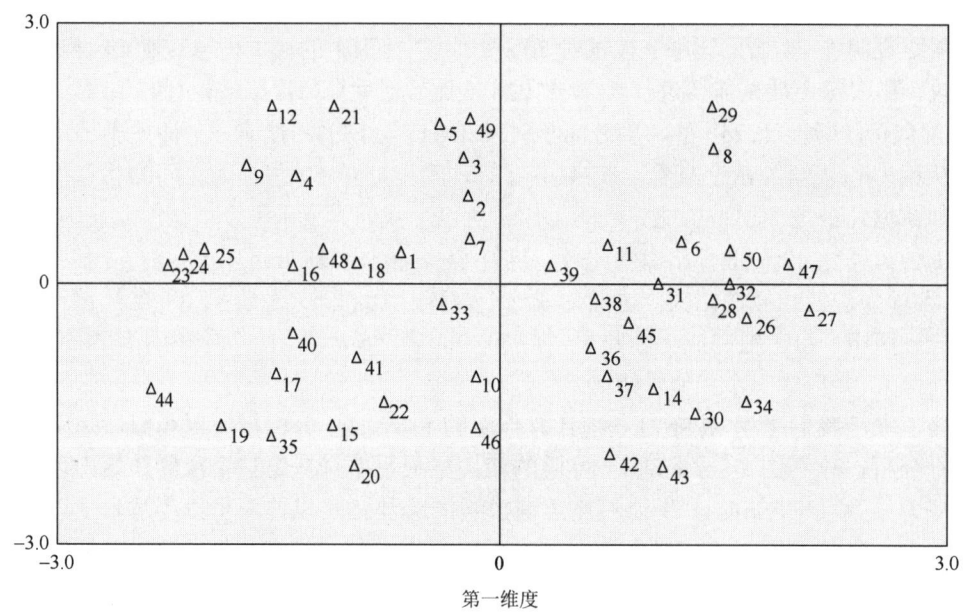

图 2-2　反生产行为在两维空间上的定位图

如图 2-2 所示,50 种新生代知识型员工的反生产行为散布于两个维度构成的四个象限内,这四个象限对应着新生代知识型员工反生产行为的四个具体因子。接下来,我们对这两个维度以及由此形成的四个因子进行具体的命名。

2.3.3　新生代知识型员工反生产行为的维度和因子命名

对维度进行命名,一方面需要依靠研究者的经验和主观判断,另一方面也需要相应的数据分析作为客观基础。从经验和主观判断的层面来看，我们分析了大量对反生产行为的结构维度进行理论和实证研究的文献，发现在这些文献中主要涉及的维度包括行为指向（组织指向-人际指向）、危害程度（轻微影响-严重影响）、隐蔽程度（公开-隐蔽）以及道德性（不道德-没有不道德）等。由此可见，我们可以将这些刻画反生产行为结构维度的特征作为维度命名的理论基础。此外，针对我们研究的对象——新生代知识型员工，本书还特别提出了一个对其反生产行为进行维度刻画的新特征，即逐利性。逐利性就是指员工表现出某种反生产行为究竟是以获取某种利益为主要目标，还是不以获取某种利益为主要目标。之所以加入这个刻画新生代知识型员工反生产行为结构维度的新特征，主要是因为我们在调查和访谈的过程中发现很多新生代知识型员工表现出反生产行为，虽然在主观意愿上有着明显的"目的性"（即不是无意识和被动的行为），但是这种"目的"背后却又没有明显的满足个人需求的利益驱动。这与我们之前观察和了解到的传统的反生产行为通常有明显的"逐利性"是存在很大差异的。所以，我们把逐利性（逐利-不逐利）作为刻画新生代知识型员工反生产行为结构维度的一个新特征，与其他在已有文献中出现过的维度纳入同一个理论框架，作为我们对上述研究所获得的两个维度进行命名的理论基础。

接下来，我们把五个刻画新生代知识型员工反生产行为的维度设计成一个"刻度尺"（Likert 7 点量表），并利用这个"刻度尺"来评价上述 50 种新生代知识型员工的反生产行为。具体而言：首先，我们邀请了六位管理者（其中有三名人力资源主管和三名部门经理）参与调查。其次，每名管理者分别用六个维度对应的"刻度尺"对 50 种反生产行为进行评价，例如，针对"虚（高）报自己或团队的工作量"这种反生产行为，①它是否具有明显的指向性特征？如果认为其指向性（无论是组织指向还是个体指向）越明显，就赋予其越接近于 7 分的分值，反之则赋予其越接近于 1 分的分值；②它是否具有明显的"危害性"特征？如果认为其危害性（无论是轻微还是严重）特征越明显，就赋予其越接近于 7 分的分值，反之则赋予其越接近于 1 分的分值；③它是否具有明显的"隐蔽性"特征？如果认为其隐蔽性（无论是公开还是隐蔽）特征越明显，就赋予其越接近于 7 分的分值，反之则赋予其越接近于 1 分的分值；④它是否具有明显的"道德性"特征？如果认为其道德性（无论是不道德还是没有不道德）特征越明显，就赋予其越接近于 7 分的分值，反之则赋予其越接近于 1 分的分值；⑤它是否具有明显的"逐利性"特征？如果认为其逐利性（无论是逐利还是非逐利）特征越明显，就赋予其越接近于 7 分的分值，反之则赋予其越接近于 1 分的分值。每名管理者都需要对 50 种反生产行为做出 5 次判断，即总计进行 250 次判断，形成 250 个评分。接下来，我们把 6 位管理者对 5 个"刻度尺"的评分取平均值之后作为自变量，以上一步在进行分类研究中两个尚未命名的维度的分值作为相应的因变量，最后，利用多元回归来判断五个"刻度尺"与两个维度之间的相关性，其结果如表 2-6 所示。

如表 2-6 所示，最能解释第一个维度的特征是行为的"指向性"（$\beta = 0.396$，$P < 0.01$），所以可以将新生代知识型员工反生产行为的第一个维度命名为"行为指向（组织指向或人际指向）"。此外，最能解释第二个维度的特征是行为的"逐利性"（$\beta = 0.426$，$P < 0.01$），所以可以将新生代知识型员工反生产行为的第二个维度命名为"逐利程度（逐利或非逐利）"。

表 2-6 维度特征与未命名维度之间的多元回归分析

	均值	标准差	维度1	维度2	指向性	危害性	隐蔽性	道德性
指向性	3.176	0.927	**0.396****	0.125				
危害性	4.012	1.025	−0.107	−0.211	0.126			
隐蔽性	2.987	0.966	−0.128	−0.097	0.068	0.228**		
道德性	3.618	1.115	0.302*	0.164*	0.176*	0.302*	0.131	
逐利性	3.211	1.212	0.186	**0.426****	0.219*	0.172	0.209*	0.182*

注：**和*分别表示在5%和10%的水平上显著。

在对维度进行命名的基础上，我们接下来要对各个因子进行命名。根据多维尺度分析的结果，新生代知识型员工的反生产行为应该呈现出两个维度（行为指向和逐利程度），如果采用比较简单的方法进行因子命名，则可以直接按照两个维度交叉构成的四个象限对四个因子进行命名（图 2-3），即组织指向的逐利型反生产行为、人际指向的逐利型反生产行为、组织指向的非逐利型反生产行为和人际指向的非逐利型反生产行为。如果更进一步对上述四种类型的新生代知识型员工反生产行为的内涵进行探索性分析，我们发现：①可以将组织指向的逐利型反生产行为命名为"贪墨侵占行为"；②可以将组织指向的非逐利型反生产行为命名为"渎职怠惰行为"；③可以将人际指向的逐利型反生产行为命名为"公司政治行为"；④可以将人际指向的非逐利型反生产行为命名为"敌对破坏行为"。具体而言，这四种类型的新生代知识型员工反生产行为的特征及其具体内容如表 2-7 所示。

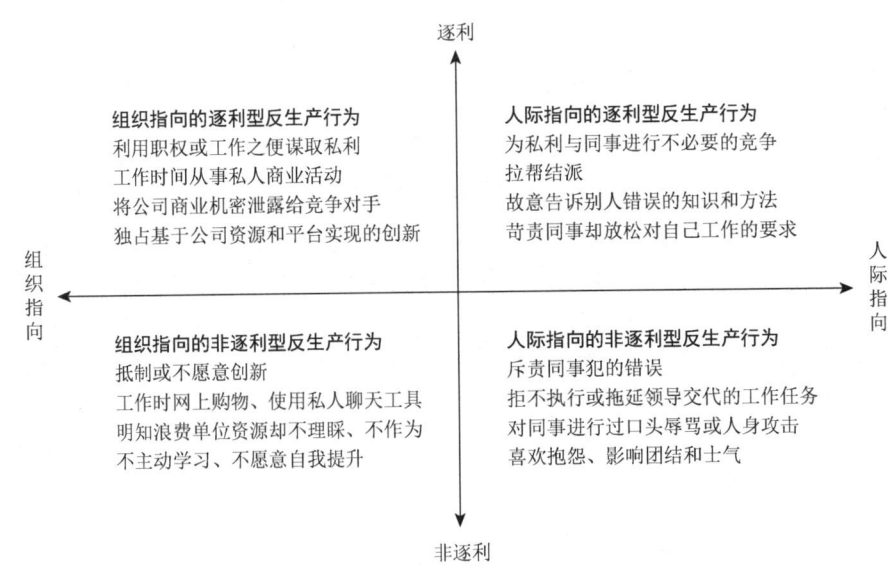

图 2-3 新生代知识型员工反生产行为的维度和因子命名

表 2-7 新生代知识型员工反生产行为的因子、特征与内容

因子	行为特征	具体内容
贪墨侵占行为	员工在工作过程中有意识地通过非正常渠道和方式从组织获取或侵占本不属于自己应得的利益和财务	为获加班补贴故意拖延工作
		虚（高）报自己或团队的工作量
		将大家一起做的工作算作自己的功劳
		未经许可私拿（藏）公司财物
		利用职权或工作之便谋取私利
		利用技术优势独享资源和信息
		工作时间从事私人商业活动
		将公司商业机密泄露给竞争对手
		独占基于公司资源和平台实现的创新
		故意降低过工作效率、磨洋工
		故意延长工作期间的休息时间
		工作时间假借工作需要外出办私事
		虚（假）请病事假
		找公司制度和规范上的漏洞，打擦边球
		为短期利益牺牲和损害长期利益
渎职怠惰行为	员工一方面在工作中不承担其应承担的责任、不履行其应履行的义务，通过获得、使用和发展已有的权力，利用相应的资源等方式满足私利；另一方面有意识地采取一些降低个人努力程度和减少个人劳动付出的方式，以使自己在工作过程中尽可能地轻松、自在，其在工作上的具体表现为松懈懒散、怠慢不敬	发现问题不理会、不上报
		对自己的工作应付了事、得过且过
		抵制或不愿意创新
		工作时网上购物、使用私人聊天工具
		未请假（批准），无故迟到早退
		明显浪费单位资源却不理睬、不作为
		在工作时间与同事闲谈甚至串岗聊天
		只看重关系，不重视工作业绩
		散布未经证实的小道消息甚至谣言
		向外界传递不利于公司的个人想法
		不主动学习、不愿意自我提升
		无故不参加公司组织的各项集体活动
		影响或破坏工作环境
公司政治行为	员工在处理与同事之间的人际关系时会有意识地根据自己的利益与偏好进行主观的行为决策，而不是从团队和组织的目标实现出发进行客观的行为决策	利用专业优势欺瞒上级和同事
		不愿与同事分享经验和知识
		与同事互相推诿存在交叉的工作
		为私利与同事进行不必要的竞争
		拉帮结派
		对领导阿谀奉承、对同事严词恶语
		故意告诉别人错误的知识和方法
		苛责同事却放松对自己工作的要求
		不重视、不理睬同事所提出的意见和建议
		面对不好的结果时推卸应承担的责任
		给其他部门的同事制造工作障碍

续表

因子	行为特征	具体内容
敌对破坏行为	员工通过非正常的渠道和方式表达或宣泄自己的不满情绪,而不考虑自己的这种表达或宣泄所带来的负面影响;甚至故意假借表达或宣泄不满情绪而达到某种私人目的	不遵守工作计划或任务流程
		挑拨其他同事间的关系
		利用职权或工作之便打击或报复同事
		斥责同事犯的错误
		拒不执行或拖延领导交代的工作任务
		私下里议论、嘲笑同事或上级领导
		对同事进行过口头辱骂或人身攻击
		以各种形式对同事进行性骚扰
		顶撞上级领导
		和同事开过很粗鲁、无礼的玩笑
		喜欢抱怨,影响团结和士气

2.4 本章小结

如前所述,虽然之前有很多研究都强调新生代知识型员工与非新生代普通员工在反生产行为上存在差异,但是却很少有相应的实证研究证实这一观点。如果要针对新生代知识型员工的反生产行为进行结构维度的探索和测量工具的开发,就应该首先证明他们与非新生代普通员工之间的确存在很大的差异。否则,完全可以利用传统的测量量表来进行针对新生代知识型员工反生产行为的相关研究,而本书设计的第一项研究内容也就失去了相应的意义和价值。

于是,我们首先通过历史数据和当期数据的对比研究,明确了新生代知识型员工与非新生代普通员工在反生产行为上的确存在很大的差异。此外,我们还发现新生代知识型员工在组织指向的反生产行为的具体表现上也发生了一定程度的变化,一些在历史数据中表现很明显的反生产行为在当期数据中呈现出相应的弱化趋势。这说明新生代知识型员工的反生产行为一方面与非新生代普通员工存在差异,另一方面还具有不断变化的可能性。基于此,我们采用多维尺度分析的方法对新生代知识型员工的反生产行为进行了两个维度的划分,并对两个维度下的四个因子的特征及其具体内容进行了探索性研究。

整体而言,本章的研究内容一方面对新生代知识型员工反生产行为的结构维度做出了比较系统的分析;另一方面,为后续研究提供了测量新生代知识型员工反生产行为的研究工具。在后续研究中,我们既可以采用本章研究所开发的包含两个维度、四个因子、50种行为的完整版问卷测量新生代知识型员工的反生产行为,也可以在此基础上生成相应的简化版问卷,例如,可以单独从组织指向和人际指向这两个具体维度来测量新生代知识型员工的反生产行为;也可以单独从逐利性和非逐利性这两个具体维度来测量新生代知识型员工的反生产行为。在随后的几章内容中,我们利用该测量工具展开了一系列的有关新生代知识型员工反生产行为的影响机制及其控制策略的研究。

第 3 章　个体人格特质与新生代知识型员工反生产行为

由于人格特质的五因素模型（five factor model，FFM）能够有效地将各种较低层次的个体特质整合成较高层次的人格维度，从而体现出个体行为的某些倾向性特征，所以它在研究反生产行为前因变量的过程中受到了非常广泛的关注。例如，Spector（2011）通过大量文献分析发现了三种重要的人格特质，即尽责感、宜人性和神经质（另一种相对的表述是情绪稳定性）与缺勤、离职、行为不检、资源滥用、财物破坏以及其他各种违反组织规范的非暴力行为都存在显著的相关性。此外，Berry 等（2007）的一项元分析表明：员工的宜人性、尽责感和情绪稳定性与组织指向和人际指向的反生产行为之间的相关性都要显著高于外倾性和开放性人格特质，并且宜人性与人际指向的反生产行为的相关性最强，尽责感与组织指向的反生产行为的相关性最强；Salgado（2002）的元分析则显示：员工的尽责感和宜人性与偷窃、不遵守规则、财物破坏、资源滥用等反生产行为有明显的负相关性；Dalal（2005）的元分析也发现了尽责感对反生产行为具有显著的负向影响。

虽然上述研究都证明了尽责感、宜人性和神经质对反生产行为的影响作用，但这些研究基本上都基于"因果推理模型"或"压力-情绪模型"将反生产行为视为员工基于消极事件或消极情绪而做出的针对组织或组织成员的报复行为，由于不同的人格特质体现了员工在"报复倾向"上的差异，所以能够对反生产行为产生相应的影响作用（Penney et al.，2011）。然而，如果按照 Neuman 和 Baron（2005）的观点：反生产行为既可能是由"报复性动机"所引起的，也可能是由"工具性动机"所驱动的，其区别在于报复性动机引起的反生产行为是一种"应对行为"（reactive），而工具性动机驱动的反生产行为却是一种"主动行为"（proactive）。考虑到我们的研究对象是新生代知识型员工，他们表现出的反生产行为可能更多的是由"工具性动机"所驱动的一些"主动性行为"。因此，如果仅仅基于"因果推理模型"或者"压力-情绪模型"来探索新生代知识型员工反生产行为的发生机制，可能无法完全解释其行为背后的深层次动因。

综上所述，本章的研究将在适度采用传统的"因果推理模型"或"压力-情绪模型"的基础上，尝试基于其他的理论视角来探索个体人格特质对新生代知识型员工反生产行为的影响作用及其发生机制。

3.1　理论基础和研究假设

3.1.1　理论基础：资源保护理论

如前所述，按照 Neuman 和 Baron（2005）的观点：可以发现，如果将反生产行为看成一种"主动行为"，那么 Hobfoll（1989）开创的资源保护（conservation of resource，COR）

理论恰好可以基于工具性动机的视角,对人格特质与新生代知识型员工反生产行为之间的关系进行合理的理论解释。

资源保护理论最早用于解释个体由心理压力而导致的各种心理扭曲,该理论认为:员工在组织中会竭尽全力保护他们重视的各种实物、身份、个人和能源资源,并利用这些资源进一步获取帮助其实现工作目标的其他资源。如果员工在组织中遭遇由各种主客观原因导致的资源匮乏或资源损失,他们会主动采取各种行为或策略实现资源补偿,从而有效地应对可能由此产生的各种心理压力。但是,如果资源不足或资源损失无法获得有效补偿,那么员工就会产生心理压力甚至导致各种心理扭曲(Hobfoll,1989,2001)。Krischer 等(2010)则认为,资源保护理论不仅可以解释个体的心理扭曲,还可以解释包括反生产行为在内的各种行为扭曲,因为心理扭曲往往是行为扭曲的前兆。他们发现,当员工在企业中遭遇分配不公时,很容易主动表现出降低工作效率、迟到早退或进行不必要加班等反生产行为来实现资源补偿并降低自己的消极情绪。这些行为的出现,与其说是一种报复,不如说是一种基于资源保护策略而做出的理性选择。实际上,基于资源保护理论,近年来已经有一些学者开始利用资源保护理论来解释人格特质对个体行为的影响作用(Zellars et al.,2006;Witt et al.,2002;Halbesleben et al.,2009)。

基于此,本书基于资源保护理论,将新生代知识型员工反生产行为作为一种由"工具性动机"所驱动的"主动行为",并探索人格特质与一些组织情境变量之间的交互作用对这种行为的影响机制。

3.1.2 理论基础:社会认知理论

Martinko 等(2002)在对大量研究反生产行为前因变量的文献进行系统分析的基础上,整合期望理论、强化理论与社会学习理论后发现:反生产行为是由个体差异和组织情境之间的复杂交互作用通过认知过程引起的(图3-1)。因此在探索反生产行为的影响因素和发生机制的过程中,分析个体差异及其认知过程固然重要,但不能因此而忽视了对影响个体认知过程的群体与组织特征的研究,否则就很有可能会限制我们从组织情境这个更容易进行管理设计的层面去探索反生产行为的组织控制策略(Jensen et al.,2010),而这种认识实际上与社会认知理论(social cognition theory)的观点是完全一致的。

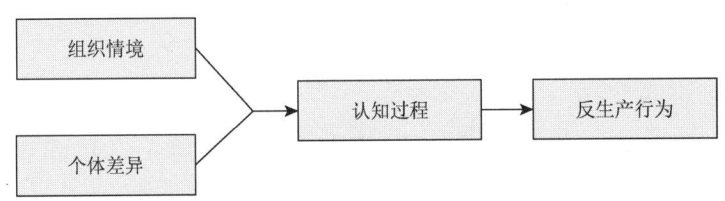

图3-1 反生产行为的发生机制模型

我们注意到,其实社会认知理论一直以来都非常强调个体与环境之间的交互作用,该理论认为个体行为是由个体内在特质与外在环境共同决定的。尤其是个体的人格特质,它能够体现个体行为的倾向性，并通过与环境的交互作用实现对个体行为的影响（Mischel，1973）。对于中国企业的员工而言，由于受到儒家思想中"仁、义、礼、忠"的深刻影响，特别强调人与人之间，以及人与环境之间的和谐共生。所以，在中国企业内部，组织情境对人格特质和反生产行为之间关系的调节作用可能会更加突出。当然，新生代知识型员工是否依然强调其自身与他人或环境之间的和谐性，其实需要我们在本书中进行进一步探索和确认。

基于此，本书基于社会认知理论，将新生代知识型员工的人格特质作为影响其反生产行为的主要前因变量，并探索人格特质与一些组织情境变量之间的交互作用对新生代知识型员工反生产行为的影响。具体而言，我们首先把组织伦理气氛这一重要的情境特征作为调节新生代知识型员工人格特质与反生产行为间关系的核心变量纳入本书的基本框架。

3.1.3 研究假设：理论推导

1. 人格特质对新生代知识型员工反生产行为的直接影响

首先，尽责感通常体现在员工对待工作的态度与方式上，高尽责感的员工遵守规则、认真负责、有组织性并且往往值得信赖（McCrae and John，1992）。Zellars等（2006）认为，勤勉、专注和遵守规则通常被那些具有高尽责感特质的员工看成是完成工作任务的重要个人资源。因为他们往往认为，只有在工作中表现出勤勉、专注和遵守规则，才更容易赢得主管和同事的信赖，并以此为基础获得主管或同事提供的帮助其实现工作目标的各种支持。所以，为了保护（或者说持续获得）由尽责感特质所带来的各种资源，他们通常不会把时间和精力放到偷奸耍滑、降低工作效率、侵占公司财物以及与同事进行恶性竞争等各种可能损害其尽责感特征的反生产行为上。换言之，高尽责感的员工往往缺乏表现出反生产行为的工具性动机（Penney et al.，2011）。与之相反，低尽责感的员工因为在工作中不积极、不主动、不专注，所以无法赢得主管和同事的信赖，也就很难获得主管或同事提供的帮助其实现工作目标的各种支持。因此，他们往往会有较强的通过主动表现出各种反生产行为进行资源补偿的工具性动机，如果无法获得资源补偿，他们就会进一步产生心理压力和心理扭曲，从而表现出各种基于报复性动机的反生产行为。

新生代知识型员工大多对自己未来的发展寄予了较高的期望，因此非常看重职业发展机会和个人成长空间。所以，如果他们具有较强的尽责感人格特质，就势必会有效地抑制其表现出反生产行为的工具性动机。此外，新生代知识型员工大多数都是独生子女，因此他们凡事都习惯以自我为中心，从自我的角度思考问题；他们更愿意昭示自我存在、展示自我价值；加之在网络信息环境下，受到西方文化和思想的影响，他们追求思想上的独立自由和主张自我的话语权。他们自尊心强，希望社会和他人认同自己的心理特征十分明显。所以，如果他们的尽责感人格特质较弱，就很有可能产生较强的表现出反生产行为的工具性动机。基于此，本书提出如下假设。

假设 3-1a：新生代知识型员工的尽责感人格特质对其反生产行为具有显著的负向影响，即尽责感人格特质越强则反生产行为越少。

其次，宜人性通常体现在员工处理人际关系的态度与方式上，高宜人性的员工往往乐于助人、与人为善、尊重权威、愿意倾听（McCrae and John，1992）。Witt 等（2002）认为，与主管和同事保持良好的人际关系通常被那些具有高宜人性特质的员工看成是完成工作任务以及降低工作中可能出现的消极情感体验的重要个人资源。因为他们往往认为，只有与主管和同事保持良好的人际关系才能以此为基础获得主管或同事提供的帮助其实现工作目标的各种支持。所以，为了保护（或者说持续获得）由宜人性特质所带来的各种资源，他们通常不会把时间和精力放到挑拨同事关系、给同事制造工作障碍以及不遵守领导工作安排等各种可能损害其尽责感特征的反生产行为上。换言之，高宜人性的员工往往也缺乏表现出反生产行为的工具性动机（Penney et al.，2011）。与之相反，低宜人性的员工很有可能因为在工作中与主管和同事之间的关系不和谐，所以无法获得主管或同事提供的帮助其实现工作目标的各种支持。因此，他们往往也会有较强的通过主动表现出反生产行为进行资源补偿的工具性动机，如果无法获得资源补偿，他们就会进一步产生心理压力和心理扭曲，从而表现出各种基于报复性动机的反生产行为。

新生代知识型员工追求公开、公平，厌恶传统的层级制度，更习惯民主、协商的沟通模式；他们不迷信权威，因此不会因为职务级别而尊重自己的上级或公司前辈，甚至有时会藐视权威。他们看重上级是否具有良好的个人修养与领导能力，更看重上级能否帮助自己获得职业发展的机会。此外，他们厌恶烦琐的决策过程，喜欢公司领导能快速、明确地做出决策。所以，对于新生代知识型员工而言，宜人性是影响其反生产行为的重要因素。基于此，本书提出如下假设。

假设 3-1b：新生代知识型员工的宜人性人格特质对其反生产行为具有显著的负向影响，即宜人性人格特质越强则反生产行为越少。

最后，神经质通常体现在员工的情绪稳定性和相应的调节能力上，高神经质的员工易怒、情绪化、缺乏耐心、没有安全感（McCrae and John，1992）。Halbesleben 等（2009）认为，高神经质的员工需要消耗大量的时间、精力和其他资源来处理及应对他们的消极情绪与心理压力，这使他们在完成工作目标的过程中本身就处于一种相对的资源劣势。此外，在工作中表现出的易怒和情绪化等特征，还导致其可能无法获得主管和同事的认可与信赖，也就不会有人为他们提供帮助其实现工作目标的各种支持，这使得高神经质的员工在工作中进一步处于资源匮乏的状态。因此，他们往往会通过延长工休时间、侵占公司资产、取笑或私下议论主管、不与同事共享信息等反生产行为来主动实现资源补偿，从而缓解自身的消极情绪和心理压力。换言之，高神经质的员工有较强的表现出反生产行为的工具性动机。并且，如果之前表现出的反生产行为无法帮助其实现有效的资源补偿，他们就会产生心理压力和心理扭曲，从而进一步表现出各种基于报复性动机的反生产行为。与之相反，低神经质的员工由于情绪稳定性高、自我调节能力强、遇事沉着冷静，因此也基本上能够在工作中获得主管和同事的认可与信赖，并为其提供完成工作目标的各种支持，所以他们也在一定程度上缺乏表现出反生产行为的工具性动机。

新生代知识型员工成长在相对优越的环境里，从国家到社会再到家庭，都非常重视他们。他们往往感情脆弱，很容易受到挫折，遇到困难比较容易情绪低落进而选择放弃，承受压力和挫折的能力都相对较差。此外，他们内心又较为敏感、情绪变化大，他们比较在乎自己的感受，在乎别人对自己的评价，不适应甚至不太愿意别人批评自己。所以，对于新生代知识型员工而言，神经质人格特质是影响其反生产行为的重要因素。基于此，本书提出如下假设。

假设 3-1c：新生代知识型员工的神经质人格特质对其反生产行为具有显著的正向影响，即神经质人格特质越强则反生产行为越多。

2. 团队伦理气氛对新生代知识型员工反生产行为的直接影响

Hollinger 和 Clark（1982）基于社会规范理论对组织控制策略的研究发现，个体在组织中的行为会受到两方面力量的影响：一方面，员工会自觉地把其在社会生活中所积习的各种规范部分的内化（internalization）用以约束和检点自己的行为，从而形成相应的内部控制机制；另一方面，员工的行为也需要通过各种外在力量加以调整和修正，即依靠外部控制机制。外部控制与内部控制的界限是相对的，两者可以相互渗透和转化。对于正式组织而言，管理者要解决的主要问题是外部控制机制的建立及其实施问题。从外部控制的形式来看，主要有正式控制（formal control）和非正式控制（informal control）两种。正式控制也就是科层控制或制度控制，它是以管理者的权威为基础，通过如解雇、降职以及停职等硬性的规章制度与管理规范来对组织成员的行为进行控制；而非正式控制也就是"软控制"，它以特定组织内的组织成员间的相互影响和共同认知为基础，通过人们在某一行为上的具体反应所产生的交互作用来对组织成员的行为进行控制。Hollinger 和 Clark（1982）认为：正式控制（即规章制度）对于减少员工的反生产行为具有显著作用，但是非正式控制更是意义重大。

事实上，根据 Barker（1993）的协和控制（concertive control）理论，组织伦理气氛就是一种典型的针对反生产行为的非正式控制机制。因为 Victor 和 Cullen（1988）认为，组织伦理气氛既体现了组织在处理伦理问题上的特征，也反映了组织成员在什么是符合伦理的行为和应该如何处理伦理问题上的相互影响与共同认知。所以，组织伦理气氛可以让组织成员在自行决定通过什么方式处理伦理问题才能更好地实现自我和组织目标的过程中，逐渐形成某种处理伦理问题的共识和默契，然后依靠这种共识和默契来实现对反生产行为的非正式控制（刘文彬和井润田，2010）。目前，已经有一些学者证实了组织伦理气氛与员工不道德行为之间存在显著相关性（Wimbush et al.，1997；Deshpande et al.，2000；范丽群和周祖成，2006；石金涛等，2007）。而我们认为，可以将组织伦理气氛与员工不道德行为间关系的研究借鉴或扩展到反生产行为的层面上，这种借鉴或扩展为我们在组织情境层面研究反生产行为的影响因素提供了一个全新的视角与有效的途径。

但需要特别说明的是，虽然 Victor 和 Cullen（1988）根据伦理标准与分析取向这两个维度从理论上分析并得出了九种组织伦理气氛，并通过他们开发的组织伦理气氛问卷，用因素分析的方法证实了组织中存在五种特定的伦理气氛：自利导向（instrumentalism oriented）的伦理气氛、关怀导向（caring oriented）的伦理气氛、独立导向（independence oriented）的伦理气氛、规则导向（rule oriented）的伦理气氛、法律与法规导向（law and code oriented）的伦理气氛。但是，Vardi（2001）后来发现：在关怀导向的伦理气氛和规则导向的伦理气氛下，员工的道德认知水平明显较高，产生各种反生产行为的可能性较低；而在自利导向的伦理气氛和独立导向的伦理气氛下，员工的道德认知水平明显较低，产生各种反生产行为的可能性较高。因此，考虑到本书把组织伦理气氛看成是一种重要的非正式控制机制，所以我们只关注规则导向的伦理气氛和关怀导向的伦理气氛。

与此同时，按照刘云和石金涛（2008）的观点，气氛是一个关于环境的典型变量，其研究大致可以分为个体、团队和组织这三个层次，其中团队气氛是在团队这个层次上分析组织环境。Vardi（2001）发现：组织中不同的部门和团队的伦理气氛可以是完全不同的。因此，考虑本书把伦理气氛看成是一种重要的调节人格特质与反生产行为间关系的组织情境，在团队这样一个微观单元上来研究这种调节效应可能更有意义，所以我们在第一步研究中只关注团队内部的伦理气氛而不是整个组织的伦理气氛。换言之，本书中所指的团队伦理气氛是用来衡量组织中的某个特定团队在多大程度上具有关怀导向的伦理气氛和规则导向的伦理气氛的一个单维度变量。在实证研究中得到相关研究结论后，我们会再进行新的研究设计，并通过进一步的探索，对团队伦理气氛（从单一维度向多个维度过渡）进行更为深入的分析。

此外，伦理气氛对于新生代知识型员工而言，还有另外一个重要的研究价值。我们都知道，新生代知识型员工全部出生在改革开放以后，并且成长在我国社会主义市场经济建设不断向纵深发展的大好时代。市场经济本身的多元性和开放性日益显著地影响和改变着他们的价值观，使其对伦理价值的认识和判断逐渐呈现出多元化的趋势。加之互联网与信息技术的不断发展，新生代知识型员工更容易了解世界发生的变化，也更乐于接受各种新文化和新思想。于是，价值体系本身和价值选择的多样化，使得新生代知识型员工的价值观从整体上逐渐由"理想型"向"现实型"过渡甚至发生转变，并呈现出相应的多样性。而在这个过程中，由于不断受到外来文化和思想（尤其是西方文化和思想）的影响、渗透与冲击，新生代知识型员工的多元化价值观也在这种交互作用下得到了进一步强化。由此可见，在一个团队中，新生代知识型员工对伦理问题的认知很有可能存在较大的差异，这无疑使团队伦理气氛的形成更加困难。但是，一旦在新生代知识型员工中形成了某种伦理气氛，这种组织情境要素对其行为的影响就会非常深远。基于此，提出如下假设：

假设 3-2：团队伦理气氛作为一种重要的非正式控制机制，对新生代知识型员工的反生产行为具有显著的负向影响，即团队具有越强的关怀导向的伦理气氛和规则导向的伦理气氛则团队成员的反生产行为越少。

3. 人格特质和团队伦理气氛的交互作用

社会认知理论非常强调个体与环境之间的交互作用，认为个体的行为是由个体的人格特质与外在社会环境共同决定的。个体的人格特质能够体现个体行为的倾向性，并通过与环境的交互作用实现对个体行为的影响。根据这种个体-情境互动论的观点，Henle（2005）认为，无论是组织情境还是个体特征都无法单独对反生产行为的产生提供全面而有效的解释，它们之间的交互作用对反生产行为的预测作用应该显著高于他们分别对反生产行为的预测作用。

事实上，已有一些实证研究对这种交互影响进行了相应的检验。例如，Aquino 等（1999）以美国政府和造纸企业的员工为对象所做的研究发现，在分配公平、过程公平和交互公平影响反生产行为的过程中，员工的情感特质都会起到相应的调节作用。对于具有较高消极情感特质的员工，分配公平、过程公平和交互公平与反生产行为之间的负相关关系会被削弱，而对于具有较高积极情感特质的员工，分配公平、过程公平和交互公平与反生产行为之间的负相关关系会被增强。Colbert 等（2004）研究了员工对组织情境的认知与反生产行为之间的关系，结果发现不仅尽责感、情绪稳定性和宜人性与反生产行为之间具有显著的相关性，而且尽责感或情绪稳定性较低的员工对环境发展的感知与针对组织的反生产行为之间的关系明显较强；宜人性较低的员工对组织支持的感知与针对同事的反生产行为之间的关系也明显较强。Penney 和 Spector（2005）利用同伴报告的反生产行为数据检验了工作压力和反生产行为之间的关系，结果发现二者受到个体消极情感特质的显著影响：具有较高消极情感特质的员工的工作压力和反生产行为之间的正相关性要明显高于具有较低消极情感特质的员工。Bowling 和 Eschleman（2010）基于压力应对交互理论研究了人格特质对工作压力和反生产行为间关系的调节作用，结果发现低尽责感或高消极情感的员工的工作压力和反生产行为的相关性要明显较高。

遗憾的是，研究交互作用的现有文献几乎都把人格特质作为反映个体行为倾向性的调节变量，分析它对某些前因变量和反生产行为间关系的调节作用，却很少有研究探讨其他变量对人格特质与反生产行为间关系的调节作用（Smithikrai，2008），而关于人格特质与团队伦理气氛是否会对反生产行为产生交互影响的研究更是几乎空白。但是我们认为个体的人格特质是先于特定的团队伦理气氛而存在的，有关它对反生产行为的直接影响，前面已经通过资源保护理论做出了必要的解释。而团队伦理气氛作为一种重要的组织情境特征，虽然无法对个体对待工作的态度与方式、处理人际关系的态度与方式，以及情绪的稳定性程度和相应的调节能力产生本质的影响，但是，它可以对人格特质与反生产行为之间的关系产生相应的调节作用，具体如下。

第一，对于高尽责感和宜人性的新生代知识型员工，其行为往往由外部动机驱使（Yang and Diefendorff，2009），他们非常注重自身与他人和环境间关系的和谐性，并且愿意通过认真负责地对待自己的工作，友善和睦地对待他人而获得主管和同事的肯定与信赖。如果他们在具有较强伦理气氛的团队中工作，主管和同事的关怀以及大家都按规则办事的工作方式可以证明其动机和行为的"合理性"，进而增强其外部动机对反生产行为的抑制作用；但如果在具有较弱伦理气氛的团队中工作，其待人处世的方式与团队成员互不关心并且大家都不按规矩办事的工作方式格格不入，因此在怀疑自己动机和行为"合理性"的过程中，其外部动机对反生产行为的抑制作用就会被减弱。

第二，对于高神经质的新生代知识型员工，其行为往往由内部动机驱使（Yang and Diefendorff，2009），他们的情绪稳定性和调节能力都比较差。如果他们处在具有较强伦理气氛的团队中工作，主管和同事的关怀以及大家都按规则办事的工作习惯能够在一定程度上抑制其不稳定情绪，进而有效降低其出现反生产行为的可能性；但如果在具有较弱伦理气氛的团队中工作，团队成员互不关心并且大家都不按规矩办事的工作方式会对其原本就不稳定的情绪产生进一步的冲击，从而增强其表现出反生产行为的可能性。基于此，我们提出如下假设。

假设 3-3：团队伦理气氛可以调节个体人格特质与新生代知识型员工反生产行为之间的关系，即团队伦理气氛越强，宜人性和尽责感与反生产行为的负向关系越强；而神经质与反生产行为的正向关系越弱。

综上所述，本章采用跨层次分析的方法，基于上述的研究假设以及相应的理论推导，初步建构了一个如图 3-2 所示的理论模型。该模型反映了作为个体层次的员工人格特质和作为群体层次的团队伦理气氛对新生代知识型员工反生产行为的直接影响，以及团队伦理气氛对员工人格特质和新生代知识型员工反生产行为之间关系的调节作用。

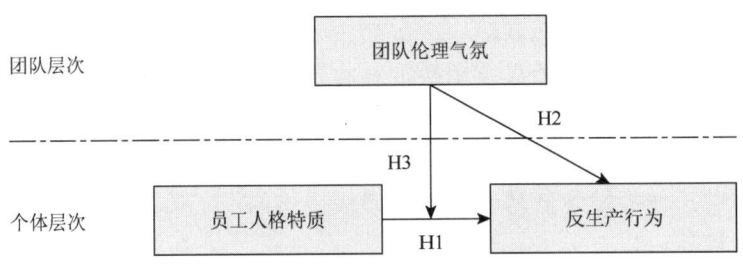

图 3-2　本书的跨层次理论模型

3.2　实证研究 1：假设检验和研究结论

为了对上述研究假设进行相应的检验，我们采用跨层次分析的方法来检验变量间关系是否在不同层次上具有跨层次（cross-level）模型建构的效果，这也是组织管理学研究的重要发展方向。

3.2.1　数据收集和信效度检验

1. 研究工具和数据收集

本书对变量的测量工具主要包括：第一，对个体人格特质的测量直接采用 John 等（1991）开发的 BFI（big five inventory）量表。第二，对团队伦理气氛的测量量表是在 Victor 和 Cullen（1988）以及 Vardi（2001）的研究基础上通过小范围预试后编制的，用以测量员工对所在团队的关怀和规则导向伦理气氛的整体感知。第三，对新生代知识型员工反生产行为的测量量表则采用我们之前开发的研究工具，但只从两个维度（组织指向和人际指向）来测量研究对象在过去 3 个月自评的反生产行为。测量量表中的所有题项均采用 Likert 7 分值法通过被试自我报告的方式做出回答，1~7 分表示"完全不同意"到"完全同意"。

由于团队伦理气氛和反生产行为都必须在团队已经建立较长时间的前提下才能准确观测；而基于资源保护理论分析人格特质对反生产行为的影响，需要考虑资源获取和补偿的时间问题。因此，我们在选择研究样本时，对团队建立时间进行了限制，即只针对建立时间超过 24 个月的团队进行研究。无论是通过各种关系渠道还是通过 MBA 学员发放问卷，首先确定拟调查团队的建立时间是否超过 24 个月，然后按预计被调查人数以团队为单位发放问卷，每个团队的调查资料独立装袋、建档。基于上述原则，我们在成都、厦门和中山的 36 家企业中针对 83 个团队发放了 650 份问卷，收回 502 份，剔除 26 份填答不完整问卷后，总计收回有效问卷 476 份。但是，考虑到本书要通过汇聚个体变量形成团队变量，因此又进一步剔除了 50 份团队成员的有效问卷数量占团队成员总数的比例不到 50%的问卷，这样才能保证团队变量在聚合过程中的效度[①]。最终，我们总计保留了来自 27 家企业的 65 个团队的总计 426 份有效调查问卷，有效问卷回收率为 65.5%。

个体样本（$N=426$）的统计特征：性别（男性 61.3%、女性 38.7%），年龄（22~25 岁占 13.8%、26~29 岁占 26.4%、30~33 岁占 38.6%、34~35 岁占 16.9%），婚姻状况（已婚 63.8%、未婚 36.2%），受教育程度（大学本科占 66.9%、研究生及以上占 26.8%），工作部门（研发设计 26.5%、生产运营 17.6%、市场营销 25.6%、人力行政 21.4%、其他 8.9%）。团队样本（$N=65$）的统计特征：团队成立时间（24~30 个月占 18.5%、30~36 个月占 33.8%、36 个月以上占 47.7%），团队规模（5 人及以下占 32.3%、6~10 人占 41.5%、10 人以上占 26.2%），团队职能（生产和服务占 58.5%、研发和技术占 29.2%、其他占 12.3%）。

2. 信度和效度检验

利用 SPSS16.0 统计软件分析后发现：测量尽责感、宜人性和神经质人格特质的三个分量表的 Cronbach's α 系数分别为 0.815、0.829 和 0.776；测量人际指向和组织指向的反生产行为的两个分量表的 Cronbach's α 系数分别为 0.865 和 0.892；测量团队伦理气氛的量表的 Cronbach's α 系数为 0.708，这表明本书所采用的测量量表都具有较好的内部一致性信度水平。而利用 AMOS6.0 统计软件进行验证性因子分析（不允许交叉载荷，并用固定方差设定模型）后发现（表 3-1）：对于人格特质测量量表而言，三因子模型的各项拟合优度指标均很好；而对于反生产行为测量量表而言，双因子模型的各项拟合优度指标也很好，并且量表的所有测量题项的标准化因子载荷都超过 0.65，这表明量表具有很好的聚合效度和区分效度。除此之外，对团队伦理气氛测量量表进行单因子模型和双因子模型（把规则导向和关怀导向作为两个独立的因子）的比较后发现，虽然双因子模型的拟合优度指标要比单因子模型的拟合优度指标略好，但是单因子模型也是可以接受的。并且在单因子模型下，所有测量题项的标准化因子载荷都超过 0.60，这表明该量表也具有较好的聚合效度和区分效度。

表 3-1 验证性因子分析的结果（$N=426$）

	χ^2/df	RMSEA	GFI	CFI	NNFI
人格特质三因子模型	3.211	0.076	0.823	0.827	0.831
反生产行为双因子模型	2.901	0.046	0.912	0.908	0.910
团队伦理气氛单因子模型	3.307	0.086	0.819	0.821	0.826
团队伦理气氛双因子模型	2.827	0.045	0.923	0.916	0.922

注：χ^2/df：卡方值/自由度；RMSEA：近似误差均方根；GFI：拟合优度指数；CFI：比较拟合指数；NNFI：非范拟合指数。

---

① 需要说明的是，为更好地收集研究数据，我们在发放问卷时没有对调查对象的具体情况进行限制，但是我们只针对高新技术企业发放调查问卷，这在很大程度上保证了我们调查的对象基本上符合相应的条件，即基本上都是新生代知识型员工。

3.2.2 数据分析和假设检验

由于本书涉及多个变量,并且这些变量均来自同一被试填写的问卷,因此可能存在同源方差。所以在进行数据分析前,应首先采用 Harman 单因子检验来判断同源方差是否严重。我们将所有题项放在一起做因子分析,结果显示:在未旋转时得到的第一个主成分占的载荷量为 21.236%,并未占到多数,因此可以判断不存在较严重的同源方差问题。所有个体层次变量的描述统计分析和相关系数矩阵如表 3-2 所示:神经质人格特质与组织指向和人际指向的反生产行为均显著正相关,并且尽责感和宜人性人格特质与组织指向和人际指向的反生产行为均显著负相关,因此假设 3-1 得到初步验证。此外,员工感知到的团队伦理气氛与组织指向和人际指向的反生产行为均显著负相关,因此假设 3-2 也在一定程度上得到初步验证。

表 3-2 各变量的描述性统计和相关系数矩阵($N = 426$)

变量	均值	标准差	1	2	3	4	5	6
尽责感	5.72	0.77	(0.815)					
宜人性	5.87	0.73	0.323**	(0.829)				
神经质	4.76	0.86	−0.217	−0.262**	(0.776)			
团队伦理气氛	5.11	0.92	0.262*	0.218*	−0.172	(0.708)		
组织指向反生产行为	4.26	0.76	−0.236**	−0.203*	0.287*	−0.251**	(0.865)	
人际指向反生产行为	4.08	0.82	−0.197**	−0.312**	0.269**	−0.227**	0.306**	(0.892)

注:*表示 $P<0.05$,**表示 $P<0.01$;括号内为各变量的 Cronbach's α 信度系数。

本书的理论假设中所指的团队伦理气氛是一个团队层次的变量,但是该变量的数据是通过测量团队成员对团队伦理气氛的感知而获得的,所以需要将个体层次的数据聚合为团队层次的数据才能进行分析。在进行数据聚合之前,我们通过 R_{wg} 值来检验组内一致性,并通过 ICC(1) 和 ICC(2) 值来检验组间差异性。经计算,在团队伦理气氛感知这个单因子维度上所有团队的 R_{wg} 都大于 0.76,其平均值超过了 0.70,这表明对团队伦理气氛的感知在群体内具有足够的一致性。与此同时,团队伦理气氛感知的 $ICC(1) = \tau_{00}/(\tau_{00} + \sigma^2) = 0.338$,大于有学者提出的 0.12 的标准值;而 $ICC(2) = K \times ICC(1)/[1 + (k-1) \times ICC(1)] = 0.769$,也超过了有学者提出的 0.47 的标准值,因此团队伦理气氛的数据可以由个体感知到的数据通过聚合来获得。我们通过团队伦理气氛感知的平均值来计算团队伦理气氛($N = 65$)各题项的得分,其均值为 5.02,标准差为 0.89,内部一致性信度系数为 0.702。验证性因子分析的结果显示:单因子结构能够较好地拟合样本数据($\chi^2/df = 2.891$,RMSEA = 0.069,GFI = 0.902),所有测量题项的标准化因子载荷都超过 0.70。接下来,本书通过多层线性模型分析软件 HLM6.0 构建两层次模型进行实证检验。

第一步，运行不含任何个体和团队层次变量的空模型（Level-1：CWB = $\beta_0 + r$；Level-2：$\beta_0 = \gamma_{00} + u_0$），用以检验结果变量在组内和组间方差的成分比例。经检验如表 3-3 所示：组织指向反生产行为在组内方差的第一层残差方差 $\sigma^2 = 0.434$，在组间方差的随机截距方差 $\tau_{00} = 0.112$（$P<0.01$），则 ICC(1) = $\tau_{00}/(\tau_{00} + \sigma^2)$ = 0.205，说明组织指向反生产行为的总体变异中有 20.5%是团队差异造成的；此外，人际指向反生产行为在组内方差的第一层残差方差 $\sigma^2 = 0.283$，在组间方差的随机截距方差 $\tau_{00} = 0.167$（$P<0.01$），则 ICC(1) = $\tau_{00}/(\tau_{00} + \sigma^2)$ = 0.371，说明人际指向反生产行为的总体变异中有 37.1%是团队差异造成的。因此，有必要对组织指向和人际指向的反生产行为进行跨层次的分析。

第二步，将团队层次的团队伦理气氛加入空模型后运行截距预测模型［Level-1：CWB = $\beta_0 + r$；Level-2：$\beta_0 = \gamma_{00} + \gamma_{01}$（团队伦理气氛）+ u_0］，用以检验团队伦理气氛能否解释反生产行为的组间变异。如表 3-3 所示：当因变量为组织指向的反生产行为时，组内方差为 0.432，与空模型基本相同，但是组间方差却从 0.112 下降到 0.091。这表明团队伦理气氛不能解释组织指向反生产行为的组内变异，但是可以解释其 18.75%[(0.112−0.091)/0.112]的组间变异，其主效应 $\gamma_{01} = -0.217$（$P<0.01$）。此外，当因变量为人际指向的反生产行为时，组内方差为 0.280，与空模型基本相同，但是组间方差却从 0.167 下降到 0.122。这表明团队伦理气氛不能解释人际指向反生产行为的组内变异，但是可以解释其 26.95%[(0.167−0.122)/0.167]的组间变异，其主效应 $\gamma_{01} = -0.236$（$P<0.01$）。因此，假设 3-2 得到相应的验证。

第三步，将个体层次的人格特质三维度加入空模型后运行不包括团队层次变量的随机模型（Level-1：CWB = $\beta_0 + \beta_1$（尽责感）+ β_2（宜人性）+ β_3（神经质）+ r；Level-2：$\beta_0 = \gamma_{00} + u_0$、$\beta_1 = \gamma_{10} + u_1$、$\beta_2 = \gamma_{20} + u_2$、$\beta_3 = \gamma_{30} + u_3$），用以检验个体人格特质对反生产行为的解释能力。如表 3-3 所示，当尽责感、宜人性和神经质三个个体因素进入方程后，解释了由个体因素所造成的 29.49%[(0.434−0.306)/0.434]的组织指向反生产行为的变异，以及由个体因素所造成的 33.22%[(0.283−0.189)/0.283]的人际指向反生产行为的变异。具体而言：对于组织指向的反生产行为，尽责感具有显著的负向影响作用（$\gamma_{10} = -0.176$，$P<0.01$）、宜人性具有显著的负向影响作用（$\gamma_{20} = -0.139$，$P<0.01$）、神经质具有显著的正向影响作用（$\gamma_{30} = 0.193$，$P<0.01$）；对于人际指向的反生产行为，尽责感具有显著的负向影响作用（$\gamma_{10} = -0.152$，$P<0.01$）、宜人性具有显著的负向影响作用（$\gamma_{20} = -0.207$，$P<0.01$）、神经质具有显著的正向影响作用（$\gamma_{30} = 0.213$，$P<0.01$）。因此，假设 3-1a、假设 3-1b、假设 3-1c 全部得到相应的验证。

表 3-3　员工反生产行为的跨层次分析结果

	组织指向的反生产行为				人际指向的反生产行为			
	回归系数		方差成分		回归系数		方差成分	
	回归系数	t 检验	组内/组间方差	χ^2 检验	回归系数	t 检验	组内/组间方差	χ^2 检验
第一步空模型			0.434				0.283	
截距项（γ_{00}）	4.362	63.363**	0.112	322.36**	4.521	66.127**	0.167	316.82**

续表

	组织指向的反生产行为				人际指向的反生产行为			
	回归系数		方差成分		回归系数		方差成分	
	回归系数	t检验	组内/组间方差	χ^2检验	回归系数	t检验	组内/组间方差	χ^2检验
第二步 截距预测模型			0.432				0.280	
团队伦理气氛 (γ_{01})	−0.217	−7.132**	0.091	307.15**	−0.236	−9.252**	0.122	321.37**
第三步 二层随机模型			0.306				0.189	
尽责感 (γ_{10})	−0.176	−8.212**	0.132	127.61**	−0.152	−7.131**	0.146	62.83*
宜人性 (γ_{20})	−0.139	−5.267**	0.093	20.18	−0.207	−5.025**	0.105	19.36
神经质 (γ_{30})	0.193	7.138**	0.169	118.82**	0.213	6.828**	0.158	122.51**

注：*表示 $P<0.05$，**表示 $P<0.01$。

由于随机模型固定部分回归系数的显著性与建立第二层模型没有关系，因此本书需要根据其组间方差的显著性来决定是否建立第二层模型。从表 3-3 可知，尽责感和神经质对反生产行为的回归系数的组间方差达到了显著性水平，而宜人性对反生产行为的回归系数的组间方差没有达到显著性水平。这表明尽责感和神经质对反生产行为的影响在不同团队之间有显著差异，而宜人性对反生产行为的影响在不同团队之间没有显著性差异。因此，有必要以该回归系数为因变量来构建相应的二层次模型。

第四步，以尽责感和神经质对反生产行为的回归系数为因变量，以团队伦理气氛为自变量建构完整模型 [Level-1：CWB = $\beta_0 + \beta_1$（尽责感）+ β_2（神经质）+ r；Level-2：$\beta_0 = \gamma_{00} + \gamma_{01}$（团队伦理气氛）+ u_0、$\beta_1 = \gamma_{10} + \gamma_{11}$（团队伦理气氛）+ u_1、$\beta_2 = \gamma_{20} + \gamma_{21}$（团队伦理气氛）+ u_2]，用以检验团队伦理气氛如何调节尽责感和神经质对反生产行为的影响。如表 3-4 所示，第一，团队伦理气氛对尽责感和组织指向的反生产行为的负向关系有显著的调节作用（$\gamma_{11} = 0.179$，$P<0.01$），团队伦理气氛越强，尽责感和组织指向的反生产行为的负向关系越强 [图 3-3（a）]。第二，团队伦理气氛对尽责感和人际指向的反生产行为的负向关系也有显著的调节作用（$\gamma_{11} = 0.162$，$P<0.01$），团队伦理气氛越强，尽责感和人际指向的反生产行为的负向关系也越强 [图 3-3（b）]。第三，团队伦理气氛对神经质和组织指向的反生产行为的正向关系有显著的调节作用（$\gamma_{21} = -0.142$，$P<0.05$），团队伦理气氛越强，神经质和组织指向的反生产行为的正向关系越弱 [图 3-4（a）]。第四，团队伦理气氛对神经质和人际指向的反生产行为的正向关系也有显著的调节作用（$\gamma_{21} = -0.161$，$P<0.01$），团队伦理气氛越强，神经质和人际指向的反生产行为的正向关系越强弱 [图 3-4（b）]。由于宜人性对反生产行为的影响在不同团队内高度相似，因此，假设 3-3 只得到了部分验证。

表 3-4 团队伦理气氛和人格特质交互作用的分析结果

		组织指向的反生产行为		人际指向的反生产行为	
		回归系数	t 检验	回归系数	t 检验
截距项	第二层斜率（γ_{00}）	4.375	64.282**	4.631	68.227**
	团队伦理气氛→反生产行为（γ_{01}）	−0.182	−6.927**	−0.191	−7.312**
尽责感→反生产行为	第二层斜率（γ_{10}）	−0.155	−2.216*	−0.137	−6.287**
	团队伦理气氛×尽责感→反生产行为（γ_{11}）	0.179	7.232**	0.162	7.617**
神经质→反生产行为	第二层斜率（γ_{20}）	0.175	7.173**	0.192	7.306**
	团队伦理气氛×神经质→反生产行为（γ_{21}）	−0.142	−2.328*	−0.161	−6.281**

注：*表示 $P<0.05$，**表示 $P<0.01$。

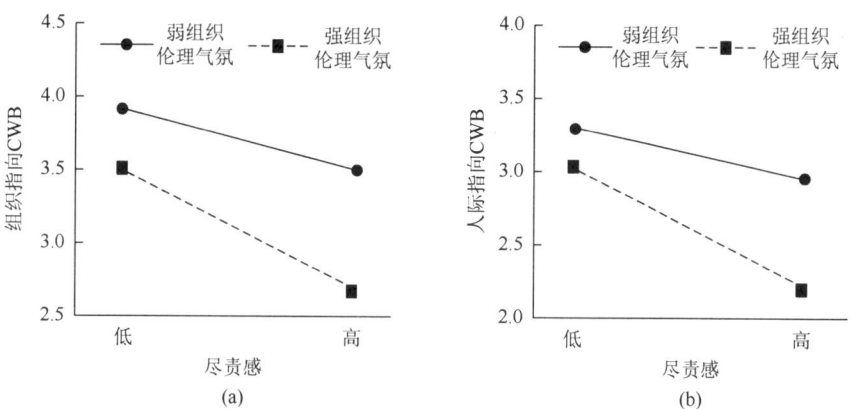

图 3-3 组织伦理气氛对尽责感与反生产行为间关系的调节效应

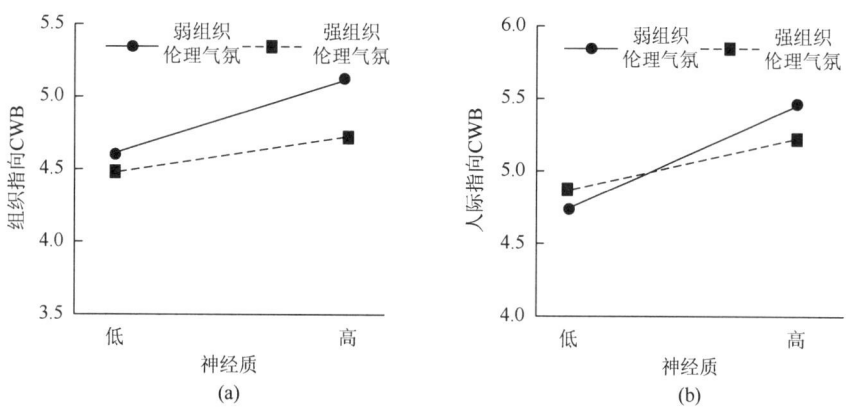

图 3-4 组织伦理气氛对神经质与反生产行为间关系的调节效应

3.2.3 研究结论和主要问题

1. 研究结论和管理启示

本书基于社会认知理论对团队伦理气氛如何影响个体人格特质和新生代知识型员工反生产行为之间的关系也进行了相应的理论分析和实证检验，结果发现：除了宜人性对反生产行为的影响在不同团队内没有显著差异，因此不受团队伦理气氛的调节，尽责感和神经质对反生产行为的影响都会随着团队伦理气氛的变化而变化。具体而言：较强的团队伦理气氛能够增强尽责感对反生产行为的负向影响，并减弱神经质对反生产行为的正向影响，相关研究结论所带来的具体管理启示主要表现在如下三个方面。

第一，该研究结论再次证明了人事甄选并不是预防人格特质所导致的反生产行为的唯一办法，管理者可以通过培育和建设团队伦理气氛的方式将神经质对反生产行为的正向影响降到最低，也可以将尽责感对反生产行为的负向影响提到最高。尤其是对于中国企业的员工而言，在处理人际关系时通常秉持着"和为贵"的思想，因此更加不会贸然违反大家共同遵守的伦理规范，所以组织伦理气氛对中国企业员工的人格特质和反生产行为间关系的调节作用可能会更加明显。纵使新生代知识型员工的自我意识较强，与20世纪六七十年代出生的人强调"奉献精神"不同，新生代知识型员工强调个人自由和个性解放的特征表现得非常明显。但是，积极的团队伦理气氛（具有的关怀和规则导向特征的伦理气氛）依然可以起到有效地调节人格特质和新生代知识型员工反生产行为间关系的重要作用。

第二，该研究发现：如果企业对反生产行为的发生机制缺乏科学的认识，不从问题的源头入手，而只是一味地强调通过规章制度进行监督和处罚，很可能会导致新生代知识型员工产生逆反心理。所以我们认为，企业除了要从规章制度完善的角度考虑如何进行反生产行为的正式控制，更应该从如组织伦理气氛等软环境建设的角度考虑如何进行反生产行为的非正式控制。对于中国企业而言，在环境变化迅速的今天，包括团队伦理气氛在内的各种非正式控制往往比规章制度具有更强的适应性和更好的控制效果，这是因为：首先，中国自古以来就有根植于儒家思想的"德治"传统，道德规范对中国人的行为约束非常强，所以在中国企业内部依靠类似"德治"的非正式控制来进行反生产行为的治理可能会有更好的效果；其次，新生代知识型员工追求自主性，所以依靠规章制度进行强制化约束越来越不合时宜；最后，伦理气氛作为一种组织文化，它有着高弹性和无处不在的特点，这使得员工能够自主并自发地参与到解决自身和企业所面临的问题中，从而避免了制度控制的后摄性和回应性缺陷。换言之，对于中国企业而言，依靠规章制度建设来治理反生产行为固然重要，但是让新生代知识型员工在什么是符合伦理的行为和应该如何处理伦理问题上产生共同认知，进而将这种共同认知作为组织内的社会规范来约束和检点自己的行为，往往会更加有效。

第三，该研究说明在反生产行为的预防与控制过程中，部门或团队领导者实际上起到了非常关键的作用：他们一方面可以通过资源补偿和额外供给的方式抑制或强化由新生代知识型员工的人格特质所引起的反生产行为；另一方面还可以通过部门或团队伦理气氛的建设与培育直接影响新生代知识型员工的反生产行为,并通过团队伦理气氛来调节新生代知识型员工的人格特质对反生产行为的影响。所以,企业应该特别重视以部门和团队为基本单元开展反生产行为的自查和自检工作,而部门或团队领导者作为与新生代知识型员工在日常工作中接触最多、影响最大的人,也应该提高对本部门反生产行为的认识和了解,并在此基础上通过组织伦理气氛的培育来进行反生产行为的预防和控制工作。

2. 存在的问题和进一步研究的方向

第一,本书将团队伦理气氛界定为一个用来衡量特定团队在多大程度上具有关怀和规则导向特征的伦理气氛的单维度变量,没有对团队伦理气氛的内容进行更为细致的研究。因此,尚不清楚不同类型的团队伦理气氛是否对个体人格特质与新生代知识型员工反生产行为之间的关系都具有相应的调节作用。鉴于此,我们在接下来的研究中将进一步探索这个问题。

第二,本书发现宜人性对反生产行为的负向影响在不同团队内是没有显著差异的,即不受团队伦理气氛调节。这很有可能说明宜人性是一种非常稳定的人格特质,它对反生产行为的负向影响最不容易受到环境的影响。当然,该结果还有可能是由于我们采用的是横截面数据以及所有调查都是基于被试的自我报告。因此,为了更好地检验本书所提出的相关假设,后续研究可以考虑采用自我报告和他评相结合的方式,并通过收集时间序列数据来进行更为深入的研究。当然,我们也可以将宜人性剔除研究框架,继续检验尽责感和神经质这两种人格特质对新生代知识型员工反生产行为的影响的稳定性。

第三,除了组织伦理气氛对人格特质和新生代知识型员工反生产行为之间的关系具有调节作用,还有哪些组织情境特征具有同样的调节作用呢?只有不断厘清人格特质影响新生代知识型员工反生产行为的边界,才能更好地在社会认知理论的视角下,对新生代知识型员工反生产行为的组织控制提供更多、也更有效的管理策略。

3.3 实证研究2:对相关问题的进一步探索

如上所述,由于3.2节的内容和结论尚存在一定的不足之处,因此我们设计了实证研究2,以期进一步探讨如下三个核心问题。

(1)不同类型的团队伦理气氛是否对新生代知识型员工反生产行为具有显著影响,并且对人格特质影响新生代知识型员工反生产行为的过程起到相应的调节作用?

(2)除了团队层面的组织伦理气氛,组织公正这个重要的组织情境因素,是否也会对人格特质影响新生代知识型员工反生产行为的过程起到相应的调节作用?

(3)在不考虑宜人性人格特质的情况下(宜人性的影响在实证研究1中没有得到证实),尽责感和神经质这两种人格特质是否依然对新生代知识型员工反生产行为具有稳定的显著影响?

3.3.1 研究假设和理论基础

1. 人格特质、伦理气氛和反生产行为

虽然Victor和Cullen(1988)根据伦理标准与分析取向两个维度从理论上得到了九种

组织伦理气氛,并通过他们开发的组织伦理气氛问卷,用因素分析的方法证实了组织中存在五种特定的伦理气氛,即自利导向、关怀导向、独立导向、规则导向、法律与法规导向的组织伦理气氛。但是,后续的实证研究所得到的关于组织伦理气氛的类型却并不稳定,只有自利导向、关怀导向和规则导向的组织伦理气氛得到了充分验证。例如,Vardi(2001)就发现:在关怀导向和规则导向的组织伦理气氛下,员工的道德认知水平明显较高,产生各种反生产行为的可能性较低;而在自利导向的组织伦理气氛下,员工的道德认知水平明显较低,产生各种反生产行为的可能性较高。

更重要的是,新生代知识型员工在业余时间很少工作,关注更多的是自己的兴趣爱好和生活,而不是与工作相关的东西。追求快乐与努力工作在新生代知识型员工的眼中并不矛盾,他们并不介意在工作上努力拼搏甚至加班加点,但前提是要企业提供给他们相对轻松快乐的工作环境以及团结和谐的同事关系,并且要对他们给予足够的尊重和关怀,这些都能使他们在工作中有充实的幸福感。与此同时,新生代知识型员工希望工作结束后能有更多的自由生活空间。总之,他们认为工作与生活是有界限的,工作是为了更好地生活。选择喜爱的职业、和谐的企业环境、良好的人际关系和公平的晋升机会都是实现工作和生活平衡的重要因素。所有的这一切都说明:新生代知识型员工对良好的团队伦理气氛有极强的潜在需求和内心渴望,如果这些需求和渴望能够得到满足,他们表现出反生产行为的可能性就会大大降低。基于此,我们提出如下假设。

假设 3-4a:自利导向的团队伦理气氛对新生代知识型员工反生产行为具有显著的正向影响,即自利导向的团队伦理气氛越强则反生产行为越多。

假设 3-4b:关怀导向的团队伦理气氛对新生代知识型员工反生产行为具有显著的负向影响,即关怀导向的团队伦理气氛越强则反生产行为越少。

假设 3-4c:规则导向的团队伦理气氛对新生代知识型员工反生产行为具有显著的负向影响,即规则导向的团队伦理气氛越强则反生产行为越少。

如前所述,团队伦理气氛作为一种重要的组织情境,虽然无法对员工对待工作的态度与方式以及情绪的稳定性程度和相应的调节能力产生本质影响,但它可以对人格特质与反生产行为之间的关系产生相应的调节作用,具体而言,对于高尽责感的新生代知识型员工,其行为往往由外部动机驱使(Yang and Diefendorff,2009),他们非常注重自身与他人和环境间关系的和谐性,并且愿意通过认真负责地对待自己的工作,友善和睦地对待他人而获得主管和同事的肯定与信赖。如果他们在具有较强伦理气氛的团队中工作,主管和同事的关怀以及大家都按规则办事的工作方式可以证明其动机和行为的"合理性",进而增强其外部动机对反生产行为的抑制作用;但如果在具有较弱伦理气氛的团队中工作,其待人处世的方式与团队成员互不关心并且大家都不按规矩办事的工作方式格格不入,因此在怀疑自己动机和行为"合理性"的过程中,其外部动机对反生产行为的抑制作用就会被减弱。与此同时,对于高神经质的新生代知识型员工,其行为往往由内部动机驱使(Yang and Diefendorff,2009),他们的情绪稳定性和调节能力都比较差。如果他们在具有较强伦理气氛的团队中工作,主管和同事的关怀以及大家都按规则办事的工作方式能够在一定程度上抑制其不稳定情绪,进而有效地降低其出现反生产行为的可能性;但如果在具有较弱伦理气氛的团队中工作,团队成员互不关心并且大家都不按规则办事的工作方式会对其原本就不稳定的情绪产生进一步的冲击,从而增强其表现出反生产行为的可能性。基于此,我们提出如下假设。

假设 3-5a:自利导向的团队伦理气氛可以调节人格特质与反生产行为之间的关系。自利导向的团队伦理气氛越强,尽责感与新生代知识型员工反生产行为的负向关系越弱;神经质与新生代知识型员工反生产行为的正向关系越强。

假设 3-5b:关怀导向的团队伦理气氛可以调节人格特质与反生产行为之间的关系。关怀导向的团队伦理气氛越强,尽责感与新生代知识型员工反生产行为的负向关系越强;神经质与新生代知识型员工反生产行为的正向关系越弱。

假设 3-5c:规则导向的团队伦理气氛可以调节人格特质与反生产行为之间的关系。规则导向的团队伦理气氛越强,尽责感与新生代知识型员工反生产行为的负向关系越强;神经质与新生代知识型员工反生产行为的正向关系越弱。

2. 人格特质、组织公正和反生产行为

公平理论(又称社会比较理论)也是社会认知理论的一个重要分支,该理论认为:人们往往借助于社会比较来进行自我评价,从而确认自己的属性。如果个体在社会比较的过程中能获得肯定性情感满足,就会产生积极的情感和行为;但是,如果个体在社会比较的过程中不能获得肯定性情感满足,就会产生消极的情感和行为(Goethasi,1986)。基于此,早期的很多研究都认为:员工在工作场所中的各种消极行为都是对其基于社会比较后,因为感知到的被不公正对待所做出的一种报复行为(Greenberg and Scott,1996;Skarlicki et al.,1999)。于是 Spector 和 Fox(2002)在挫折-攻击假说和归因理论的基础上正式提出了反生产行为的压力-情绪模型,他们认为反生产行为的发生过程由三个环节组成:首先,个体在工作场所中感知压力,产生受挫感;其次,受挫感引发个体负向情绪的出现;最后,负向情绪将引发各种反生产行为。而 Martinko 等(2002)则在对前人的研究成果进行整合分析的基础上开创了因果推理模型,他们认为:如果员工在工作场所感知到不平衡,并且对这种不平衡感做出内部/稳定性归因时(如自己能力差),将导致其出现如旷工、消沉、磨洋工等反生产行为;如果员工在工作场所感知到不平衡,并且对这种不平衡感进行外部/稳定性归因时,将导致其出现如人身攻击、恶意报复等反生产行为。由此可见,员工在工作过程中对组织不公正的感知是引发其受挫感与不平衡感,进而导致其反生产行为的一个重要因素。

尤其是对于新生代知识型员工而言,他们等级观点淡化,追求公平、公正和公开的人际交往模式,厌恶传统的层级制度;他们自我意识强,喜欢昭示自我存在、展示自我价值;加之在网络信息环境下,受到西方文化和思想的影响,他们追求思想上的独立自由和主张自我的话语权;并且他们自尊心强,希望社会和他人认同自己的心理特征十分明显。基于此,组织公正对新生代知识型员工反生产行为的影响就显得更加具有现实可靠性。

但需要说明的是,虽然关于组织公正的研究大多将其划分为分配公正、程序公正和互动公正三个维度,其中互动公正又可以被分解成人际公正(反映了程序执行过程中的人际对待,尤其是权威或上级对待下属的态度、尊重程度等)和信息公正(反映了给予当事人的信息和提供解释的充分性)。但是,实证研究的相关结果显示:第一,大多数极端的反生产行为都是因为员工感知到了强烈的人际不公正或信息不公正，而不是因为分配不公正（Giacalone and Greenberg，1997；Greenberg and Alge，1998）；第二，相对于分配公正和程序公正而言，互动公正（包括人际公正和信息公正）能够更好地预测各种组织指向和人际指向的反生产行为（Aquino et al.，1999；Colquitt et al.，2001）。与此同时，对于中国企业而言，高权力距离的文化属性使得员工往往尊重权威、服从领导，因此互动公正在中国企业内部主要体现在员工和主管之间，换言之，主管对待下属的态度和尊重程度（即领导公正）以及主管给予下属信息和提供解释的充分性（即信息公正）无疑会对下属的行为产生至关重要的影响。所以，我们在本书中只关注领导公正和信息公正对反生产行为的影响，并提出如下假设。

假设 3-6a：领导公正对新生代知识型员工反生产行为具有显著的负向影响，即团队中领导公正的水平越高则员工反生产行为越少。

假设 3-6b：信息公正对新生代知识型员工反生产行为具有显著的负向影响，即团队中信息公正的水平越高则员工反生产行为越少。

事实上，过去已有研究证明了组织公正和人格特质的交互作用对反生产行为的影响作用，只不过是将人格特质作为调节变量，例如，Aquino 等（1999）以美国政府和造纸企业的员工为对象所做的研究发现：在分配公正、过程公正和交互公正影响反生产行为的过程中，员工的情感特质都会起到相应的调节作用。对于具有较高消极情感特质的员工，分配公正、过程公正和交互公正与反生产行为之间的负相关关系会被削弱，而对于具有较高积极情感特质的员工，分配公正、过程公正和交互公正与反生产行为之间的负相关关系会被增强。我们认为：组织公正作为一种重要的组织情境特征，虽然无法对员工对待工作的态度与方式以及情绪的稳定性程度和相应的调节能力产生本质上的影响，但它仍然可以对人格特质与反生产行为之间的关系产生相应的调节作用，具体如下。

如果主管能够在充分尊重新生代知识型员工的基础上，采用积极的态度，为他们提供与工作相关的信息和资源，并向他们对其各种管理决策做出合理而充分的解释和说明。换言之，如果主管能够让新生代知识型员工在组织中感知到较高的领导公正和信息公正，那么无疑能够增强具有尽责感特质的新生代知识型员工抑制其反生产行为的外部动机，并削弱具有神经质特质的新生代知识型员工产生反生产行为的内部动机。反之，如果主管在工作过程中不尊重新生代知识型员工，非但不采用积极的态度为他们提供与工作相关的信息和资源，而且还不向他们解释和说明其各项管理决策的目的与意义。换言之，如果主管让新生代知识型员工在组织中感知到较高的领导不公正和信息不公正，那么无疑会削弱具有尽责感特质的新生代知识型员工抑制其反生产行为的外部动机，并增强具有神经质特质的新生代知识型员工产生反生产行为的内部动机。基于此，我们提出如下假设。

假设 3-7a：领导公正可以调节人格特质与新生代知识型员工反生产行为之间的关系。团队中领导公正的水平越高，尽责感与反生产行为的负向关系越强；神经质与反生产行为的正向关系越弱。

假设 3-7b：信息公正可以调节人格特质与新生代知识型员工反生产行为之间的关系。团队中信息公正的水平越高，尽责感与反生产行为的负向关系越强；神经质与反生产行为的正向关系越弱。

3.3.2 数据分析和假设检验

本节所使用的数据与实证研究 1 中所使用的数据基本一致，均于同一时间通过同一份问卷收集而得，具体而言：我们在成都、厦门和中山的 36 家企业中针对 83 个团队发放了 650 份问卷，最终我们总计保留了来自 27 家企业的 65 个团队的总计 426 份有效调查问卷，有效问卷回收率为 65.5%。当然，为了满足实证研究 2 的具体需要，我们从该问卷中提取了对团队伦理气氛各维度的测量数据以及对组织公正的测量数据进一步分析。

事实上，本书对变量的测量工具主要包括：第一，对个体人格特质的测量直接采用 John 等（1991）开发的 BFI 量表，其中尽责感有 9 个题项，神经质有 8 个题项，各分量表的 Cronbach's α 系数分别为 0.815 和 0.776。第二，对团队伦理气氛的测量量表是在 Victor 和 Cullen（1988）的研究基础上通过小范围预试后改编的，其中自利导向有 6 个题项，关怀导向有 5 个题项，规则导向有 4 个题项，各分量表的 Cronbach's α 系数分别为 0.832、0.829 和 0.861。第三，对组织公正的测量直接采用刘亚（2002）编制的"组织公正感量表"中的两个分量表，其中领导公正有 6 个题项，信息公正有 4 个题项，各分量表的 Cronbach's α 系数分别为 0.861 和 0.855。第四，对新生代知识型反生产行为的测量量表则采用我们之前开发的研究工具，但只从两个维度（组织指向和人际指向）来测量研究对象在过去 3 个月时间里自评的反生产行为，各分量表的 Cronbach's α 系数分别为 0.865 和 0.892。所有题项均采用 Likert 7 分值法通过被试自我报告的方式做出回答，1～7 分表示"完全不同意"到"完全同意"，如表 3-5 所示，验证性因子分析的结果显示，本书中各构念模型对数据的拟合指标均较好，说明本书所采用的测量工作具有较好的效度。

表 3-5 测量量表的拟合优度指标分析

	χ^2/df	RMSEA	GFI	CFI	NNFI
人格特质两因素模型	2.927	0.052	0.927	0.921	0.928
组织伦理气氛三因素模型	3.112	0.068	0.876	0.872	0.878
组织公正两因素模型	3.328	0.079	0.819	0.813	0.821
反生产行为两因素模型	2.801	0.036	0.936	0.932	0.937

本书将团队伦理气氛和组织公正视为团队层次变量，但是这两个变量的数据是通过测量员工对其所在团队的组织伦理气氛和组织公正的感知而获得的，所以需要将个体层次的数据汇聚为团队层次的数据才能进行分析。在进行数据汇聚前，首先必须检验测量值是否具有组内一致性，所以我们计算了各变量的 R_{wg} 值来检验组内一致性（参照均匀分布计算），并通过 ICC = $\tau_{00}/(\tau_{00} + \sigma^2)$ 来检验组间差异性。如表 3-6 所示，所有变量的 R_{wg} 值的平均值都大于 0.7，ICC 值都大于有学者提出的 0.05 的标准，这说明个体水平的组织伦理气氛和组织公平数据可以汇聚到团队层次进行统计分析。

表 3-6　各变量的 R_{wg} 值和 ICC 值

	R_{wg} 平均值	ICC 值
自利导向	0.876	0.102
关怀导向	0.912	0.083
规则导向	0.835	0.091
领导公正	0.927	0.126
信息公正	0.932	0.115

接下来，我们运用多层线性模型分析软件 HLM6.0 分别构建组织指向反生产行为和人际指向反生产行为的跨层次回归模型。在每个模型中，分 4 步纳入变量来检验本书的理论假设，相关结果如表 3-7 所示。

第 1 步，运行不含任何个体和团队层次变量的零模型，用以检验因变量在组内和组间方差的成分，这是进行多层线性模型分析的基础。经计算：组织指向反生产行为在组内方差的第一层残差方差 $\sigma^2 = 0.434$，组间方差的随机截距方差 $\tau_{00} = 0.112$（$P<0.01$），故 $ICC(1) = \tau_{00}/(\tau_{00} + \sigma^2) = 0.205$，这说明组织指向反生产行为的总体变异中有 20.5% 是由团队差异所造成的；此外，人际指向反生产行为在组内方差的第一层残差方差 $\sigma^2 = 0.283$，组间方差的随机截距方差 $\tau_{00} = 0.167$（$P<0.01$），故 $ICC(1) = \tau_{00}/(\tau_{00} + \sigma^2) = 0.371$，这说明人际指向反生产行为的总体变异中有 37.1% 是由团队差异造成的。因此，有必要对组织指向和人际指向的反生产行为进行跨层次分析。

表 3-7　多层线性模型的回归分析结果（$N = 426$）

	组织指向反生产行为				人际指向反生产行为			
	第 1 步	第 2 步	第 3 步	第 4 步	第 1 步	第 2 步	第 3 步	第 4 步
截距项（γ_{00}）	4.36**	4.49**	4.54**	4.56**	4.52**	4.64**	4.67**	4.69**
团队自变量								
自利导向（γ_{01}）		0.18**	0.17**	0.17**		0.21**	0.20**	0.20**
关怀导向（γ_{02}）		−0.16	−0.16	−0.13		−0.26	−0.25	−0.26
规则导向（γ_{03}）		−0.22**	−0.16**	−0.15**		−0.15*	−0.15*	−0.13*
领导公正（γ_{04}）		−0.31**	−0.31**	−0.28**		−0.19**	−0.19**	−0.18**
信息公正（γ_{05}）		−0.28*	−0.26*	−0.25*		−0.23	−0.22	−0.22
个体自变量								
尽责感（γ_{10}）			−0.19**	−0.18**			−0.17**	−0.15**
神经质（γ_{20}）			0.16*	0.17*			0.24**	0.21**
交互作用								
尽责感×自利导向（γ_{11}）				−0.21*				−0.15
尽责感×关怀导向（γ_{12}）				0.19				0.21

续表

	组织指向反生产行为				人际指向反生产行为			
	第1步	第2步	第3步	第4步	第1步	第2步	第3步	第4步
尽责感×规则导向（γ_{13}）				0.15				0.17
尽责感×领导公正（γ_{14}）				0.23**				0.16**
尽责感×信息公正（γ_{15}）				0.17				0.22
神经质×自利导向（γ_{21}）				0.22**				0.25**
神经质×关怀导向（γ_{22}）				−0.23				−0.22**
神经质×规则导向（γ_{23}）				−0.17**				−0.23
神经质×领导公正（γ_{24}）				−0.22				−0.18**
神经质×信息公正（γ_{25}）				−0.18				−0.15**
R^2		0.201	0.277	0.289		0.192	0.263	0.276
ΔR^2		0.201	0.077	0.012		0.192	0.071	0.013

注：*表示 $P<0.05$，**表示 $P<0.01$。

第2步，将团队层次的变量纳入空模型，用以检验团队伦理气氛和组织公正对反生产行为的影响。经检验，如表 3-7 所示，当团队层次变量进入整个回归模型后，$R^2 = 0.201$（0.192），说明团队层变量对组织指向和人际指向反生产行为的方差变异分别提供了20.1%和19.2%的解释。

（1）自利导向的组织伦理气氛与组织指向反生产行为显著正相关（$\gamma_{01} = 0.18$，$P<0.01$），与人际指向反生产行为显著正相关（$\gamma_{01} = 0.21$，$P<0.01$），因此假设 3-4a 得到验证。

（2）关怀导向的组织伦理气氛与组织指向反生产行为（$\gamma_{02} = -0.16$，n.s.）和人际指向反生产行为（$\gamma_{02} = -0.26$，n.s.）的相关性都不显著，因此假设 3-4b 没有得到验证。

（3）规则导向的组织伦理气氛与组织指向的反生产行为显著负相关（$\gamma_{03} = -0.22$，$P<0.01$），与人际指向的反生产行为也显著负相关（$\gamma_{03} = -0.15$，$P<0.01$），因此假设 3-4c 得到验证。

（4）领导公正与组织指向的反生产行为显著负相关（$\gamma_{04} = -0.31$，$P<0.01$），与人际指向的反生产行为也显著负相关（$\gamma_{04} = -0.19$，$P<0.01$），因此假设 3-6a 得到验证。

（5）信息公正与组织指向的反生产行为显著负相关（$\gamma_{05} = -0.28$，$P<0.05$），但与人际指向反生产行为的相关性并不显著（$\gamma_{05} = -0.23$，n.s.），因此假设 3-6b 只得到部分验证。

第3步，将个体层次的变量纳入回归模型，用以检验人格特质对反生产行为的影响。经检验，如表 3-7 所示：当人格特质进入回归模型后，$\Delta R^2 = 0.077$（0.071），说明人格特质对组织指向和人际指向反生产行为的方差变异分别提供了7.7%和7.1%的新解释。

(1)尽责感与组织指向的反生产行为显著负相关（$\gamma_{10} = -0.19$，$P<0.01$），与人际指向的反生产行为也显著负相关（$\gamma_{10} = -0.17$，$P<0.01$），因此尽责感人格特质对新生代知识型员工反生产行为的显著负向影响在实证研究2中再次得到验证。

(2)神经质与组织指向的反生产行为显著正相关（$\gamma_{20} = 0.16$，$P<0.05$），与人际指向的反生产行为也显著正相关（$\gamma_{20} = 0.24$，$P<0.01$），因此神经质人格特质对新生代知识型员工反生产行为的显著负向影响在实证研究2中再次得到验证。

第4步，将所有自变量和交互项组成完整模型，用以检验组织伦理气氛和组织公正的调节效应。需要特别说明的是，是否进行第4步的分析需要根据第3步中个体层主效应的回归系数是否在团队层有显著差异来决定。换言之，如果在第三步中发现尽责感或神经质对反生产行为的回归系数（γ_{10}和γ_{20}）的随机效应方差不显著，则说明尽责感或神经质与反生产行为的关系在团队间无显著差异，那么也就没有必要进一步验证团队层变量的调节效应了。经计算：尽责感与组织指向反生产行为的回归系数的随机效应方差显著（$\tau_{11} = 0.132$，$\chi^2 = 127.61$），尽责感与人际指向反生产行为的回归系数的随机效应方差也显著（$\tau_{11} = 0.146$，$\chi^2 = 62.83$）；神经质与组织指向反生产行为的回归系数的随机效应方差显著（$\tau_{22} = 0.169$，$\chi^2 = 118.82$），神经质与人际指向反生产行为的回归系数的随机效应方差也显著（$\tau_{22} = 0.158$，$\chi^2 = 122.51$）。因此，有必要进一步验证团队层变量的调节效应。经检验，如表3-7所示：当交互项进入回归模型后，$\Delta R^2= 0.012$（0.013），说明交互项对组织指向和人际指向反生产行为的方差变异分别提供了1.2%和1.3%的新解释。

(1)自利导向的组织伦理气氛对"尽责感→组织指向反生产行为"具有显著的调节作用（$\gamma_{11} = -0.21$，$P<0.05$），对"神经质→组织指向反生产行为"有显著的调节作用（$\gamma_{21} = 0.22$，$P<0.01$），对"神经质→人际指向反生产行为"有显著的调节作用（$\gamma_{21} = 0.25$，$P<0.01$），但是对"尽责感→人际指向反生产行为"的调节作用不显著，因此假设3-5a得到部分验证。

(2)关怀导向的组织伦理气氛对"神经质→组织指向反生产行为"有显著的调节作用（$\gamma_{22} = -0.23$，$P<0.01$），对"神经质→人际指向反生产行为"有显著的调节作用（$\gamma_{22} = -0.22$，$P<0.01$），但是对"尽责感→组织指向反生产行为"和"尽责感→人际指向反生产行为"的调节作用不显著，因此假设3-5b得到部分验证。

(3)规则导向的组织伦理气氛只对"神经质→组织指向反生产行为"有显著的调节作用（$\gamma_{23} = -0.17$，$P<0.01$），因此假设3-5c只得到部分验证。

(4)领导公正对"尽责感→组织指向反生产行为"有显著的调节作用（$\gamma_{14} = 0.23$，$P<0.01$），对"尽责感→人际指向反生产行为"有显著的调节作用（$\gamma_{14} = 0.16$，$P<0.01$），对"神经质→人际指向反生产行为"有显著的调节作用（$\gamma_{24} = -0.18$，$P<0.01$），但是对"神经质→组织指向反生产行为"的调节作用不显著，因此假设3-7a得到部分验证。

(5)信息公正只对"神经质→人际指向反生产行为"有显著的调节作用（$\gamma_{25} = -0.15$，$P<0.01$），因此假设3-7b只得到部分验证。

3.3.3 研究结论和政策建议

实证研究2是在实证研究1的基础上，基于资源社会认知理论探讨人格特质与团队伦理气氛和组织公正之间的交互作用对新生代知识型员工反生产行为的影响机制问题。相关研究内容及其结论既对实证研究 1 中所出现的问题做出了必要的回应，也对实证研究 1 所存在的不足进行相应的完善和补充，该研究的主要结论及其管理启示具体如下。

1. 主要研究结论

过去已有研究证实了组织伦理气氛与员工不道德行为之间存在显著相关性，而本书则将组织伦理气氛与员工不道德行为间关系的研究扩展到了反生产行为的层面上，这种扩展为在组织情境层面探索反生产行为的影响因素提供了一个全新的视角和有效的途径。我们基于社会认知的视角，采用社会规范理论分析了团队伦理气氛的三个重要维度对反生产行为的直接影响，结果发现：自利导向的团队伦理气氛对新生代知识型员工反生产行为有显著的正向影响，规则导向的团队伦理气氛对新生代知识型员工反生产行为有显著的负向影响。但是，关怀导向的团队伦理气氛却并未对新生代知识型员工反生产行为产生显著影响，这与我们的理论假设存在较大差异。对此，我们认为可能的解释是：从人性的角度来看，个体总是渴望能够从他人那里得到关爱和帮助，因此如果在特定的组织中无法得到同事和领导的关爱与帮助，个体就会有受挫感并产生相应的不满情绪从而导致反生产行为；然而一旦个体从组织中持续获得了同事和领导的关爱与帮助，又有可能会觉得获得他人的关爱和帮助是一件理所当然的事情，因此也就会对此不以为然了，这一点在崇尚自我、个性鲜明的新生代知识型员工的身上可能体现得更明显。于是，我们发现，关怀导向的团队伦理气氛和自利导向、规则导向的团队伦理气氛之间所存在的最大不同之处可能在于，它和反生产行为之间的关系不是简单的此消彼长的线性关系。当它处于一定水平之下时，它与反生产行为之间可能存在显著的负相关关系；但是当它达到一定水平之后，它与反生产行为之间的关系就会变得不再显著或者说无关了。从本书的实证数据来看，关怀导向的组织伦理气氛的样本均值达到了 5.81，这表明从总体上来看，本书所调查的被试者对组织中关怀导向的伦理气氛有相对比较好的感知。所以对于这些样本而言，可能组织伦理气氛与反生产行为之间的相关性会变得不再显著。

与此同时，本书还发现：第一，自利导向的团队伦理气氛对尽责感和组织指向反生产行为之间的关系具有显著的调节作用，自利导向的团队伦理气氛越弱，尽责感和组织指向反生产行为之间的负向关系越强；第二，自利导向的团队伦理气氛对神经质和组织指向反生产行为之间的关系具有显著的调节作用，自利导向的团队伦理气氛越强，神经质和组织指向反生产行为之间的正向关系越弱；第三，自利导向的团队伦理气氛对神经质和人际指向反生产行为之间的关系具有显著的调节作用，自利导向的团队伦理气氛越强，神经质和人际指向反生产行为之间的正向关系越强；第四，关怀导向的团队伦理气氛对神经质和人际指向反生产行为之间的关系具有显著的调节作用，关怀导向的团队伦理气氛越强，神经质和人际指向反生产行为之间的正向关系越弱；第五，规则导向的团队伦理气氛对神经质和组织指向反生产行为之间的关系具有显著的调节作用，规则导向的团队伦理气氛越强，神经质和组织指向反生产行为之间的正向关系越弱。这些研究结论说明：团队伦理气氛对人格特质和反生产行为间关系的调节作用是比较复杂的，甚至有可能是不稳定的，因此需要进行更多的实证研究来进行更为深入的检验。当然，该结果的原因还有可能是我们采用的是横截面数据以及所有调查都是基于被试的自我报告。

与3.2节中的实证研究1不同，本节的研究内容虽然同样基于社会认知的视角，但是采用社会比较理论分析了组织公正和反生产行为之间的关系并提出：新生代知识型员工在工作过程中对组织不公正的感知是引发其受挫感与不平衡感，进而导致其反生产行为的一个重要因素。相关实证研究的结果显示：领导公正对组织指向和人际指向的反生产行为都具有显著的负向影响，而信息公正只对组织指向的反生产行为具有显著的负向影响。由此可见，领导者作为组织代言人与员工进行人际互动的过程中所体现出的公正水平，在很大程度上决定了员工与组织进行社会交换的组织环境是否良好，如果领导者能够通过提升其对待新生代知识型员工的尊重程度而营造一个良好的社会交换环境，那么新生代知识型员工产生受挫感和心理压力的可能性就会大大降低，从而有效地控制各种反生产行为的发生。然而，信息公正对人际指向的反生产行为没有显著影响作用可能是：因为信息公正的"供给者"主要是组织本身或领导者，而不是组织内的其他成员，所以基于代理者-系统模型，当新生代知识型员工在组织中感知到信息不公正时，最有可能进行报复的对象应该是组织而不是其他组织成员。

与此同时，本书还发现：第一，领导公正对尽责感和组织指向与人际指向反生产行为之间的关系具有显著的调节作用，领导公正越强，尽责感和组织指向与人际指向反生产行为之间的负向关系越强；第二，领导公正对神经质和人际指向反生产行为之间的关系具有显著的调节作用，领导公正越强，神经质和人际指向反生产行为之间的正向关系越弱。第三，信息公正对神经质和人际指向反生产行为之间的关系具有显著的调节作用，信息公正越强，神经质和人际指向反生产行为之间的正向关系越弱。这说明领导者在与新生代知识型员工进行人际互动的过程中所体现出的公正水平，能够对高神经质的新生代知识型员工产生有效的抑制作用，并对高尽责感的新生代知识型员工产生积极的促进作用，而且领导公正的调节作用要比信息的调节作用更强。

2. 主要政策建议

第一，要切实维护组织和谐，分类培育伦理气氛。如果企业对新生代知识型员工反生产行为的发生机制缺乏科学的认识，不从问题的源头入手，而只是一味地强调通过规章制度进行监督和处罚，那么就很有可能会因为"水压效应"而导致员工产生逆反心理，类似的事件其实在企业中大量存在。

基于此，我们认为：企业除了要从规章制度完善的角度考虑如何进行新生代知识型员工反生产行为的正式控制，更应该从组织伦理气氛等软环境建设的角度考虑如何进行新生代知识型员工反生产行为的非正式控制。对于中国企业而言，在环境变化如此迅速的今天，包括组织伦理气氛在内的各种非正式控制往往比规章制度具有更强的适应性和更好的控制效果，这是因为：首先，中国自古以来就有根植于儒家思想的"德治"传统，道德规范对中国人的行为约束很强，所以在中国企业内部依靠类似"德治"的非正式控制来进行反生产行为的治理可能会有更好的效果。有些人可能认为新生代往往是反传统的，但是据我们的观察和研究，在新生代知识型员工这个特殊群体中，道德规范对其行为的影响作用非但没有减弱，反倒有所增强，这实际上与新生代知识型员工的主体意识和自我认知息息相关。其次，新生代知识型员工的受教育程度越来越高，也越来越追求自主性，所以依靠规章制度进行强制化约束显得越来越不合时宜；最后，组织伦理气氛作为一种组织文化，它有着高弹性和无处不在的特点，这使得员工能够自主并自发地参与到解决自身和企业所面临的伦理问题中，从而避免了正式的制度控制的后摄性和回应性缺陷。换言之，对于中国企业而言，依靠规章制度建设来治理新生代知识型员工反生产行为固然重要，但是让新生代知识型员工在什么是符合伦理的行为和应该如何处理伦理问题上产生共同认知，进而将这种共同认知作为组织内的社会规范来约束和检点他们的行为，往往会更加有效。为此，中国企业应该以基层单位（部门或团队）为平台和载体，加快进行组织伦理气氛培育与建设，让员工对"在本部门或团队内究竟什么样的行为才符合伦理规范"的认识达成一致，才能够真正有效地控制反生产行为并维护组织和谐。

第二，要科学转变组织观念，提升组织公正水平。当新生代知识型员工在组织内的社会关系网络非常薄弱甚至破裂时，他们就会表现出对组织内各种规范的不顺从，而只有当新生代知识型员工在组织内建立起良好的社会联结时，他们才会遵守组织规范，这对于崇尚自我、独立意识强、蔑视权威的新生代知识型员工而言实际上是个挑战。对于中国企业而言，由于高权力距离的文化属性非常明显，员工对领导权威往往表现出较大的顺从，而与领导之间的社会联结往往是员工在企业内最重视的一种人际互动和人际关系。因此，领导公正水平对员工在组织内是否能够与领导者建立良好的社会联结具有非常重要的影响。与此同时，由于中国传统文化非常强调中庸之道，所以中国企业的员工普遍有"不患寡，而患不均"的意识，这一点在信息公正上的具体表现就是：人们在内心深处对那些"知道我不知道的事情的同事"的友善程度和容忍程度往往都比较低。因此，信息公正水平对崇尚公正的新生代知识型员工在组织内是否能够与同事建立良好的社会联结具有非常重要的影响。由此可见，只有当企业表现出较高水平的领导公正和信息公正时，新生代知识型员工才能在组织内建立起良好的社会联结，从而对组织规范表现出相应顺从。

基于此，我们认为：中国企业应该努力营造和建立开放、透明的决策环境，并在人力资源管理的过程中充分体现领导对新生代知识型员工的重视和尊重，从而有效提高企业的领导公正和信息公正水平。具体而言：一方面，领导者应该密切关注企业内各种重大和关键事件（如工资提升、奖金分配、职位晋升、岗位调动、惩戒处罚、机构重组等）对新生代知识型员工的心理影响，主动开辟多种正式和非正式渠道向新生代知识型员工披露和说明各项管理决策的具体目标与预期效果，避免给员工造成信息不公正的不良感知。另一方面，领导者应该努力实现从裁判员向教练员的角色转变，在充分尊重新生代知识型员工的基础上鼓励他们以适合自己的方式完成具体工作；彻底摒弃官本位意识，多理解、多支持、少命令、少指责员工，以平等、互利的心态处理上下级关系。

第4章　绩效反馈模式与新生代知识型员工反生产行为

事实上，近十年来，随着员工反生产行为作为一种典型的消极角色外行为纳入周边绩效的研究视野中（Spector and Fox，2010），探索绩效反馈对反生产行为的影响机制问题具有非常重要的理论价值和现实意义（O'Leary-Kelly and Newman，2003；Belschak and Hartog，2009）。这一方面为绩效反馈产生效果的行为学原理提供了理论解释；另一方面也为我们全面认知反生产行为的影响因素和控制办法提供了相应的基础。当然，由于绩效反馈的接受者在工作价值观和个体特征上的差异会对反馈效果产生重要影响，所以很有必要基于不同的反馈对象进行特定研究（Smither et al.，2005）。而出生于 20 世纪八九十年代的新生代知识型员工在越来越多的行业中占据了重要位置，他们重视平等、蔑视权威，崇尚自主性和高度成就导向，并且追求工作与生活的有机平衡（李燕萍和侯烜方，2012）。因此，他们势必更加倾向于基于绩效反馈与组织进行更多的沟通和互动。

基于此，本章在研究内容的设计上期望能够解决两个核心问题：第一，以新生代知识型员工为研究对象，基于反馈效价的视角对绩效反馈进行更加细致的整合性分类，从而探索不同类型的绩效反馈对反生产行为的影响机制，并初步建构相应的理论模型。第二，通过案例和实证研究的方法检验理论模型建构的有效性，并根据相应的研究结论提出具体的对策建议。

4.1　绩效反馈模式：基于反馈效价的视角

4.1.1　相关文献综述

由于现代企业组织的员工个体工作绩效涉及的内容越来越复杂，所以为了提高绩效考核的有效性，国内外学者对考核精度以及考核偏差等工具性问题进行了大量研究，并发现如果考核强度过高、考核指标设置存在偏差或考核中有政治性考量都会引发员工的恐惧和焦虑情绪，挫伤员工的工作积极性，从而导致员工出现造假数据、拒绝合作、封锁信息、过度竞争、不做与考核无关的事情等消极行为（Eddleston et al.，2002；Levy and Williams，2004；Barsky，2008；Gundersun et al.，2008；赵君等，2011；赵君，2013）。然而，除了考核精度与考核偏差可能会对员工态度和行为产生负面影响外，考核反馈（即绩效反馈）也可能会对员工态度和行为产生负面影响。例如，Geddes（1993）、Kluger 和 DeNisi（1996）就曾指出，如果考核结果不能通过科学的方式反馈给员工，绩效考核工具本身即使再科学，其在实践中的有效性也势必大打折扣，甚至会引发员工的各种消极行为。

但是，从现有的研究文献来看，过去针对绩效反馈的研究更多的还是聚焦于它与任务绩效之间的关系，在一定程度上忽视了行为绩效，所以直接研究绩效反馈影响员工反生产行为的理论成果其实非常有限（Belschak and Hartog，2009）。国外与之相关的研究概括起来大致有如下几类。第一，基于反馈内容（积极或消极反馈），分析员工情绪、动机和态度变化所诱发的消极行为（Geddes and Baron，1997；Belschak and Hartog，2009；Chory and Westerman，2009；Kuhnen and Tymula，2013；Van Dijk and Kluger，2011）。第二，基于反馈源（上级、同事、组织），分析其可信度或某些具体特征（上级的权威性和魅力型领导风格）对员工消极行为的影响（O'Leary-Kelly and Newman，2003；Bracken and Rose，2011）。第三，基于反馈接受者，分析其反馈倾向性以及文化价值观对员工消极行为的影响（Alvero et al.，2001；London and Smither，2002；Poortvliet et al.，2009）。第四，基于反馈渠道（公开或私下反馈），分析员工的心理及其诱发的消极行为（Fong，2006；Belschak and Hartog，2009）。而从国内的研究情况来看，由于我们针对绩效反馈的高水平研究成果本身就十分匮乏（截至2013年12月，CNKI中收录的以绩效反馈为主题的CSSCI论文只有16篇，硕博士论文也只有9篇），而反生产行为又是近十年才逐渐在国内学术界兴起的一个比较新的研究主题，所以有关绩效反馈与反生产行为间关系的研究几乎是一片空白，只有少数几位学者在研究类似问题时做了简要的描述性理论分析（赵君等，2011）。

上述文献虽然为我们理解绩效反馈与反生产行为之间的关系提供了一定的基础，但由于此类研究整体上仍处于现象描述的初期阶段，对于一些特定问题尚未做出"打开黑箱"式的探索性研究。

第一，从研究的针对性来看，由于绩效反馈的接受者在工作价值观和个体特征上的差异会对反馈效果产生重要影响，所以很有必要基于不同的反馈接受者进行特定研究（Smither et al.，2005）。而新生代知识型员工在越来越多的行业中占据了重要位置，他们重视平等、蔑视权威，崇尚自主性和高度成就导向，并且追求工作与生活的平衡（Twenge，2010；Shri，2011；李燕萍和侯烜方，2012）。因此，他们在反生产行为的表现内容上必然有别于其他类型的员工，也势必更加倾向于基于绩效反馈与组织进行沟通和互动（Cennamo and Gardner，2008），这当然就有必要针对其绩效反馈和反生产行为进行相应的研究。

第二，从研究的深入性来看，现有研究往往只分析了绩效反馈对某一种或几种特定反生产行为的影响（如窃取公司财物和信息、对抗组织政策和规定、为某些利益而和同事进行恶性竞争），没有将反生产行为作为一个多维构念，探索绩效反馈与反生产行为各个维度之间的关系。并且，现有研究往往只分析了绩效反馈对反生产行为的直接影响，却很少深入探索这种影响作用的内在机制，因此无法深入解释绩效反馈影响反生产行为的具体过程。所以，很有必要通过探索绩效反馈对新生代知识型员工反生产行为的影响机制来打开这一"黑箱"。

第三，从研究的全面性来看，现有文献对绩效反馈的分类过于简单化，绝大多数研究往往只采用单一要素（如反馈源、反馈内容）对反馈进行分类。但是在现实中，这些分类要素显然是交织在一起的。更重要的是，反馈源、反馈内容和反馈渠道对个体态度、行为以及绩效的影响究竟是怎样的,理论界还尚未获得比较可靠且一致性的研究结论。例如,究竟哪种反馈源最容易获得员工对反馈信息的"信任",而反馈源和反馈对象之间的信任机制又究竟是如何建立的?在什么情况下积极反馈优于消极反馈,而在什么情况下消极反馈优于积极反馈?这些问题,至今仍没有可靠的答案。

第四,从研究的有效性来看,现有文献很少基于绩效反馈目的对其进行分类和研究,这在一定程度上降低了相关研究结论在实践中的有效性。而 Van Dijk 和 Kluger(2011)却认为,只有当我们对反馈目的这个本质问题有深刻认识时,我们才能从根本上提升绩效反馈的有效性。事实上,Meyer 等(1965)很早就提出了绩效考核的双重本质,即双重目的;而 Zhou(1998)也发现绩效反馈在信息提供的方式上有信息型和控制型两种,但是却没有将信息提供的方式与目的性问题放在一个层面上思考。我们认为,与麦克纳和比奇(2005)对绩效考核的双重目的所做出的界定类似,绩效反馈的目的应该也可以分为评估型或发展型两种。其中,评估型反馈聚焦于对反馈对象当期的工作表现做出判断,因此仅仅只将评估结果机械化地提供给反馈对象;而发展型反馈聚焦于反馈对象未来工作潜能的开发,因此会对其可以改进的知识和技能提供人性化的指导与承诺。

综上所述,很有必要通过整合多个要素对绩效反馈的类型进行更为全面的分类,并探索不同类型的绩效反馈影响反生产行为的具体机制。

4.1.2 基于反馈效价视角的绩效反馈的概念内涵

事实上,现有研究对绩效反馈与员工态度和行为之间的关系无法取得比较可靠且一致性的研究结论,其主要原因之一可能正如上所述:因为我们对绩效反馈的分类采用了过于单一的标准。换言之,现有研究对绩效反馈的分类还不够细致和科学是现有研究存在的重要问题。为了解决这一问题,本书以领导或组织作为反馈源,基于反馈效价的视角,采用二维四分图法将反馈内容和反馈目的进行有机整合(图4-1),进而探索四种不同类型的绩效反馈对新生代知识型员工反生产行为的影响机制。需要说明的是,本书中所指的反馈效价指的是员工对某种特定反馈结果的期望满意程度,期望满意程度越高,相应的反馈效价也就越高。虽然 Zhou(1998)、龙君伟(2003a、2003b)也曾提出过反馈效价的概念,但是他们在界定反馈效价时只关注反馈内容本身是积极的或消极的,而我们认为,反馈效价不仅要考虑反馈内容,更要考虑其目的性问题。尤其是对于新生代知识型员工而言,由于他们关注个人发展,因此只有反馈目的有助于实现个人目标与组织目标的有机统一并为其职业发展提供帮助时,才具有真正意义上的"效价"。实际上,在同一个价值分析框架体系内,任何"效用或效价"都应该是一个"统合"的概念(盛庆琜,2006),所以本书将反馈内容和反馈目的整合起来研究反馈效价问题具有其合理性。

第 4 章 绩效反馈模式与新生代知识型员工反生产行为

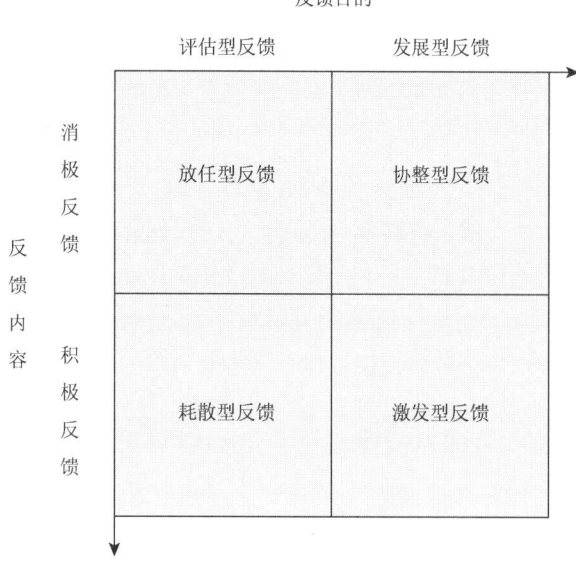

图 4-1 基于反馈目的和反馈内容的绩效反馈分类图

(1) 放任型反馈是指领导或组织仅仅对员工的工作做出消极评价,既不对做出消极评价的原因进行合理的解释和说明,也不对员工提供具体的改进指导。放任型反馈往往使员工认为绩效考核流于形式,甚至感到无所适从。

(2) 协整型反馈是指领导或组织虽然对员工的工作做出消极评价,但是会对做出消极评价的原因进行合理的解释和说明,而且还会帮助员工分析存在的问题以及需要提升的知识和技能。协整型反馈使员工与组织之间的良性互动以及社会交换得以加强。当然,获得协整型反馈后,员工会认为组织对其做出的培训与发展等方面的承诺是可信与值得期待的。

(3) 耗散型反馈是指员工虽然获得了领导或组织对其工作做出的积极评价,但是评价结果只会提升员工对其与组织之间的契约关系的感知,却无法给员工提供新的动力。因为除了可能获得基于积极绩效评价的奖金和报酬以外,他们不确定这种积极评价究竟意味着什么,以及究竟这些反馈与自己未来的工作任务有什么相关性。

(4) 激发型反馈是指领导或组织在对员工的工作做出积极评价的同时,帮助其分析获得积极评价的原因是什么,并试图通过为员工设置更高的目标来有效地激发其工作潜能。由于激发型反馈往往伴随着领导或组织对员工完成更高水平工作绩效后的奖励承诺,因此它既使员工感知到绩效考核的科学性与合理性,又能使员工在后续的工作中表现出更强的信心、更多的合作与更高的承诺。

本书认为,从我们所界定的反馈效价这个角度来看,激发型反馈和协整型反馈的效价应该高于放任型反馈和耗散型反馈。实际上,任何组织在进行绩效反馈实践时都不可能完全采用上述某种单一类型的反馈模式,有可能是有意识地交替使用,也有可能是不自主地把不同类型的反馈模式"迭代"起来。但为了研究的便利性,本书在后面还是独立地分析不同类型的绩效反馈对新生代知识型员工反生产行为的影响机制。

4.2 绩效反馈模式与新生代知识型员工反生产行为的理论研究

4.2.1 绩效反馈模式对新生代知识型员工反生产行为的直接影响

绩效反馈会对员工在组织中的自我定位产生重要影响，有些员工甚至还会通过主动寻求反馈来证实其在组织中的地位或强化自尊（Levy and Williams，2004）。由于放任型反馈和耗散型反馈的效价较低，所以很容易使员工产生偏离定位，即认为自己不再被组织需要或在组织阶层中处于底层位置。例如，当员工获得消极反馈却没有得到任何解释与说明，并且员工也不知道自己究竟如何进行有效的绩效改进时，他们会觉得领导或组织已经"放弃"或"厌烦"他们，从而产生紧张与焦虑情绪；而当员工获得积极反馈却并没有得到任何基于积极反馈的发展承诺与行动激励时，他们会觉得领导或组织"不够重视"或"不愿重用"他们，从而产生无奈与愤怒情绪。事实上，Spector 和 Fox（2005）基于挫败-攻击假说与归因理论提出的"压力-情绪模型"是解释反生产行为形成机制的主要理论模型。基于该理论，放任型和耗散型反馈是一种典型的压力源，它们会使员工产生消极情绪，进而促发各种类型的反生产行为；而协整型反馈为员工减轻了基于消极反馈的内在压力，激发型反馈则为员工提供了基于积极反馈的外在驱动力，因此可能对反生产行为产生有效的抑制作用。

更重要的是，由于新生代知识型员工的职业生涯尚处在起步或上升阶段，所以他们非常关注自身的工作能力是否有提升与发展的空间。当然，由于新生代知识型员工也非常在意别人对他们的关注、认可和尊重程度，所以他们更倾向于基于反馈来进行自我定位和强化自尊。除此之外，新生代知识型员工的成长和生活环境又使得他们往往更加敏感，抗逆能力和自我约束能力也普遍较差。因此，放任型和耗散型反馈对于新生代知识型员工而言是非常严重的压力源，很有可能使新生代知识型员工在组织中产生偏离定位，并出现紧张、焦虑、无奈和愤怒等消极情绪，从而表现出如"对自己职责范围内的工作应付了事、得过且过"，"抵制与公司各项改革有关的新制度或新安排"，"为某些利益而和同事进行恶性竞争"等，针对组织或同事的反生产行为。除此之外，由于新生代知识型员工对积极绩效反馈所带来的"收益"有更高的个人期望，所以耗散型反馈比放任型反馈更加难以接受，带来的负面情绪也可能更严重。综上所述，本书针对不同类型的绩效反馈对新生代知识型员工反生产行为的直接影响提出如下基本假设。

假设 4-1a：与协整型反馈和激发型反馈相比，新生代知识型员工在放任型反馈和耗散型反馈模式表现明显出较多的反生产行为，即前两者的反馈效价显著高于后两者。

假设 4-1b：放任型反馈、耗散型反馈对新生代知识型员工反生产行为具有显著的正向影响；与此同时，协整型反馈、激发型反馈对新生代知识型员工反生产行为具有显著的负向影响。

4.2.2 绩效反馈模式对新生代知识型员工反生产行为的中介机制

1. 自我效能感的中介作用

认知评价理论对"能力感"的研究发现：个体行为受到内部动机的影响，而个体内部动机又受其"能力感"的影响。遵循这一基本逻辑,由于绩效反馈对个体的"能力感"即个体的一般自我效能感具有显著影响,所以自我效能感在大多数研究绩效反馈问题的相关文献中都被作为一个非常重要的中介变量进行相应的分析(Kuhnen and Tymula,2013)。例如,Sansone(1986)就发现能力反馈要优于任务反馈,因为能力反馈为员工提供了其在特定群体中能力高低的信息,提升了其自我效能感,所以对个体绩效有积极影响。而Zhou(1998)对绩效反馈类型与个体工作绩效的研究发现:信息型积极反馈使员工对其自身的工作能力产生良好感知,并形成较强的自主感(即一般自我效能感),进而对员工未来的工作绩效具有积极的影响;相反,控制型消极反馈让员工感知到领导者对其工作方式和工作能力的不认可或不信任,并降低了其自主感,进而对员工未来的工作绩效具有消极的影响。需要说明的是,从反馈效价的角度来看,Zhou(1998)所指的信息型积极反馈与本书中所指的耗散型反馈具有一定的差异,信息型积极反馈主要站在反馈主体的角度评估反馈效价,耗散型反馈则站在反馈接受者的角度评估反馈效价,因此信息型积极反馈的反馈效价应该高于耗散型反馈的反馈效价,这是其发现信息型积极反馈能够提升员工自我效能感的原因。

事实上,对于新生代知识型员工而言,崇尚自由和不愿意墨守成规固然是其核心的工作价值观,但不能忽视的是,他们也更渴望获得别人的肯定与尊重,更需要得到有关能力提升的指导与职业发展的承诺。还有一点需要说明的是:本书中所指的发展型反馈与其他研究中所提出的控制型反馈有着根本性的区别,它的重点不在于"对员工以后的工作提出必须达到的具体要求",而在于"为员工的能力提升和职业发展做出指导与承诺"。因此,发展型的消极反馈(即协整型反馈)可能并不像控制型的消极反馈那样对员工自我效能感产生负面影响,反而有可能对员工的自我效能感产生积极影响。综上所述,我们提出如下假设。

假设 4-2a:放任型反馈、耗散型反馈对新生代知识型员工的自我效能感有显著的负向影响。

假设 4-2b:协整型反馈、激发型反馈对新生代知识型员工的自我效能感有显著的正向影响。

与此同时,资源保护理论认为员工在组织中会尽力保护各种实物、身份、能源和领地资源。然而,一旦无法进行有效的资源保护,员工就表现出明显的行为扭曲来进行资源补偿(Hobfoll,2011)。基于这种基本认识,自我效能感低的员工可能会对自身在工作中进行资源保护的能力产生怀疑,他们在主观上会对自己通过正规渠道获取资源的能力产生较低的认识和评价,因此就不得不通过表现出各种超越组织常规的行为来获取和实现一些所谓的资源"补偿"。例如,高自我效能感的员工不会与同事进行恶性竞争,也不会利用公司资源满足私人需要、达成私人之便;但是,面对资源匮乏的状态,低自我效能感的员工则很有可能通过这些明显扭曲的行为或策略实现资源补偿。基于此,我们提出如下基本假设。

假设 4-2c:新生代知识型员工的自我效能感对反生产行为具有显著的负向影响,并且自我效能感在绩效反馈影响反生产行为的过程中起到部分中介的作用。

2. 考核公平感的中介作用

因为向员工反馈考核过程中涉及的相关信息是影响其对考核的公平性做出判断的核

心因素，所以如果反馈主体所提供的信息仅仅只能够让员工了解管理者对其过去工作的评价，而无法了解获得相应评价的原因，以及基于该评价应该采取哪些有效的改进措施或保持策略，那么员工肯定会对考核的程序公平性产生严重质疑（Guptaand Kumar，2013）。事实上，利用期望落差理论可以有效地分析员工在获得反馈信息时产生不公平感的具体原因：面对消极反馈，员工希望获得具有较高效价的反馈信息帮助其实现绩效改进；而面对积极反馈，员工同样希望获得具有较高效价的反馈信息帮助其保持绩效水平。然而，放任型反馈和耗散型反馈的效价远低于员工的预期，因此会降低其考核公平感；协整型反馈和激发型反馈的效价与员工的预期相符，因此会提高其考核公平感。由此可见，放任型反馈和激发型反馈可能并未给员工带来较大的期望落差，所以它们对考核公平感的影响也比较难以明确。

由于新生代知识型员工的工作经验普遍不够丰富，对工作环境的认识也比较主观，并且对自己的工作往往有过高的预期，所以如果他们获得耗散型反馈，则很有可能怀疑反馈主体存在政治性考量或考核过程被某些主观因素所影响，会引发其考核不公平感；但如果他们获得协整型反馈，则会倾向于认为组织已经为其改进工作绩效找到了有效的方法，会抑制其考核不公平感。基于此，我们提出如下基本假设。

假设 4-3a：放任型反馈、耗散型反馈对新生代知识型员工的考核公平感有显著的负向影响。

假设 4-3b：协整型反馈、激发型反馈对新生代知识型员工的考核公平感有显著的正向影响。

员工之所以从事反生产行为，在很大程度上是因为受到组织内某一事件的刺激，而组织公平感便是其中最常见、最重要的一种。事实上，根据社会交换理论，员工与组织之间在本质上是一种交换关系，组织公平感能够对员工的工作态度和行为产生显著影响（Colquitt et al.，2001）。当受到组织的公平公正对待时，出于积极的互惠原则，员工会通过积极的工作态度和行为进行回报；当受到组织的不公正对待时，员工也会采取消极的态度和行为予以报复（Devonish and Greenidge，2010）。由此可见，考核不公平感作为组织内的某种刺激性事件，会对员工的反生产行为产生正向影响。

新生代知识型员工崇尚自由和平等，因此对公平和公正往往有更强烈的需求，加之他们通常处事不够冷静，所以在面对考核不公平感时，很容易表现出如"影响或破坏过办公室（区）内的工作环境"、"与同事互相推诿可能产生任务交叉和职责重叠的工作"等，针对组织或同事的反生产行为。基于此，我们提出如下基本假设。

假设 4-3c：新生代知识型员工的考核公平感对反生产行为具有显著的负向影响，并且考核公平感在绩效反馈影响反生产行为的过程中起到部分中介的作用。

4.2.3 理论模型

本书将反馈内容和反馈目的这两个绩效反馈的核心要素整合在一起，构建了一个绩效反馈的四分图模型，并提出了如上所述的 8 个理论假设，进而建构了如图 4-2 所示的基本理论模型。

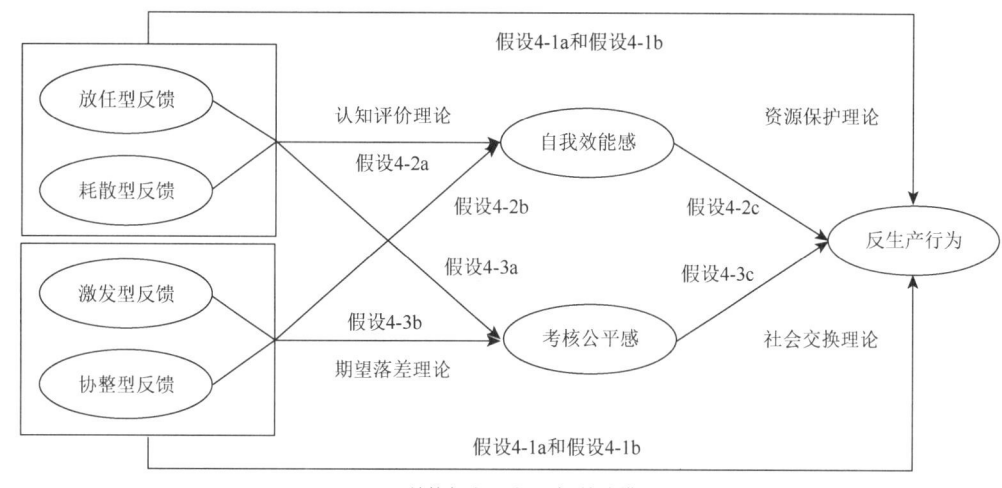

图 4-2 本书的基本理论模型

接下来,本书将首先采用案例研究的方法对上述理论模型中所提出的相关研究假设进行初步验证;然后,在此基础上,利用实证研究的方法对相关研究假设做出进一步的验证,并基于研究结论提出相应的政策建议,尤其是针对员工的反馈寻求行为进行相应的分析和探索。

4.3 绩效反馈模式与新生代知识型员工反生产行为的案例研究

为了对上述理论模型建构的合理性进行初步检验,我们在 2014 年 3 月至 10 月对四川 QK 工程建设有限公司(以下简称 QK 公司)的绩效管理体系进行了纵向的实验型案例研究。

4.3.1 案例研究对象的基本现状

QK 公司是一家按照现代企业制度运营的民营企业,从组织结构上来看,该公司由市场开发部、项目管理部、财务部和人力资源部等多个职能部门,以及市政建设部、工程咨询部等多个业务部门构成。其中,市政建设部和工程咨询部是该公司的核心业务部门,这两个部门的员工平均年龄分别 28.6 岁和 30.2 岁,20 世纪 80 年代和 90 年代出生的新生代员工比例均超过 70%。2011 年 5 月至 6 月,该公司先后制定了《QK 公司员工绩效管理办法》和《QK 公司员工绩效考核实施细则》,而截至 2014 年 2 月,公司人力资源部先后组织了三次针对全体员工的年度绩效考核,以及三次针对市政建设部和工程咨询部等核心业务部门的年中绩效考核。根据《QK 公司员工绩效考核实施细则》,该公司对市政建设和工程咨询部的 35 名员工按照"管理人员"的标准,在每个年度中期和年度末,按不同权重从工作业绩、工作能力、工作态度、突出表现、未来绩效以及严重失误六个维度进行员工自评与主管复评。自评与复评结果分别按 0.2 和 0.8 的权重加权后计算最终的绩效考核得分，员工绩效考核得分作为评定员工绩效考核等级的重要依据之一。与此同时，为了使部门与员工的利益实现有效的捆绑，引导员工关注部门整体绩效的实现和绩效水平的提高，从而提高部门员工的向心力和凝聚力，公司还将部门绩效考核等级与员工绩效考核等级进行强制挂钩。具体而言，公司设有由全体经营班子和管理者代表构成的绩效考核领导小组，该小组在年中和年度末会对各部门进行部门绩效考核，并以考核结果对部门绩效做出优秀、良好、合格、需要改进以及不合格五个不同等级的评定，部门绩效考核等级直接决定该部门员工绩效考核等级的具体分布（表 4-1）。因此，员工绩效考核等级实际上由员工绩效考核得分在部门内的排序以及部门绩效等级这两个因素共同决定，而员工绩效考核等级又与其年中或年度追加岗位津贴以及绩效奖金的发放比例和发放额度直接挂钩（表 4-2）。

表 4-1 部门绩效考核等级对员工绩效考核等级分布的影响

部门考核结果	员工考核等级分布				
	优秀	良好	合格	需要改进	不合格
优秀	20%~24%	31%~35%	40%	≤5%	≤5%
良好	15%~19%	26%~30%	45%	5%~10%	≤5%
合格	10%~14%	21%~25%	50%	10%~15%	≤5%
需要改进	合议确定	16%~20%	55%	10%~20%	5%~15%
不合格	合议确定	10%~15%	60%	10%~15%	10%~15%

表 4-2 员工绩效考核等级对应的追加岗位津贴和绩效奖金[①]

	优秀	良好	合格	需要改进	不合格
追加岗位津贴	1.2	1.1	1.0	0.8	0.6
年中绩效奖金	1.2	1.1	0.8	0.5	0
年度绩效奖金	1.4	1.2	1.0	0.8	0.5

为了对 QK 公司的绩效反馈过程进行深入分析，我们于 2014 年 3 月至 5 月对该公司人力资源部以及市政建设部和工程咨询部进行了多次访谈。据公司人力资源部负责人介绍，无论是年中考核还是年度考核的结果都由人力资源部的绩效考核专员负责统计与汇总，并经人力资源部部长审核，在考核结束后的两周内以内部文件和电子邮件的形式反馈给部门主管；而部门主管在获得人力资源部的绩效反馈后，一般会通过电子邮件将考核结果反馈给部门员工（表 4-3）。

---

① 需要说明的是：追加岗位津贴是指将员工每个月岗位津贴的 20% 暂时扣留，在年中绩效考核和年度绩效考核结束后根据员工的考核结果来决定其发放比例。追加岗位津贴在年中和年末各核发一次，满额追加岗位津贴等于员工单月岗位津贴的 1.2 倍。年中和年度绩效奖金由各部门在年初根据本部门当年营业收入的具体计划核算后纳入部门预算并经公司经营班子审核。

表 4-3　不同反馈源的反馈对象、内容和渠道

反馈源	反馈对象	反馈内容	反馈渠道
考核专员	部门主管	1. 公司绩效考核领导小组对本部门绩效考核的评分与评级结果； 2. 本部门全体员工的绩效考核评分结果（除部门副职领导以外）； 3. 基于本部门绩效考核等级核定的本部门所有员工的绩效考核等级； 4. 基于员工绩效考核等级核定的本部门所有员工的追加岗位津贴与绩效奖金的发放比例和发放额度； 5. 如果公司绩效考核领导小组对本部门的绩效考核做出"需要改进"或"不合格"的等级评定，那么部门主管还会获得经绩效考核领导小组合议后决定的，本部门在当期绩效考核中被评定为优秀这一考核等级的员工的具体比例	内部文件和电子邮件（私下）
部门主管	部门员工	1. 员工当期绩效考核的各考核指标得分和最终得分； 2. 员工当期绩效考核最终得分在本部门的排序； 3. 公司绩效考核领导小组对本部门绩效考核评分与评级结果； 4. 基于员工当期的绩效考核等级核算的年中或年度追加岗位津贴以及绩效奖金的发放比例和发放额度； 5. 如果公司绩效考核领导小组对本部门的绩效考核做出"需要改进"或"不合格"的等级评定，那么员工还会获得经绩效考核领导小组合议后决定的，本部门在当期绩效考核中被评定为优秀这一考核等级的员工的具体比例	电子邮件（私下）

通常情况下，除了按照上述"模式"反馈考核结果，市政建设部和工程咨询部的主管不会对绩效考核的结果做出具体的说明或解释（无论消极的还是积极的），不会基于绩效考核的结果对员工需要提升的工作能力和改进的工作方法做出相应的指导，也不会为员工设置所谓的新的工作目标，更不会对员工未来的职业发展与奖励做出所谓的"承诺"。事实上，由于部门主管在向员工进行绩效反馈的过程中，基本上只针对员工的绩效考核结果做出评估型的积极或消极反馈，即采用放任型反馈和耗散型反馈作为主要的绩效反馈模式。因此，在这种绩效反馈模式下，我们在访谈中听到员工普遍存在这样的抱怨：

（1）公司现行的绩效考核体系不健全，尤其是工作能力的考核指标设计对老员工更有利，基本上不能体现和激发本部门青年员工的工作创造性。

（2）部门主管每次考核结束后都只通过电子邮件将结果反馈给员工，从来不安排面对面的沟通，这说明他们本身可能不重视绩效考核，因此也很有可能在对员工进行具体考核的过程中并没有全面而准确地收集相关信息。

（3）每次收到部门主管的绩效反馈邮件，员工除了知道自己能拿到多少追加岗位津贴和绩效奖金以外，基本上没有什么其他有用的信息。

（4）与那些绩效考核等级较低的部门同事相比，考核等级较高无非就是多拿点钱，而且这些钱还是员工应得的。所以，公司并没有真正关心员工需要什么，尤其是没有真正为青年员工考虑未来的职业发展问题。

（5）即使获得较高的考核等级，也很难让人兴奋起来，因为公司的内部晋升机制并不公平，青年员工也不了解考核结果和晋升究竟有什么关系。

（6）无论公司对部门做出消极评价，还是部门主管对员工做出消极评价，都不会说明具体原因（更不允许员工解释），也不会告诉或指导员工究竟应该如何在公司既定的制度框架和管理体系下改进工作方法或争取工作资源，这让人感到很没有方向感、也很无力。

（7）员工在获得绩效反馈前对自己的工作能力可能有比较准确的自我认知，但是绩效反馈反倒让员工不再相信自己，因为部门主管对员工的工作做出了消极的评价，但却并不

告诉你他评价的标准是什么。于是,在每次绩效反馈后,有些员工都需要花很长的时间来重新找回自信。

(8) 公司过分看重绩效考核与评估的形式,却忽视了绩效沟通和反馈的内容,这使得员工不得不做些"面子工程"或者"想办法来实现一些利益补偿"。

基于上述访谈信息,可以基本判定:放任型绩效反馈会对新生代知识型员工的自我效能感产生负向影响,进而促进其反生产行为;而耗散型绩效反馈会对新生代知识型员工的考核公平感产生负向影响,进而促进其反生产行为。所以,本书所提出的假设 4-1b 得到部分验证,假设 4-2a、假设 4-2c、假设 4-3a 以及假设 4-3c 也得到一定程度的验证。

4.3.2 案例研究设计与基本结论

为了进一步检验协整型反馈和激发型反馈的作用,我们在进行本案例研究的过程中设计了一个"准实验",具体而言:在 QK 公司高层管理者批准的前提下,我们在 2014 年 6 月初对该公司市政建设部和工程咨询部的所有部门主管(7 人)进行了两次有关绩效反馈的培训,培训内容主要涉及绩效反馈的具体类型和相关方法。与此同时,我们说服了公司领导在 2014 年年中绩效考核结束后对市政建设部和工程咨询部试行"分级式绩效反馈":其中人力资源部主要为员工提供绩效考核的基本数据,而部门主管则采用协整型和激发型反馈与员工进行绩效反馈面谈(表 4-4)。事实上,在本次绩效考核中,市政建设部和工程咨询部分别获得了"优秀"和"良好"的部门考核等级,从而形成了如表 4-5 所示的部门员工考核等级分布。但是每位员工在收到人力资源部考核专员发送的有关考核结果的邮件后,都至少在部门主管的主动邀约下与主管进行了不少于 60 分钟的绩效反馈面谈。而在本次绩效反馈结束后,我们请部门主管特别留意员工在 2014 年 7 月至 9 月这个阶段的工作态度和工作行为,并且我们在 2014 年 10 月完成了针对这两个部门所有员工的第二次深度访谈。

表 4-4 分级式绩效反馈的核心内容设计

反馈源		反馈对象与核心内容	
		考核等级为优秀、良好与合格的员工	考核等级为需要改进与不合格的员工
考核专员		1. 员工绩效考核各项指标和最终得分; 2. 员工高于本部门平均分的各项考核指标; 3. 本部门绩效考核的评分与评级结果; 4. 员工当期绩效考核的等级评定; 5. 员工追加岗位津贴和绩效奖金的发放比例与额度	1. 员工绩效考核各项指标和最终得分; 2. 低于本部门平均分的各项考核指标; 3. 本部门绩效考核的评分与评级结果; 4. 员工当期绩效考核最终得分在本部门中的排序以及等级评定结果; 5. 员工追加岗位津贴和绩效奖金的发放比例与额度; 6. 申请绩效考核复议的渠道和流程
部门主管		1. 在对考核结果做出积极的正面评价的同时充分肯定员工付出的努力; 2. 与员工共同分析本次考核获得积极评价的工作过程和具体原因; 3. 与员工共同分析可以进一步做出努力或改进的工作内容; 4. 与员工共同研讨在接下来的工作中可以达成的新的或更高的工作目标; 5. 向员工做出实现新的工作或更高的工作目标后的意向性或具体化的奖励承诺; 6. 形成绩效反馈面谈记录,用于后续追踪与检查	1. 在对考核结果做出消极的负面评价的同时并不完全否定员工付出的努力; 2. 向员工解释和说明其考核获得消极评价的判断标准与具体原因; 3. 帮助员工分析工作技能和工作态度上存在的问题; 4. 指导员工如何提升工作技能和调整工作态度; 5. 向员工做出必要的帮助其提升工作技能和调整工作态度的培训承诺; 6. 与员工设置新的、更符合实际的工作目标; 7. 向员工做出实现新的、更符合实际的工作目标后的意向性或具体化的奖励承诺; 8. 形成绩效反馈面谈记录,用于后续追踪和检查

表 4-5　2014 年年中员工绩效考核等级分布情况

部门	员工考核等级分布				
	优秀	良好	合格	需要改进	不合格
市政建设部	3 人	4 人	7 人	1 人	1 人
工程咨询部	3 人	5 人	8 人	2 人	1 人

从第二次深度访谈的结果来看，在采用激发型和协整型绩效反馈模式对 2014 年年中绩效考核的结果进行有效反馈后，我们发现：

首先，获得优秀、良好与合格考核等级的 30 名员工普遍表示：①通过绩效反馈既获得了工作能力上的肯定，也获得了更明确的工作目标；②在"为什么获得积极绩效评价"的问题上与部门主管达成了比较一致的认识，也逐渐清楚部门主管对员工进行绩效评价的基本原则；③部门主管对员工在工作过程中需要进一步完善和提高的地方所做的分析是比较准确和中肯的；④公司开始关注青年员工的职业成长，并做出了相应的承诺；⑤员工更加相信自己可以在现行的绩效考核体系下获得令人满意的评价。

其次，即使是获得需要改进与不合格考核等级的 5 名员工也表示：①部门主管对待绩效考核的态度发生了可喜（或令人满意）的变化；②员工从反馈中明白了部门主管评价员工工作绩效的基本原则；③部门主管对员工在工作中存在的问题做出了比较准确和中肯的分析，有效地帮助员工分析了原因，找到了办法；④部门主管在收集绩效考核信息的过程中应该是比较认真负责并且公平公正的，否则他们无法令人信服地指出员工在工作中存在的问题；⑤部门主管让员工相信，经过必要的自身努力和公司培训，是能够克服各种苦难的，他们会在这个过程中提供有效的指导和帮助。

除此之外，两个部门的共计 7 名主管则针对员工在 7~9 月份的工作态度和行为表示：①员工在面谈式反馈后，没有任何人提出申诉，也基本没有人在面谈的过程中或后续的工作中抱怨或发牢骚；②员工对待工作更加积极主动，干劲更足；③员工在工作中显得信心十足，并且更愿意接受主管的指导；④员工普遍认为部门主管对其做出的考核是公平公正的；⑤获得消极评价的员工不会恶意针对那些获得积极评价的员工；⑥获得消极评价的员工不会与同事推诿可能产生任务交叉和职责重叠的工作，也不会面对不好的工作结果时推卸本属于自己应承担的责任；⑦获得积极评价的员工更愿意在工作中主动帮助其他同事，也不会为了获取利益而与其他同事进行恶性竞争。

基于上述采用激发型反馈和协整型反馈后发生在市政建设部和工程咨询部的相关事件，我们可以基本确定：激发型反馈会对新生代知识型员工的自我效能感产生正向影响，进而有效抑制其反生产行为；而协整型反馈会对新生代知识型员工的考核公平感产生正向影响，进而有效抑制其反生产行为。所以，本书提出的假设 4-1b 得到部分验证，假设 4-2b、假设 4-2c、假设 4-3b 以及假设 4-3c 也得到一定程度的验证。

4.4　绩效反馈模式与新生代知识型员工反生产行为的实证研究

如上所述，本书虽然建构了一个新生代知识型员工绩效反馈对反生产行为的影响机制模型,并采用实验型案例研究的方法对该模型进行了经验性的检验,但是这还远远不能保证该模型建构的科学性和有效性。因此,接下来我们将采用实证研究的方法进一步检验该模型以及相关研究假设。

4.4.1 实证研究的工具与数据收集

本书在进行测量工具的选择时,主要以现有文献中的成熟量表为基础:①对于自我效能感的测量,我们采用 Chen 等(2011)开发的研究工具,并根据实际对原量表进行了适当的删减,最后保留了总计 5 个测量题项。②对于考核公平感的测量,我们借鉴了 Joy 和 Witt(1997)开发的研究工具,最后保留了总计 6 个测量题项。③对于新生代知识型员工反生产行为的测量,我们在本书第 2 章相关结论的基础上,借鉴了 Yang 和 Diefendorff(2009)基于中国组织情境开发的研究工具,并根据实际对原量表进行了适当的删减,最后保留了总计 6 个测量题项。④对于绩效反馈的测量,我们通过翻译 Cleveland 等(2004)开发的研究工具,最后保留了测量放任型绩效反馈的 3 个题项,测量耗散型绩效反馈的 3 个题项,测量协整型绩效反馈的 3 个题项,以及测量激发型绩效反馈的 3 个题项。

2016 年 1 月至 3 月,我们共发放 400 份调查问卷,回收 329 份,在筛除不合格问卷后共获得有效问卷 266 份,有效问卷回收率为 66.5%。调查样本的基本情况如下:男性样本占据绝大多数,达到 67.3%;30 岁以下的样本超过样本总数的一半,达到 56.4%;本科及以上学历的样本超过样本总数的一半,达到 81.6%;并且近 80%的员工在本单位工作的时间超过 3 年。除此之外,在对数据进行分析之前,我们首先检验了所有量表的信度和效度。如表 4-6 所示,我们采用内部一致性信度 Cronbach's α 系数来判定量表的信度水平,结果显示各量表的内部一致性信度系数在 0.76~0.88,这表明所有量表有较高的信度。

表 4-6 量表的信度和收敛效度检验

变量	测量题项	标准化系数	t 值	Cronbach's α 系数
自我效能感	如果我尽力去做,我总是能够解决问题的	0.56	10.11	0.87
	我自信能有效地应付任何突发的事情	0.62	9.79	
	如果我付出必要的努力,我一定能解决大多数难题	0.55	12.23	
	有麻烦的时候,我通常能想到一些应付的方法	0.68	10.46	
	无论什么事在我身上发生,我都能应付自如	0.72	11.15	
考核公平感	绩效考核的结果公平地反映了我过去的工作	0.59	15.21	0.88
	我得到的薪酬和待遇是合理的	0.62	10.39	
	我获得的报酬科学地反映了我对组织的贡献	0.76	9.03	
	主管是在收集了我的完整绩效信息后才对我进行考核的	0.69	13.28	
	我的报酬分配计划在标准上是公平的	0.73	14.22	
	绩效考核的过程和程序是公平的	0.76	10.19	

续表

变量	测量题项	标准化系数	t值	Cronbach's α 系数
反生产行为	为某些利益而和同事进行恶性竞争	0.67	13.28	0.85
	工作时间利用互联网等途径从事私人商业活动	0.71	14.27	
	将团队或部门一起完成的工作算到自己一个人身上	0.59	15.16	
	利用公司的各种资源满足私人需要、达成私人之便	0.66	16.22	
	独享与工作任务有关的信息或资源,不协作、不融入团队	0.63	10.17	
	抵制与公司各项改革有关的新制度或新安排	0.72	9.77	
放任型	绩效反馈仅仅只是一种告知考核结果的形式	0.76	10.28	0.79
	绩效反馈就是让我们知道自己的工作存在问题	0.63	15.16	
	绩效考核的结果是判断谁优谁劣的依据	0.67	12.28	
耗散型	绩效反馈没有对我未来的工作提供必要的指导	0.68	10.87	0.77
	绩效反馈没有帮助我真正发现我在工作中的优势	0.59	15.29	
	绩效考核的结果仅仅只与薪酬水平相关	0.63	13.18	
协整型	绩效反馈帮助我识别自身的培训需求	0.72	11.26	0.80
	绩效反馈提供了清晰的涉及考核过程的相关信息	0.65	10.16	
	绩效考核使得我明确公司对我的要求	0.71	9.79	
激发型	绩效反馈帮助我识别自身的工作优势	0.65	14.27	0.76
	绩效反馈为我提供了清楚的个人发展目标	0.62	15.16	
	绩效考核与我的职业发展关系密切	0.63	14.66	

接下来,我们首先对各量表进行了验证因子分析,结果如表 4-6 所示,所有指标在各自因子上的载荷都大于 0.55,t 值分布在 9.03~16.22($P<0.001$),这表明各量表具有充分的收敛效度。而对于区分效度,我们采用因子平均方差抽取量(average variance extracted,AVE)的平方根和该因子与其他变量之间的相关系数的比较来进行判定。如表 4-7 所示,各变量的 AVE 平方根远远大于它们与其他变量的相关系数,这表明量表具有较好的区分效度。

表 4-7 表的区别效度检验

	1	2	3	4	5	6	7
放任型反馈	(0.912)						
耗散型反馈	0.29	(0.909)					
协整型反馈	−0.31	0.26	(0.926)				
激发型反馈	−0.19	−0.22	0.31	(0.931)			
自我效能感	−0.21	−0.15	0.22	0.12	(0.922)		
考核公平感	−0.13	−0.29	0.28	0.23	0.12	(0.928)	
反生产行为	0.22	0.15	−0.18	−0.25	−0.26	−0.16	(0.938)

注:对角线上括号内的数字代表对应变量 AVE 值的平方根,其他数字均代表相关系数。

4.4.2 数据分析与假设检验

1. 描述性统计分析

通过计算,放任型绩效反馈的均值 MD = 3.37,标准差 SD = 0.82,将其分成高分组和低分组,高分组的均值为3.92,低分组的均值为2.63;耗散型绩效反馈的均值 MD = 3.58,标准差 SD = 0.76,将其分成高分组和低分组,高分组的均值为4.12,低分组的均值为3.01;协整型绩效反馈的均值 MD = 3.11,标准差 SD = 0.85,将其分成高分组和低分组,高分组的均值为3.73,低分组的均值为2.51;激发型绩效反馈的均值 MD = 3.07,标准差 SD = 0.81,将其分成高分组和低分组,高分组的均值为3.69,低分组的均值为2.78。接下来,我们分别对它们进行了相应的方差分析,结果如表 4-8 所示:四种不同类型的绩效反馈模式的高分组和低分组均存在显著差异。

表 4-8　不同类型绩效反馈模式高低分组的方差分析

绩效反馈模式	按均值分组	均值	标准差	Sig
放任型反馈	高	3.92	0.36	<0.001
	低	2.63	0.32	
耗散型反馈	高	4.12	0.28	<0.001
	低	3.01	0.21	
协整型反馈	高	3.73	0.33	<0.001
	低	2.51	0.31	
激发型反馈	高	3.69	0.29	<0.001
	低	2.78	0.22	

与此同时,通过如表 4-9 所示的描述性统计分析,我们还发现了一些很有意思的现象:第一,从整体来看,员工认为耗散型反馈和放任型反馈在绩效反馈实践中占据了较大的比例,二者分别达到 40.6%和 22.6%;而与之对应的协整型反馈和激发型反馈的比例却分别只有 15.8%和 21.1%,这在一定程度上说明了目前国内企业开展绩效反馈工作的基本现状。第二,通过比较相关数据发现,针对中层管理者,采用协整型反馈和激发型反馈的比例较高,分别达到 34.5%和 31.0%;针对一般职员,采用放任型反馈的比例最高,达到 43.2%;针对技术研发岗位的员工,采用激发型反馈的比例最高,达到 71.8%;针对生产运营岗位的员工,采用耗散型反馈的比例最高,达到 57.1%。第三,通过比较相关数据发现,采用放任型反馈的比例最高的是一般职员,达到了 43.2%;采用耗散型反馈的比例最高的是生产运营岗位的员工,达到了 57.1%;采用协整型反馈的比例最高的是中层管理者,达到了 34.5%;采用激发型反馈的比例最高的是技术研发岗位的员工,达到了 71.8%。这种反馈模式上的差异,在一定程度上反映了在不同岗位工作的员工的工作属性和价值。

表 4-9　不同类型绩效反馈模式的描述性统计分析

	放任型反馈 $N=60$，22.6%	耗散型反馈 $N=108$，40.6%	协整型反馈 $N=42$，15.8%	激发型反馈 $N=56$，21.1%	合计 $N=266$
中层管理	$N=3$ 10.3%	$N=7$ 24.1%	$N=10$ 34.5%	$N=9$ 31.0%	$N=29$ 100%
一般职员	$N=16$ 43.2%	$N=6$ 16.2%	$N=7$ 18.9%	$N=8$ 21.6%	$N=37$ 100%
技术研发	$N=2$ 5.1%	$N=3$ 7.7%	$N=6$ 15.4%	$N=28$ 71.8%	$N=39$ 100%
生产运营	$N=39$ 24.2%	$N=92$ 57.1%	$N=19$ 11.8%	$N=11$ 6.8%	$N=161$ 100%

2. 方差分析和回归分析

首先，我们采用方差分析的方法检验假设 4-1a，如表 4-10 所示：方差分析的 F 值检验均达到显著水平，说明在不同类型的绩效反馈模式下，员工的反生产行为以及自我效能感和考核公平感均存在显著差异。此外，比较相关数据后发现：与协整型反馈（MD = 3.03）和激发型反馈（MD = 3.11）相比，员工在放任型反馈（MD = 3.42）和耗散型反馈（MD = 3.36）中表现出较多的反生产行为，因此假设 4-1a 得到相应的验证。与此同时，与协整型反馈和激发型反馈相比，员工在放任型反馈和耗散型反馈中的自我效能感显然较低（MD = 2.66/2.78 < MD = 3.51/3.17），考核公平感也显然较低（MD = 2.13/2.32 < MD = 3.28/3.69）。

表 4-10　不同类型绩效反馈模式对应的结果变量的差异检验

结果变量	分析指标	绩效反馈模式				方差分析
		放任型	耗散型	协整型	激发型	
自我效能感	均值	2.13	2.32	3.28	3.69	16.15***
	标准差	0.72	0.76	0.83	0.81	
考核公平感	均值	2.66	2.78	3.51	3.17	12.32***
	标准差	0.73	0.82	0.76	0.79	
反生产行为	均值	3.42	3.36	3.03	3.11	8.16**
	标准差	0.68	0.73	0.71	0.76	

注：**表示在 $P<0.01$ 水平显著，***表示在 $P<0.001$ 水平显著。

接下来，我们采用了层次回归的方法检验不同类型的绩效反馈模式对员工自我效能感和考核公平感以及反生产行为的影响。如表 4-11 所示，第一，除了放任型反馈对反生产行为的影响不显著，耗散型反馈对反生产行为有显著的正向影响（$\beta=0.16$，$P<0.01$），协整型反馈对反生产行为有显著的负向影响（$\beta=-0.18$，$P<0.01$），激发型反馈对反生产行为有显著的负向影响（$\beta=-0.15$，$P<0.01$），因此假设 4-1b 只得到部分验证。第二，除了耗散型反馈对员工自我效能感的影响不显著，放任型反馈对自我效能感有显著的负向影响（$\beta=-0.13$，$P<0.05$），因此假设 4-2a 只得到部分验证；此外，协整型绩效反馈对自我

效能感有显著的正向影响（$\beta = 0.11$，$P<0.05$），激发型反馈对自我效能感有显著的正向影响（$\beta = 0.18$，$P<0.01$），因此假设 4-2b 得到验证。第三，放任型绩效反馈对考核公平感有显著的负向影响（$\beta = -0.16$，$P<0.05$），耗散型绩效反馈对考核公平感有显著的负向影响（$\beta = -0.12$，$P<0.05$），因此假设 4-3a 得到验证；此外，激发型绩效反馈对考核公平感有显著的正向影响（$\beta = 0.17$，$P<0.01$）；但是，协整型绩效反馈对考核公平感有显著的负向影响（$\beta = -0.23$，$P<0.01$），这一点与我们的理论假设存在一定的差异，因此假设 4-3b 也只得到部分验证。

表 4-11　不同类型绩效反馈模式对中介和结果变量的层次回归分析

	第一步	第二步			第三步	
	反生产行为	自我效能感	考核公平感	反生产行为	反生产行为
性别	0.14	0.12*	−0.13	0.22	0.11
年龄	0.20	0.19	0.12*	0.22	0.17
教育水平	−0.27*	−0.13	−0.16**	−0.11*	−0.17*
婚姻状况	0.13	0.16	0.19	0.13	0.21
任职年限	−0.15*	−0.12	−0.17	0.13*	0.16*
放任型	0.13	−0.13*	−0.16*	—	0.15
耗散型	0.16**	−0.16	−0.12*	—	0.13**
协整型	−0.18**	0.11*	−0.23**	—	−0.11*
激发型	−0.15**	0.18**	0.17**	—	−0.12*
自我效能感	—	—	—	−0.16**	−0.18**
考核公平感	—	—	—	−0.18**	−0.20**
R^2	0.276	0.227	0.302	0.309	0.336
F	22.136***	18.327***	20.127***	32.121***	36.766***

注：*表示在 $P<0.05$ 水平显著，**表示在 $P<0.01$ 水平显著，***表示在 $P<0.001$ 水平显著。

最后，为了检验自我效能感和考核公平感在绩效反馈模式影响反生产行为过程中的中介作用，我们采用 Baron 和 Kenny 提出的相应方法对其进行判定。如表 4-11 所示：首先，自我效能感对反生产行为具有显著的负向影响（$\beta = -0.16$，$P<0.01$），并且当自我效能感和不同类型的反馈模式一起进行回归分析后，它与反生产行为依然显著负相关（$\beta = -0.18$，$P<0.01$）。在此过程中，除了放任型反馈，耗散型反馈依然与反生产行为正相关，协整型反馈和激发型反馈依然与反生产行为显著负相关，但是回归系数有所下降；此外，由于耗散型反馈对自我效能感的影响不显著，所以只能判定自我效能感在协整型反馈和激发型反馈影响员工反生产行为的过程中起到部分中介作用，因此假设 4-2c 只得到部分验证。其次，考核公平感对反生产行为具有显著的负向影响（$\beta = -0.18$，$P<0.01$），并且当考核公平感和不同类型的反馈模式一起进行回归分析后，它与反生产行为依然显著负相关（$\beta = -0.20$，$P<0.01$）。在此过程中，除了放任型反馈，耗散型反馈依然与反生产行为正相关，协整型反馈和激发型反馈依然与反生产行为显著负相关，但是回归系数有所下降，因此假设 4-3c 也只得到部分验证。

4.5 管理启示和政策建议

本书选择新生代知识型员工作为研究对象,基于反馈效价的视角,采用二维四分图法将反馈内容和反馈目的进行有机整合,进而探索了放任型、耗散型、协整型和激发型四种绩效反馈对新生代知识型员工反生产行为的影响机制。具体而言,在建构新生代知识型员工的绩效反馈影响其反生产行为的理论模型的过程中,我们首先采用结构紧张理论和压力-情绪模型解释了不同类型的绩效反馈对新生代员工反生产行为的直接影响;然后利用认知评价理论和资源保护理论解释了放任型反馈和激发型反馈通过员工自我效能感作为中介变量,影响其反生产行为的具体机制;最后利用期望落差理论和社会交换理论解释了耗散型反馈和协整型反馈通过员工考核公平感作为中介变量,影响其反生产行为的具体机制。

基于纵向的实验型案例研究以及后续的实证研究,我们对上述理论模型进行了检验并发现:放任型绩效反馈和耗散型绩效反馈会对新生代知识型员工的自我效能感和考核公平感产生负向影响,进而促进其反生产行为;与此同时,协整型绩效反馈和激发型绩效反馈会对新生代知识型员工的自我效能感和考核公平感产生正向影响,进而有效抑制其反生产行为。

4.5.1 管理启示

随着越来越多的90后新生代求职者步入职场,很多企业中的员工年龄结构也悄然发生着改变。前程无忧招聘网站发布的《2013年离职与调薪调研报告》称,企业中85后员工的比例越高,其平均离职率也会越高;而企业中85后员工所占比例达到70%以上,员工的离职率更是会高达21.9%。虽然雇主和社会大众普遍认为新生代员工离职率相对较高的原因是更注重自我实现,职业观念复杂多变,对企业的忠诚度较低,稳定性相对较差等。但是,从《2013年离职与调薪调研报告》发布的统计数据来看,新生代员工主动离职的最重要的三个真正原因是对薪酬福利不满意、绩效考核体系缺乏公平公正性以及难以获得技能提升和良好的职业发展空间。由此可见,为了创建一支相对稳定的新生代员工队伍,提高绩效考核的公平与公正性是一个不可或缺的因素。然而,现在的很多企业虽然重视绩效考核,但是却把精力过分地放在了如何提高考核精度与降低考核偏差这两个问题上,却忽视了基于绩效考核进行科学有效的绩效反馈。事实上,这种"重考核形式、轻反馈实质"的绩效管理体系,直接导致了员工对考核公平感的认知较差,也很难基于考核获得技能提升和职业发展的空间。所以,本书的一个重要管理启示就是,只有考核与反馈两手都要抓,并且两手都过硬的企业,才能真正为新生代员工创造一个科学的绩效管理体系。

当然,现在有关绩效反馈的很多理论与实证研究还是基于西方的文化情境展开的,考虑到员工的思想观念以及企业内部的管理体制等差异,在将西方的研究运用到中国企业的过程中,必须考虑文化的适应性问题。例如,"中庸之道"和"仁义礼信"在中国传统文化中占据了极其重要的地位,但是Ralston等(1999)以年龄为自变量来考察中国新生代员工的个人主义倾向以及儒家思想时却发现,新生代员工更加独立、敢于冒险,有较强的个人主义倾向,集体主义和儒家思想则相对淡薄。事实上,过去的中国企业往往基于中国人的"传统性"将绩效反馈看成是一件很敏感、很困难的事情，因此往往采用过分谨慎甚至是回避问题的态度来对待它。实际上，新生代员工本身对"传统性"就提出了挑战，他们渴望从绩效反馈中得到更多的有用信息，以帮助自己实现理想和创造成就。目标设置理论和控制论都强调了绩效的改进需要具体的目标和具体的反馈，这意味着仅仅向员工提供考核的结果是远远不够的，绩效改进依赖于管理者使用反馈去设置绩效改进的目标并监督他们在趋近这些目标进展等方面的程度。因此，企业应该在绩效反馈的过程中尽可能充分地为员工提供有助于他们提高工作技能和促进职业发展的知识与信息。

然而，为了提高绩效反馈的信息量和公平性，现在有一些企业在绩效反馈的过程中基于360度考核建立起了360度反馈体系。但是，360度反馈的核心不在于反馈源（即反馈主体）究竟有多少，而在于反馈过程中反馈源与反馈对象之间的交互作用。换言之，反馈源如何与反馈对象之间建立起相应的信任机制，从而使反馈对象相信并接受反馈信息，从而达到有效激发反馈对象的积极态度与行为，控制反馈对象的消极态度与行为，才是360度反馈体系建构要解决的核心问题。基于本书的相关理论和案例研究成果来看，如果反馈源是领导或组织本身，那么只有反馈源以帮助反馈对象实现有效发展（包括技能提升和职业发展）为目的，采用激发型绩效反馈或协整型绩效反馈，才可能获得反馈对象的"信任"，从而有效控制其出现各种消极的态度和行为。尤其是对于新生代员工而言，由于他们的工作和生活价值观中有更多的追求公平、自主、独立以及成就的基因，以及相应的领地意识和自尊心，但是他们往往又缺乏抗逆和自我约束的能力。因此，从有效控制新生代员工反生产行为的角度来看，领导或组织应该尽量少采用以评估为目的的放任型绩效反馈和耗散型绩效反馈，从而避免员工因自我效能感与考核公平感的降低而表现出反生产行为。

4.5.2 政策建议

绩效反馈的四个基本目标：一是使员工和管理者对考核结果产生一致且比较科学的看法；二是使员工对考核过程与结果的公平性有良好感知；三是使员工获得绩效保持或者绩效改进的具体建议；四是使员工和管理者以绩效反馈为基础形成相应的心理契约。因此，在进行绩效反馈的过程中，管理者应该围绕这四个基本目标来组织信息，尽可能多地通过反馈面谈的形式对员工进行协整型反馈和激发型反馈，并尽量避免对员工进行简单粗暴式的放任型反馈和耗散型反馈。

然而，在企业管理的实践过程中，除了组织及其代理人会向员工进行绩效反馈外，员工自身还会主动进行反馈寻求。那么，这种反馈寻求的行为会受到哪些因素的影响呢？之所以这个问题很重要，是因为：既然组织提供的绩效反馈会对新生代知识型员工的反生产行为产生影响，那么员工自主的反馈寻求行为势必也会对其反生产行为产生影响，所以搞清楚影响员工反馈寻求行为的主要因素，能够帮助员工提升其反馈寻求行为的质量，进而对其反生产行为产生积极的抑制作用。

第 5 章　组织伦理气氛与新生代知识型员工反生产行为

在第 3 章的研究中，我们基于资源保护理论和社会认知理论，对个体人格特质影响新生代知识型员工反生产行为的发生机制及其边界条件进行了相应的探索，即分析了团队伦理气氛和组织公正这两个重要的组织情境变量与个体人格特质的交互作用。虽然通过上述研究，我们明确了团队层次的伦理气氛对新生代知识型员工反生产行为的重要影响，但是我们认为仍有几个重要的问题尚未厘清：第一，如果将伦理气氛视为个体层次的变量，即从员工感知到的团队伦理气氛这个角度入手，它对新生代知识型员工反生产行为的影响依然显著吗？第二，如果按照本书在第 2 章中对新生代知识型员工反生产行为的维度划分，而不是简单地按照组织指向和人际指向这两个维度来划分，那么团队伦理气氛的感知对反生产行为的影响效果会发生怎样的变化呢？第三，对团队伦理气氛感知的各个维度（即不同类型的团队伦理气氛感知）在影响新生代知识型员工反生产行为的过程中究竟谁的作用更明显、更强烈呢？

为了进一步解决上述三个重要问题，我们将在本章中对团队伦理气氛感知与新生代知识型员工反生产行为之间的关系进行更深入和细致的研究。

5.1　理论基础和研究假设

5.1.1　组织文化和组织伦理气氛

反生产行为的提出改变了人们将周边绩效等同于积极角色外行为的片面认知，因此对于拓展角色外行为研究的系统性和全面性具有重要意义。然而，正如国内学者张建卫和刘玉新（2008）所言：开展员工反生产行为研究的根本目的就在于找出其产生的原因，从而通过有效的控制手段降低其对组织的危害性。虽然西方学者 Robinson 和 Greenberg（1998）以及 Martinko 等（2002）都大致把影响反生产行为的前因变量区分为个体差异和组织情境两大类，但是从过去的研究情况来看，绝大多数文献几乎都集中在对个体差异及其内部心理过程的探讨上，而对导致个体相应内部心理反应的群体与组织层面的特征缺乏足够的重视（Lee and Allen，2002）。因此，从组织层面去挖掘影响员工反生产行为的前因变量，是现在和未来研究反生产行为的重点所在。尤其是对于新生代知识型员工而言，我们认为他们通常都是崇尚自我、漠视权威，并且对正式的组织控制极为排斥和反感的，那么遵循这一逻辑，组织层面的要素对其态度和行为的影响究竟应该是更强还是更弱呢？这显然需要通过相应的理论和实证研究加以探索。

事实上，从组织层面来看，Trevino（1986）、Wiener（1988）、Wiener 和 Vardi（1990）以及 Hatch（1993）等学者都认为：组织中的个体行为会受到在整个组织的价值体系中居于核心位置的组织文化的强烈影响。与此同时，我们注意到一些学者近年来对组织文化和组织气氛间关系的比较性与整合性研究，例如，Denison（1996）提出：虽然组织气氛是一个在概念上与组织文化非常接近并且从属于组织文化的研究对象，但是由于组织文化通常具有某些更深层次的、意识不到的内涵，而组织气氛却意味着某些组织成员处理具体问题的方式和方法，所以组织气氛相对于组织文化更具体且更具操作性，因此对组织气氛的研究往往更适合于应用心理学和行为科学的相关领域。换句话说，组织气氛是一种比组织文化更容易准确测量的组织情境特征（Isaac，1993）。所以从研究的可操作性角度来看，组织气氛对个体行为的影响要比组织文化对个体行为的影响更具有研究价值。

需要说明的是，从 20 世纪 80 年代开始，作为对组织整体气氛研究的不断深化，各种特定类型的组织气氛开始逐渐引起了学者的广泛关注，如与创新行为有关的组织创新气氛，与服务行为有关的组织服务气氛，以及与员工伦理行为有关的组织伦理气氛等。Trevino 和 Youngblood（1990）对不道德决策行为进行研究时发现，组织伦理气氛是影响员工进行道德决策的首要因素，他们认为员工的伦理行为与组织的伦理环境密切相关，而组织伦理气氛则是组织伦理环境的体现；Murphy（1993）也提出组织伦理气氛是影响员工不道德行为的重要因素，并发现如果组织的伦理气氛发生改变，发生在销售人员身上的与伦理有关的行为也会随之改变。除此之外，还有很多学者都证实了组织伦理气氛与员工不道德行为之间存在显著相关性（Deshpande，1996；Wimbush et al.，1997；Fritzsche，1997；Deshpande et al.，2000）。所以基于对这些文献的分析，我们认为可以将组织伦理气氛与员工伦理行为间关系的研究借鉴或者说扩展到员工反生产行为的层面上（当然，这种研究的可行性及其价值在本书的第 3 章研究内容中就已经有所体现），而这种借鉴和扩展也为我们在组织层面研究组织文化对反生产行为的影响提供了一个全新的视角和有效的途径。

5.1.2 理论基础：社会控制理论

Hollinger 和 Clark（1982）基于社会控制理论对员工反生产行为的早期研究就证明了组织文化对员工反生产行为的影响作用，他们根据社会控制理论提出：个体在组织中的行为会受到来自两方面力量的影响：一方面，组织成员会自觉地把其在社会生活中所积习的群体规范部分的内化用以约束和检点自己的行为，从而形成相应的内部控制机制；另一方面，组织成员的行为也需要通过各种外在力量加以调整和修正，即依靠所谓的外部控制机制。外部控制与内部控制的界限是相对的，两者可以相互渗透和转化。对于正式组织而言，管理者要解决的主要问题就是外部控制机制的建立及其实施问题。从外部控制的形式来看，主要有正式控制和非正式控制两种。正式控制就是科层控制或制度控制，是以管理者的权威（legal-rational authority）为基础，通过如解雇、降职以及停职等硬性的规章制度和管理规范对组织成员的行为进行控制（或者说奖惩）；而非正式控制就是"软控制"，是特定组织内的组织成员间的相互影响和共同认知为核心基础，通过人们对某一事务（或事件和行为）的具体反应所产生的交互作用对组织成员的行为进行控制。

Hollinger 和 Clark（1982）认为，毋庸置疑，正式控制（即规章制度）对于减少员工的反生产行为具有显著作用，但是非正式控制更是意义重大。虽然 Hollinger 和 Clark 并没有在其研究中明确指出组织文化就是非正式控制的最主要形式，但是 Barker（1993）的后续研究却说明了组织文化作为一种非正式控制手段的重要价值和意义。Barker（1993）基于近十年来管理实践界出现的种种新迹象，提出协和控制将是继科层控制后最有效的组织控制方式。按照 Barker 的观点，协和控制不是管理者对被管理者发号施令或者强制执行，而是让被管理者在自行决定应当通过什么方式才能更好地达成自我和组织目标的过程中逐渐形成某种共识与默契，也就是共有的价值观和组织文化，然后依靠这种共有的价值观和组织文化对员工行为进行管理与控制。由此可见，非正式控制也好，协和控制也罢，其核心内容都是组织文化。张志学等（2006）认为，在环境变化迅速的今天，组织文化往往比规章制度具有更强的适应性和更好的控制效果。首先，当今企业员工的受教育程度越来越高，也越来越追求自主性，所以依靠制度进行强制化约束越来越不合时宜；其次，文化的弹性和无处不在的特点使得员工能够自主并自发地参与解决组织所面临的问题，从而避免了制度控制的后摄性和回应性缺陷。

基于此，我们认为社会控制理论给组织伦理气氛和新生代知识型员工反生产行为之间关系的研究提供了一个非常重要的理论基础，接下来我们将基于该理论对组织伦理气氛的各个维度与新生代知识型员工反生产行为之间的关系进行理论推导并提出相应的研究假设。

5.1.3 研究假设：理论推导

Victor 和 Cullen（1987）认为组织伦理气氛既是组织在处理伦理问题上的特征，也是组织成员在什么是符合伦理的行为和应该如何处理伦理问题两方面所形成的共同认知。后继的研究者一致认为，他们所定义的组织伦理气氛不是用来直接测量组织本身的道德或伦理水平高低的，而是对组织内占主导地位的伦理思维模式进行评估和描述的。换言之，组织伦理气氛是指组织成员在工作情境中面对他人和组织进行决策时所采用的主导性思维模式，这种思维模式会从整体上影响个体对待"与伦理有关的问题"的态度、信念、动机和行为。

组织伦理气氛可以根据伦理标准与分析取向来进行分类，伦理标准和分析取向各自又有三个维度，这样就形成了一个如表 5-1 所示的 3×3 的矩阵（Victorand Cullen，1987）。因此，从理论上来看，组织伦理气氛可能有九种类型或者说有九个维度。根据这一理论研究成果，Victor 和 Cullen（1988）开发了组织伦理气氛问卷，用以分析组织成员对于组织特定伦理气氛的认知状况。他们对来自不同类型企业的 822 名员工进行了实证研究，通过因素分析证明了上述九种组织伦理气氛中的五种的确存在于各种类型的组织中，即自利导向、关怀导向、独立导向、规则导向、法律与法规导向的组织伦理气氛。

表 5-1 理论上推导出的九种组织伦理气氛类型

		分析取向		
		个人	组织	世界
伦理标准	利己主义	自利 （自利导向）	公司利润 （自利导向）	效率
	利他主义	友谊 （关怀导向）	团队利益 （关怀导向）	社会责任
	主题主义	个人道德 （独立导向）	公司规则和程序 （规则导向）	法律和职业规范 （法律与法规导向）

资料来源：根据 Victor 和 Cullen（1987）的研究结果翻译和整理而得。

Victor 和 Cullen 开发的组织伦理气氛问卷被很多研究证明具有较高的信度和效度，到目前为止，共有 30 多项研究使用了他们设计的调查问卷。虽然该问卷在不同文化、不同国家、不同行业和不同性质的组织中都具有较好的稳定性，但是经过实证研究所得出的组织伦理气氛的类型却并不是固定的。从总体上来看，组织伦理气氛的结构和测量呈现出两大特点：首先，虽然不同的研究者在实证结果中得出的组织伦理气氛类型并不固定，但是几乎在所有的实证研究中，都有三种类型的组织伦理气氛始终得到了验证，它们分别是自利导向、关怀导向和规则导向的组织伦理气氛；其次，从分析取向上来看，世界取向上的组织伦理气氛在实证中表现得很不稳定。因此，本书将从自利导向、关怀导向和规则导向三个维度来研究组织伦理气氛，即我们只关注自利导向的组织伦理气氛、关怀导向的组织伦理气氛和规则导向的组织伦理气氛对新生代知识型员工反生产行为的影响作用。

1. 自利导向的组织伦理气氛对新生代知识型员工反生产行为的影响

根据社会学习理论，人们会通过观察他人的行为结果来决定是否学习或者模仿该行为，缺乏社会经验和阅历的年轻人更是如此。如果组织内部形成了以自利为导向的伦理气氛，那么新生代知识型员工在进行与伦理问题有关的行为决策时就会认为"自利"是组织内占主导地位的思维模式，因此也就是一种符合群体规范的价值取向。于是，他们的大多数行为决策首先想到的就是如何实现个人利益的最大化，他们通常不会考虑自己的行为可能给他人或组织造成怎样的影响，并且很容易为了自己的利益而牺牲他人、团队以及组织的整体利益。

Horning（1970）在对制造业内蓝领工人的偷窃行为进行研究时发现，如果组织成员都从满足自身利益的角度出发将某些公共财产看成是"所有权不确定的东西"，那么将那些被定义为"所有权不确定的"的公共财产据为己有的偷窃行为就会在组织中肆意蔓延。可以想象，如果组织中的绝大多数员工几乎都不考虑自己的行为给他人、团队以及组织所带来的负面影响，那么就会给新生代知识型员工带来强烈的负面影响（即树立一个很不好的榜样），于是其行为受到自我约束的可能性就将大大下降，因此出现反生产行为的可能性也就大大提升。例如，Kwok 等（2005）的一项研究就证实了"当组织中有众多自利的老员工通过违反组织规范的行为获得了相应的利益时，年轻人很容易就会纷纷效仿"。因此，我们提出如下研究假设。

假设 5-1：自利导向的组织伦理气氛与新生代知识型员工反生产行为的各个维度之间存在显著的正相关关系，即组织伦理气氛的自利导向越强，则反生产行为也就越多。

2. 关怀导向的组织伦理气氛对新生代知识型员工反生产行为的影响

如果组织内部形成了以仁爱和关怀为导向的伦理气氛，那么组织成员在进行与伦理问题有关的行为决策时就会认为"关注他人利益"是组织内占主导地位的思维模式，因此只有与同事和组织之间互助互爱才是一种符合群体规范的价值取向。于是，新生代知识型员工在进行各种决策时就会不仅仅只关心自己的利益实现，还会考虑那些受自己行为影响的利益相关者，并试图追求自我、团体以及组织整体利益的平衡。在关怀导向的组织伦理气氛下，看似独立自主、崇尚自我的新生代知识型员工由于彼此体谅和关怀，而产生了沟通与交流的可能性，这使得他们增进了彼此之间的情感，获得了从利益到心理上的各种满足。于是，他们一方面不再需要通过反生产行为来进行利益和心理补偿，另一方面也产生了控制自己出现反生产行为的强烈动机。事实上，根据社会交换理论和互惠原则，当员工从组织中获得了正向的心理体验时，他们就倾向于表现出积极的行为并且抑制自己的消极行为（Berkowitz and Connor，1966）。Loch 和 Conger（1996）的研究表明，组织伦理气氛中的仁爱和关怀导向与组织成员积极的伦理态度有着显著的正相关性，而当新生代知识型员工拥有积极的伦理态度时，他们出现反生产行为的可能性就会大大降低。因此，我们提出如下研究假设。

假设 5-2：关怀导向的组织伦理气氛与新生代知识型员工反生产行为的各个维度之间存在显著的负相关关系，即组织伦理气氛的关怀导向越强，则反生产行为也就越少。

3. 规则导向的组织伦理气氛对新生代知识型员工反生产行为的影响

如果组织内部形成了以规则为导向的伦理气氛，那么组织成员在进行与伦理问题有关的行为决策时就会认为"遵守规则"是组织内占主导地位的思维模式，因此只有严格按照既定的规章制度办事才符合群体规范的价值取向。于是，个体决策就会以组织原则和各种制度为准绳，严格遵守组织制定的相关行为规范和规章制度，执行组织命令。然而有必要说明的是，以规则为导向的组织伦理气氛和科层控制（即制度化控制）的本质区别在于：以规则为导向的组织伦理气氛是组织成员通过相互影响和交互作用而形成的在组织内占主导地位的思维模式和价值观，它属于一种非常有效的外部非正式控制形式，并且，这种非正式控制很可能被组织成员在一定程度上逐步内化为自我内部控制；但是，科层控制从本质上来看仅仅只是一种外部的正式控制，两者在控制效果上存在显著差异。Tim 和 Chery（2000）通过实证的方法研究了组织伦理气氛对组织成员的伦理判断和行为意图之间关系的影响。结果发现，强调社会责任、组织规则和职业操守的伦理气氛对个体的道德判断与行为意图间的关系具有显著的调节作用。具体来说，如果组织内部形成了以规则为导向的伦理气氛，那么即使是个体的伦理判断水平很低，也不容易出现反生产行为的意图和倾向。因此我们提出如下假设。

假设 5-3：规则导向的组织伦理气氛与新生代知识型员工反生产行为的各个维度之间存在显著的负相关关系，即组织伦理气氛的规则导向越强，则反生产行为也就越少。

5.2 实证研究：数据收集和信效度检验

5.2.1 研究工具

对组织伦理气氛的测量工具主要改编自一些成熟的问卷，具体而言：员工感知到的自利导向的组织伦理气氛参照 Victor 和 Cullen（1988）以及 Elm 和 Nichols（1993）的研究成果，采用 6 个题项进行测量，如"在我们公司，员工总是想从别人身上占点便宜"，等等；员工感知到的关怀导向的组织伦理气氛参照 Victor 和 Cullen（1988）以及 Elm 和 Nichols（1993）的研究成果，采用 5 个题项进行测量，如"在我们公司，员工之间都彼此互相关照"，等等；而员工感知到的规则导向的组织伦理气氛参照 Victor 和 Cullen（1988）的主要研究成果，采用 4 个题项进行测量，如"在我们公司，只有遵守规章制度的员工才能取得职业成功"，等等。上述问卷采用 Likert 五点计分的方式进行自我报告，评价的是员工对某种特定类型的组织伦理气氛的感知情况。

对新生代知识型员工反生产行为的测量采用第 2 章中针对中国文化情境的开发的量表，具体而言：贪墨侵占行为采用 15 个题项进行测量，如"利用职权或工作之便谋取私利""独占基于公司资源和平台实现的创新""找公司制度和规范上的漏洞，打擦边球"，等等；渎职怠惰行为采用 13 个题项进行测量，如"抵制或不愿意创新""只看重关系，不重视工作业绩""对自己的工作应付了事、得过且过"，等等；公司政治行为采用 11 个题项进行测量，如"对领导阿谀奉承、对同事严词恶语""不重视、不理睬同事所提出的意见和建议""给其他部门的同事制造工作障碍"，等等；而敌对破坏行为则采用 11 个题项进行测量，如"利用职权或工作之便打击或报复同事""拒不执行或拖延领导交代的工作任务""对同事进行过口头辱骂或人身攻击"，等等。

5.2.2 数据收集

我们对在成都、德阳、贵阳、深圳和北京的 29 家企业发放了 620 份问卷，最终收回 426 份问卷。在剔除 12 份填答不完整问卷和 8 名存在明显前后矛盾的调查问卷后，总计收回有效问卷 406 份，有效问卷的回收率为 65.48%。需要说明的是，我们在 2009 年曾经利用类似的量表进行过相应的数据收集，也发表过类似的研究成果。但是，当时的测量量表并不是针对新生代知识型员工开发的，并且一共有五个维度，包括工作怠惰、公司政治、渎职滥权、贪墨侵占和敌对破坏；而在新生代知识型员工反生产行为的结构维度中，工作怠惰和渎职滥权合并成了渎职怠惰行为。因此，本书既可以看成是利用不同的研究数据检验相同的研究假设；也可以看成是利用不同研究对象对同一研究问题进行的深入探索。当然，从本书的整体性来看，本章的研究内容实际上是对之前的研究中尚未解决的问题做出了相应的回答。

从整体上来看，本次数据收集涉及的 29 家企业中有 16 家国有企业、2 家外资企业和 11 家民营企业。所有调查样本（$N=406$）的统计特征如下：性别（男性 72.9%、女性 27.1%），年龄（22~25 岁占 15.3%、26~29 岁占 41.4%、30~33 岁占 39.9%、34~35 岁占 3.4%）、婚姻状况（已婚 66.2%、未婚 33.8%）、受教育程度（大学本科占 67.8%、研究生及以上占 32.2%）、工作部门（研发设计 22.6%、生产运营 15.8%、市场营销 21.8%、人力行政 30.6%、其他 9.2%）。

5.2.3 信度和效度检验

经检验，如表 5-2 所示：组织伦理气氛各分量表的内部一致性信度系数（Cronbach's α）分别为：0.878、0.892 和 0.906，这表明其具有较好的内部一致性信度。而在效度检验方面，考虑到本书认为组织伦理气氛主要由三个不同的维度构成，即自利导向、关怀导向和规则导向，所以我们利用结构方程模型对组织伦理气氛的三因素结构进行了验证性因子分析，并与可资比较的因素结构模型（通过合并相应的因素而获得的两因素模型和单因素模型）进行系统比对后发现，组织伦理气氛的三因素模型是最佳模型（$\chi^2/df = 2.816$，RMSEA = 0.032，GFI = 0.896），其各项拟合指标都明显优于两因素模型和单因素模型。并且在三因素模型下，所有项目的因子载荷均超过 0.65，这表明我们翻译和改编的组织伦理气氛测量量表具有较好的聚合效度与区分效度。

表 5-2 组织伦理气氛的测量维度及其信效度分析

	测量题项	因子载荷	Cronbach's α 值
自利导向	在我们公司，员工普遍把保护自己的个人利益看得很重要	0.76	0.878
	在我们公司，员工总是想从别人身上占点便宜	0.81	
	在我们公司，员工个人的道德和价值判断是不被重视的	0.72	
	在我们公司，员工普遍认为只要自己的利益不受损，公司利益与我无关	0.70	
	我们公司希望员工为了公司的利益做任何事，而不顾结果	0.69	
	我们公司认为只有损害公司利益的事才是违规的	0.77	
关怀导向	在我们公司，员工之间都彼此互相关照	0.76	0.892
	在我们公司，员工可以为了整体利益而牺牲自我	0.81	
	在我们公司，员工通常都非常关心同事的利益	0.71	
	公司非常关注所有员工的整体利益	0.72	
	公司希望员工做有利于大众的事情	0.69	
规则导向	在我们公司，遵守规章制度非常重要	0.76	0.906
	在我们公司，员工普遍都严格遵守规章制度	0.81	
	在我们公司，只有遵守规章制度的员工才能取得职业成功	0.72	
	我们公司希望每个员工都能严格遵守规章制度	0.66	

此外，如表 5-3 所示：新生代知识型员工反生产行为各分量表的内部一致性信度系数（Cronbach's α）分别为 0.701、0.736、0.712 和 0.726，这表明本书采用的针对新生代知识型员工开发的反生产行为测量量表具有较好的内部一致性信度。而在效度检验方面，

我们利用结构方程模型对反生产行为的四维结构进行了验证性因子分析，并与可资比较的多维和单维结构模型（通过合并相应的因素而获得的三维模型、两维模型和单维模型）进行系统比对后发现，新生代知识型员工反生产行为的四维模型是最佳模型（$\chi^2/df = 2.925$，RMSEA = 0.086，GFI = 0.892），其各项拟合指标都明显优于其他多维结构模型。并且在四维结构模型下，所有项目的因子载荷均超过 0.65，这表明我们采用的新生代知识型员工反生产行为测量量表具有一定的聚合效度和区分效度。

表 5-3 新生代知识型员工反生产行为各维度的效度分析

	测量题项	因子载荷	Cronbach's α 值
贪墨侵占行为	为获加班补贴故意拖延工作	0.78	0.701
	虚（高）报自己或团队的工作量	0.81	
	将大家一起做的工作算作自己的功劳	0.86	
	未经许可私拿（藏）公司财物	0.79	
	利用职权或工作之便谋取私利	0.66	
	利用技术优势独享资源和信息	0.82	
	工作时间从事私人商业活动	0.73	
	将公司商业机密泄露给竞争对手	0.72	
	独占基于公司资源和平台实现的创新	0.85	
	故意降低工作效率、磨洋工	0.77	
	故意延长工作期间的休息时间	0.73	
	工作时间假借工作需要外出办私事	0.71	
	虚（假）请病事假	0.82	
	找公司制度和规范上的漏洞，打擦边球	0.86	
	为短期利益牺牲和损害长期利益	0.79	
渎职怠惰行为	发现问题不理会、不上报	0.77	0.736
	对自己的工作应付了事、得过且过	0.82	
	抵制或不愿意创新	0.73	
	工作时网上购物、使用私人聊天工具	0.71	
	未请假（批准），无故迟到早退	0.83	
	明知浪费单位资源却不理睬、不作为	0.76	
	在工作时间与同事闲谈甚至串岗聊天	0.73	
	只看重关系，不重视工作业绩	0.89	
	散布未经证实的小道消息甚至谣言	0.78	
	向外界传递不利于公司的个人想法	0.81	
	不主动学习、不愿意自我提升	0.72	
	无故不参加公司组织的各项集体活动	0.83	
	影响或破坏工作环境	0.86	

续表

	测量题项	因子载荷	Cronbach's α 值
公司政治行为	利用专业优势欺瞒上级和同事	0.70	0.712
	不愿与同事分享经验和知识	0.81	
	与同事互相推诿存在交叉的工作	0.73	
	为私利与同事进行不必要的竞争	0.85	
	拉帮结派	0.82	
	对领导阿谀奉承、对同事严词恶语	0.76	
	故意告诉别人错误的知识和方法	0.74	
	苛责同事却放松对自己工作的要求	0.82	
	不重视、不理睬同事所提出的意见和建议	0.79	
	面对不好的结果时推卸应承担的责任	0.83	
	给其他部门的同事制造工作障碍	0.82	
敌对破坏行为	不遵守工作计划或任务流程	0.70	0.726
	挑拨其他同事间的关系	0.69	
	利用职权或工作之便打击或报复同事	0.82	
	斥责同事犯的错误	0.78	
	拒不执行或拖延领导交代的工作任务	0.77	
	私下里议论、嘲笑同事或上级领导	0.89	
	对同事进行过口头辱骂或人身攻击	0.77	
	以各种形式对同事进行性骚扰	0.81	
	顶撞上级领导	0.75	
	和同事开过很粗鲁、无礼的玩笑	0.78	
	喜欢抱怨，影响团结和士气	0.86	

5.3 实证研究：假设检验和研究结论

5.3.1 相关分析和回归分析

简单相关分析的结果显示：性别、年龄、婚姻状况、教育程度以及任职年限等人口统计学变量都在不同程度上与本书的自变量和因变量存在相关性，如表5-4所示。因此，在进行回归分析的过程中应该将人口统计变量作为控制变量；此外，考虑到人口统计变量反映出来的影响往往比较复杂，所以我们不对其与本书的主要变量之间的关系进行太多的分析。

表 5-4 各变量之间的相关分析（$N=406$）

	M	SD	1	2	3	4	5	6	7	8	9	10	11	12
性别	0.48	0.29	/											
年龄	2.82	0.82	0.17	/										
婚姻	0.62	0.38	0.29*	0.28**	/									
教育程度	2.19	0.86	0.18	–0.18	0.32	/								
任职年限	3.16	0.78	–0.26	0.37**	0.11*	0.31	/							
自利导向	4.01	1.06	0.11*	0.29	–0.32	0.18	0.27	(0.878)						
关怀导向	2.98	1.22	0.29*	0.17	0.29	–0.22	0.33	–0.28**	(0.892)					
规则导向	3.51	0.76	0.22	0.25	0.18*	0.19*	0.18	0.18	0.23*	(0.906)				
贪墨侵占	4.16	1.17	0.31	0.11	0.26	0.32	–0.29*	0.22**	–0.23*	–0.28*	(0.701)			
渎职怠惰	4.07	0.88	0.17	0.29	–0.32	–0.42*	0.11	0.17*	–0.17**	–0.12**	0.38**	(0.736)		
公司政治	3.92	0.92	0.21	0.36	0.22*	0.15	0.17*	0.29*	–0.22	0.19	0.14*	–0.26	(0.712)	
敌对破坏	4.26	0.81	0.19	0.22	0.18	0.17	0.31	0.27	–0.19*	–0.23*	0.29	0.22**	0.31*	(0.726)

注：对角线括号内的数值为各变量的内部一致性信度系数，**表示 $P<0.01$，*表示 $P<0.05$。

为了检验不同类型的组织伦理气氛和新生代知识型员工反生产行为各维度之间的关系，我们采用了层次回归的方法：第一步，把所有人口统计变量作为自变量，新生代知识型员工反生产行为作为因变量构建回归模型 1；第二步，我们利用人口统计变量作为控制变量，组织伦理气氛作为解释变量，新生代知识型员工反生产行为作为因变量一起构建回归模型 2。在这个回归分析的过程中，我们主要关注层次回归模型的两个方面：第一，因变量的方差是否因为加入了组织伦理气氛作为解释变量而有所变化，以及这种变化是否显著；第二，作为解释变量的组织伦理气氛的在回归方程中标准化回归系数（β 值）的符号、大小及其显著性。在进行层次回归前，我们首先对各变量的方差膨胀因子（variance inflation factor，VIF）进行了检验：回归模型中各自变量的方差膨胀因子均小于 3.5（表中未具体列出：自利导向 = 2.291；关怀导向 = 3.176；规则导向 = 2.012），因此可以判定回归模型中各主要变量不存在多重共线性问题。

表 5-5 组织伦理气氛对反生产行为层次回归的结果分析

	贪墨侵占		渎职怠惰		公司政治		敌对破坏	
	模型 1	模型 2	模型 1	模型 2	模型 1	模型 2	模型 1	模型 2
控制变量								
性别	0.15	0.16	0.13	0.16	0.19	0.13	–0.09	–0.12
年龄	–0.06	–0.09	–0.11*	–0.05	–0.12	–0.19	0.11	0.09
婚姻	–0.19	–.011	0.13*	0.12*	0.17**	0.21	0.17*	–0.12
教育程度	0.17*	0.15*	0.16	0.08	–0.06	–0.11	0.06*	0.07
任职年限	0.22	0.19	–0.11	–0.23	0.18	0.16	0.08	0.11

续表

	贪墨侵占		渎职怠惰		公司政治		敌对破坏	
	模型 1	模型 2	模型 1	模型 2	模型 1	模型 2	模型 1	模型 2
解释变量								
自利导向		0.16**		0.25**		0.31**		0.19
关怀导向		−0.21*		−0.13		−0.19		−0.21*
规则导向		−0.13*		−0.21*		−0.29**		−0.17**
R^2	0.039	0.189	0.027	0.248	0.037	0.178	0.017	0.226
ΔR^2		0.150		0.221		0.141		0.209
F 值	2.03	9.52**	3.52*	17.29**	2.97	9.81**	1.82	12.56**

注：表内的回归系数均为标准化的回归系数；**表示 $P<0.01$，*$P<0.05$。

如表 5-5 所示，我们可以清楚地看到：人口统计变量对因变量的整体影响并不显著，所有人口统计变量对新生代知识型员工反生产行为各个维度的方差最多只能提供 3.9%的解释率（虽然人口统计变量与贪墨侵行为的回归结果显示 $R^2=0.039$，但回归方程并不显著）。然而，如果将组织伦理气氛作为自变量引入回归方程，不但可解释方差大幅提高（ΔR^2 在 0.121~0.209），而且模型的 F 检验也都在 $P<0.01$ 的水平下显著。则说明回归模型的拟合程度较好，组织伦理气氛对新生代知识型员工反生产行为具有显著的解释能力。

第一，自利导向的组织伦理气氛与贪墨侵占行为（$\beta=0.16$，$P<0.01$）、渎职怠惰行为（$\beta=0.25$，$P<0.01$）以及公司政治行为（$\beta=0.31$，$P<0.01$）之间的回归系数均显著，但是与敌对破坏行为之间的回归系数却并不显著。这表明，新生代知识型员工感知到的自利导向的伦理气氛与其反生产行为的三个维度之间均存在显著的正相关关系，因此我们可以判定本书提出的假设 5-1 只得到部分验证。

第二，关怀导向的组织伦理气氛只与贪墨侵占行为（$\beta=-0.21$，$P<0.05$）和敌对破坏行为（$\beta=-0.28$，$P<0.05$）之间的回归系数显著，但与渎职怠惰行为和公司政治行为之间的回归系数却并不显著。这表明，新生代知识型员工感知到的关怀导向的伦理气氛只与反生产行为的两个维度之间存在显著的负相关关系，这与我们提出的研究假设不太一致，因此我们可以判定本书提出的假设 5-2 只得到部分验证。

第三，规则导向的组织伦理气氛与贪墨侵占（$\beta=-0.13$，$P<0.05$）、渎职怠惰行为（$\beta=-0.21$，$P<0.05$）、公司政治行为（$\beta=-0.29$，$P<0.01$）以及敌对破坏行为（$\beta=-0.17$，$P<0.01$）之间的回归系数均显著。这表明，新生代知识型员工感知到的规则导向的伦理气氛与反生产行为的四个维度之间均存在显著的负相关关系，因此我们可以判定假设 5-3 得到验证。

5.3.2 自变量的优势分析

从上述层次回归分析的结果来看：自利导向、关怀导向和规则导向的组织伦理气氛均对新生代知识型员工的贪墨侵占行为具有显著影响。但接下来的一个问题是：自利导向、关怀导向和规则导向的组织伦理气氛究竟哪个对贪墨侵占行为的影响更强呢？同理，自利导向和规则导向的组织伦理气氛究竟哪个对渎职怠惰行为的影响更强呢（因为关怀导向的组织伦理气氛影响不显著）？自利导向和规则导向的组织伦理气氛究竟哪个对公司政治行为的影响更强呢（因为关怀导向的组织伦理气氛影响不显著）？关怀导向和规则导向的伦理气氛究竟哪个对敌对破坏行为的影响更强呢（因为自利导向的组织伦理气氛影响不显著）？

如果要回答上述问题，显然不能简单地凭借回归系数本身的绝对值来做出相应的判定。因此，本书采用优势分析法来探索不同类型的组织伦理气氛在影响新生代知识型员工反生产行为各个维度的过程中的相对重要性。李超平和时勘（2005）对优势分析法的具体操作进行了详细的介绍，事实上，与传统的方法相比较，优势分析可以计算出各个自变量对因变量总方差的贡献率，从而使各自变量的相对重要程度更加科学地呈现。此外，优势分析产生的各自变量对因变量总方差的贡献率具有模型独立性的特征，因此它不受多元回归中不同自变量之间形成的不同组合的影响。基于此，优势分析可以作为分析多个自变量在回归方程中的相对重要性的手段。然而，由于优势分析尚未形成专门的统计软件，因此本书借助层次回归的相关结果，利用手工计算的方式来进行优势分析的具体操作。

1. 组织伦理气氛各维度影响贪墨侵占行为的优势分析

通过优势分析可以看到（表 5-6）：在组织伦理气氛影响贪墨侵占行为的回归方程中，从已经被解释的部分方差来看（$R^2 = 0.189$），新生代知识型员工感知到的自利导向的组织伦理气氛贡献了 41.38% 的可解释方差，关怀导向的组织伦理气氛贡献了 34.50% 的可解释方差，而规则导向的组织伦理气氛则只贡献了 24.18% 的可解释方差。该分析结果表明，在不考虑影响的方向性，仅从影响的强度来看，新生代知识型员工感知到自利导向的组织伦理气氛比感知到关怀导向和规则导向的组织伦理气氛对贪墨侵占行为的影响强度更大。

表 5-6 不同组织伦理气氛影响贪墨侵占行为的相对贡献

变量	R^2	自利导向	关怀导向	规则导向
—	0	0.138	0.126	0.109
自利导向	0.138	—	0.030	0.008
关怀导向	0.126	0.042	—	0.006
规则导向	0.109	0.037	0.023	—
自利导向、关怀导向	0.168	—	—	0.021
自利导向、规则导向	0.146	—	0.043	—
关怀导向、规则导向	0.132	0.057	—	—
自利导向、关怀导向、规则导向	0.189	—	—	—
对 R^2 的分解		0.0782	0.0652	0.0457
在已预测方差中的百分比		41.38%	34.50%	24.18%

资料来源：(1) 本表中的数据由作者根据回归分析的相关结果计算而得；(2) 本表中第三列倒数第二行的数值按照如下方式计算：[0.138 + (0.042 + 0.037)/2 + 0.057]/3 = 0.0782，其他对 R^2 的分解也根据此办法计算。

2. 组织伦理气氛各维度影响渎职怠惰行为的优势分析

通过优势分析可以看到（表 5-7）：在组织伦理气氛影响渎职怠惰行为的回归方程中，从已经被解释的部分方差来看（$R^2 = 0.238$），新生代知识型员工感知到的自利导向的组织伦理气氛贡献了 53.99% 的可解释方差，而规则导向的组织伦理气氛则贡献了 46.01% 的可解释方差。该分析结果表明，在不考虑影响的方向性，仅从影响的强度来看，新生代知识型员工感知到自利导向的组织伦理气氛比感知到规则导向的组织伦理气氛对渎职怠惰行为的影响强度更大。

表 5-7 不同组织伦理气氛影响渎职怠惰行为的相对贡献

变量	R^2	自利导向	规则导向
—	0	0.206	0.187
自利导向	0.206	—	0.032
规则导向	0.187	0.051	—
自利导向、规则导向	0.238	—	—
对 R^2 的分解		(0.206 + 0.051) /2 = 0.1285	(0.187 + 0.032) /2 = 0.1095
在已预测方差中的百分比		53.99%	46.01%

资料来源：本表中的数据由作者根据回归分析的相关结果计算而得。

3. 组织伦理气氛各维度影响公司政治行为的优势分析

通过优势分析可以看到（表 5-8）：在组织伦理气氛影响公司政治行为的回归方程中，从已经被解释的部分方差来看（$R^2 = 0.172$），新生代知识型员工感知到的自利导向的组织伦理气氛贡献了 56.40% 的可解释方差，而规则导向的组织伦理气氛则贡献了 43.60% 的可解释方差。该分析结果表明，在不考虑影响的方向性，仅从影响的强度来看，新生代知识型员工感知到自利导向的组织伦理气氛比起感知到规则导向的组织伦理气氛对公司政治行为的影响强度更大。

表 5-8 不同组织伦理气氛影响公司政治行为的相对贡献

变量	R^2	自利导向	规则导向
—	0	0.138	0.116
自利导向	0.138	—	0.034
规则导向	0.116	0.056	—
自利导向、规则导向	0.172	—	—
对 R^2 的分解		(0.138 + 0.056) /2 = 0.097	(0.116 + 0.034) /2 = 0.075
在已预测方差中的百分比		56.40%	43.60%

资料来源：本表中的数据由作者根据回归分析的相关结果计算而得。

4. 组织伦理气氛各维度影响敌对破坏行为的优势分析

通过优势分析可以看到（表 5-9）：在组织伦理气氛影响敌对破坏行为的回归方程中，从已经被解释的部分方差来看（$R^2 = 0.218$），新生代知识型员工感知到的关怀导向的组织伦理气氛贡献了 63.99%的可解释方差，而规则导向的组织伦理气氛则贡献了 36.01%的可解释方差。该分析结果表明，在不考虑影响的方向性，仅从影响的强度来看，新生代知识型员工感知到关怀导向的组织伦理气氛比起感知到规则导向的组织伦理气氛对敌对破坏行为的影响强度更大。

表 5-9 不同组织伦理气氛影响敌对破坏行为的相对贡献

变量	R^2	关怀导向	规则导向
—	0	0.192	0.131
关怀导向	0.192	—	0.026
规则导向	0.131	0.087	—
关怀导向、规则导向	0.218	—	—
对 R^2 的分解		（0.192 + 0.087）/2 = 0.1395	（0.131 + 0.026）/2 = 0.0785
在已预测方差中的百分比		63.99%	36.01%

资料来源：本表中的数据由作者根据回归分析的相关结果计算而得。

5.3.3 研究结论和管理启示

在第 4 章发现组织伦理气氛对新生代知识型员工的反生产行为具有重要调节作用的基础上，本章基于社会控制理论，探索了新生代知识型员工对团队伦理气氛的感知与反生产行为各维度之间的关系，并利用优势分析法，对各种团队伦理气氛感知的影响强度进行了相应的分析。相关理论分析和实证检验现实：①新生代知识型员工感知到的自利导向的团队伦理气氛对贪墨侵占、渎职怠惰和公司政治行为具有显著的正向影响；②新生代知识型员工感知到的关怀导向的团队伦理气氛对贪墨侵占和敌对破坏行为具有显著的负向影响；③新生代知识型员工感知到的规则导向的团队伦理气氛对贪墨侵占、渎职怠惰、公司政治和敌对破坏行为均有显著的负向影响。并且，自利导向的团队伦理气氛感知对新生代知识型员工反生产行为的影响强度最大。

本章研究的管理启示主要在于，作为组织文化的重要组成部分和具体表现形式，在组织中避免或塑造某些特定类型的团队伦理气氛，对于有效地控制和管理新生代知识型员工的反生产行为具有非常重要的现实意义。新生代知识型员工基本上是独生子女，这使得他们凡事都习惯以自我为中心，具有很强的自我意识。加之在网络信息环境下，受到西方文化和思想的影响，他们追求思想上的独立自由和主张自我的话语权。他们更愿意昭示自我存在、展示自我价值；他们自尊心强，希望社会和他人认同自己的心理特征十分明显。与此同时，由于他们的经历、视野与前几代人存在较大的差别，他们成长的环境比前几代人要优越许多，这又导致了他们自我定位较高，强调个人本位。所有的这一切叠加在一起，就产生了一个非常重要的影响：面对高度自利的他人或组织环境，新生代知识型员工往往会强势反击、寻求报复。这也就不难理解为什么当新生代知识型员工感知到自利导向的团队伦理气氛时会表现出较多的反生产行为了。反之，如果在组织内形成一种强调规则、尊重制度的伦理气氛，则很有可能给新生代知识型员工提供心理上的边界感甚至是仪式感，让员工在行动上有一个相对明确的底线和方向，进而有效地控制其表现出相应的反生产行为。由此可见，在组织中避免（自利导向的伦理气氛）或塑造（规则导向的伦理气氛）某些特定类型的团队伦理气氛，对于有效地控制和管理新生代知识型员工的反生产行为具有非常重要的现实意义。

然而，虽然近年来组织伦理方面的问题逐渐受到了国内企业管理者的重视，但是其关注的重点主要还集中在组织制度化伦理系统的建设这个层面，如企业伦理规章制度建设、伦理咨询、伦理教育和培训等。可现实表明，这种做法存在很大的局限性：一方面，随着企业所处的环境日趋动态复杂，企业与员工所面临的规范问题和伦理困境往往是全新的，解决问题的途径也就没有什么先例可循，因此制度化企业伦理系统的功能与效用的发挥会受到很大的限制；另一方面，组织制度化伦理系统发挥作用的关键还在于组织成员对组织伦理环境（伦理规章制度只是伦理环境的一个方面）的认同与内化。所以，仅仅依靠制度化或者科层控制的方式来治理组织中的员工反生产行为是远远不够的，而把制度化伦理系统的建设当成解决员工反生产行为问题的措施，同样没有走出简单的依靠正式控制的办法来解决问题的窠臼。事实上，企业应该更多地从行为科学的角度入手来探索解决问题的有效途径，而组织伦理气氛的塑造和培育就是一个现实可行的操作方案，尤其是对于新生代知识型员工而言，这一点更加明显。因为新生代知识型员工反生产行为的改善和控制不仅与组织的规章制度、教育培训有着密切的关系，也与组织是否存在支持、鼓励相关行为的伦理气氛密切相关。组织伦理气氛的塑造和培育不仅有利于提高新生代知识型员工的组织认同、组织承诺感和工作满意度，而且还可以减少提高组织的周边绩效，推动组织的可持续发展。从这个意义上来说，组织伦理气氛的塑造和培育是一条从根本上解决新生代知识型员工反生产行为问题的重要途径，只有在组织中不断地塑造和强化积极的伦理气氛，才能有效地控制新生代知识型员工在动态环境下可能出现的种种不符合组织利益和阻碍组织目标实现的反生产行为。

除此之外，我们在实证研究中也发现：关怀导向的组织伦理气氛与新生代知识型员工反生产行为的两个维度之间的关系并不显著（渎职怠惰行为和公司政治行为），这与本书的理论假设之间存在一定的差异。对此，我们认为可能的解释是：从人性的角度来看，新生代知识型员工渴望能够从别人身上获得关爱和帮助，因此如果在特定的组织中无法得到同事和领导的关爱与帮助，他们就会有受挫感并产生相应的不满情绪甚至是反生产行为；但是，一旦新生代知识型员工从组织中持续获得了同事和领导的关爱与帮助，又有可能会觉得获得他人的关爱和帮助是一件理所当然的事情，因此也就会对此不以为然了。于是，我们认为，关怀导向的组织伦理气氛和自利导向、规则导向的组织伦理气氛之间所存在的最大差异就在于，它和新生代知识型员工反生产行为之间的关系并不是简单的线性关系——当处于一定水平之下时，它们之间可能存在显著的负相关关系；但是当达到一定水平后，它们之间的关系就会变得不再显著了。

第6章 组织结构特征与新生代知识型员工反生产行为

卡斯特和罗森茨韦克（1985）认为：组织结构反映了组织的构成要素及各构成要素之间的关系，它势必对组织的绩效产生重要影响。目前，国内外已有大量理论和实证研究证明了组织结构和组织绩效以及创新绩效之间的关系（Lin and Richard，2003；Csaszar，2012；李忆和司有和，2009；张光磊等，2012）。与此同时，在关注绩效的另一个研究方向上，当 Campbell（1990）提出"工作绩效不仅应包括个人的工作产出，即任务绩效；还应包括与工作有关的行为因素，即行为绩效"的观点得到学术界的普遍认可之后，有关角色外行为，即组织公民行为和反生产行为影响个体工作绩效的相关研究就呈现出一种井喷式的发展（Podsakoff el al.，1997；Dunlop and Lee，2004；Bergeron，2007），并形成了大量的研究成果。

既然组织结构和角色外行为都会对组织绩效产生影响，那么它们之间是否存在联系呢？正如 Hall（2004）所说，组织结构就如同建筑物的结构，当它发生变化时，建筑物中每一个人的位置、关系和行为都会出现相应的变化，进而对整个组织的绩效产生相应的影响。达夫特（2003）则认为：组织结构设计与变革之所以有意义，是因为它会影响组织成员的行为，从而影响组织的绩效。由此可见，组织结构与组织成员行为（包括角色内行为和角色外行为）之间的关系是显而易见的。然而，从目前的文献分析来看，由于组织结构和角色外行为的研究大多被割裂在组织理论和组织行为这两个不同的研究领域内；并且西方学者过去针对角色外行为的研究基本上都聚焦于组织公民行为，却忽略了员工反生产行为（Robinson and Bennett，1995）。所以，学术界关于组织结构和员工反生产行为间关系的专门性和系统探索几乎是一片空白。换言之，现有的文献对组织结构是否以及究竟怎样影响员工反生产行为缺乏必要的理论解释和实证支持。这在很大程度上制约了我们从组织结构特征的角度理解员工反生产行为产生的原因，也影响了我们基于预防和治理员工反生产行为的角度进行组织结构设计与变革的尝试。

更重要的是，在经济全球化不断深入和信息技术广泛使用的背景下，中国的知识密集型企业能否在健康发展的基础上提升其技术创新的能力与水平，在一定程度上取决于其组织结构能否应对复杂多变的内外部环境（邢以群和杨海峰，2001；李京文，2001）。换言之，知识密集型企业能否通过有效的组织结构设计与变革，一方面应对外部市场竞争；另一方面实现对内部新生代知识型创新人才的激励与控制，将直接关系到能否完成国家在实施创新驱动战略的过程中赋予他们的重要使命。基于此，本章将以知识密集型企业为研究对象，探索其组织结构影响新生代知识型员工反生产行为的具体机理，从而为知识密集型企业治理员工反生产行为提供政策建议，并为以员工反生产行为控制为目标进行组织结构设计与变革提供理论基础。

6.1 理论基础和研究假设

6.1.1 组织结构特征和员工心理气氛

1. 组织结构特征

组织伦理学家把组织结构定义为组织内任务分配、职责、权力等各种要素间关系的配置。自 20 世纪 60 年代以来，以要素配置为基础，研究者采用定性和定量的方法对组织结构的维度进行了大量研究，朱晓武和阎妍（2008）对 1946~2006 年间研究组织结构的文献进行系统梳理后发现了 13 种涉及组织结构维度的变量，包括人员比例、自治度、权力分配、规范化、授权、协调机制、专门化、差异化、复杂性、控制跨度、垂直幅度。他们在重新回顾 Hall（2004）对于组织结构的功能定义的基础上，对这 13 个变量进行了适当合并，发现了四种重要的组织结构维度，即复杂化程度、正规化程度、集权化程度和协调机制完善化程度，如表 6-1 所示。

表 6-1 组织结构的功能定义、结构维度和测量变量

结构维度	功能定义	测量变量
复杂化程度	反映了组织内部子系统（部门单元）及其相应正式活动的数量	横向复杂性、纵向复杂性、人员比例、职位职级
正规化程度	反映了组织内部规则、程序、指示、命令和控制系统等的标准化水平	规章制度、控制系统
集权化程度	反映了组织内部决策权（包括工作目的、内容、方法、结果评价）的归属情况	决策层级、权力分配
协调机制完善化程度	反映了组织内部成员以及部门间沟通与联系机制的完善化程度	结构型协调机制、程序型协调机制

事实上，经过半个多世纪关于组织结构维度的研究，学者对复杂化、正规化、集权化和协调机制完善化的关注最多，说明大家已经在组织结构究竟应该包括哪些维度的问题上达成了基本一致的意见。但是，不同的组织结构特征对个体心理、态度以及行为的影响在理论界尚未形成明确且一致的看法，所以无法简单地判断各种组织结构特征对员工反生产行为的影响究竟是怎样的。因此，亟须研究者以不同的研究对象为基础，基于不同的理论视角对组织结构各维度特征与员工反生产行为的关系进行深入的、系统的、有针对性的探索。

2. 员工心理气氛

对组织气氛的研究在组织行为学领域有很长的历史，从 1926 年托尔曼提出环境"知觉地图"的概念，直到 1935 年勒温在研究场论时首次提出心理气氛的概念，组织气氛的研究开始形成基本架构，并在国外理论与实践研究中得到长足的发展。然而，由于"气氛"这一概念比较模糊，涉及的内容也很庞杂，所以在勒温之后，很多学者都试图对组织气氛做出更为精准也更具操作性的界定，具体如下。

Litwin 和 Stringer（1968）指出：在勒温的动机理论中，"氛围"或"气氛"的概念是人员（P）和环境（E）之间关键功能的连接，组织气氛是在一个特定的情境中，每个组织成员对环境的直接或间接知觉。他们认为，行为科学的研究必须考虑整个情境，包括人和环境，他们的研究还证实了气氛是可以影响组织内员工的动机、态度、信念甚至员工本身的价值的。Jones 和 James（1979）认为：气氛是个体整合自己对环境的特定知觉而形成认知的图式，它可以用来指导个体对未来的预测及其未来的行为。James 和 Jones（1974）还对气氛的定义进行了相应总结，并从定义层次上将气氛研究分为三类：第一，组织属性的描述层次。在这类研究中，气氛往往定义为一个组织的明显物质和物理特性的基本集合（如建筑物、文件、标语、奖品等）。第二，个体知觉层次。这个层次的研究往往将气氛定义为个体对组织的知觉，而这种知觉将显著影响个体在组织中的行为。这个层次上的研究成为 20 世纪六七十年代研究的主流，但是大家的研究都基于个体对气氛的认识，提出气氛的维度也不一致，并不能很好地说明和解释组织内的行为。第三，群体知觉层次。这个层次的研究将立足点定位于群体，认为气氛是存在于个体共同的知觉部分中的，只有这种群体知觉才对个体有重要的心理意义，进而影响他们的行为。国内学者刘云和石金涛（2008）也认为，"气氛"大致可以分为个体、群体和组织这三个理论分析单元或层次。具体而言，个体分析单元的对象是心理气氛，即个体对所在组织工作环境的认知；群体分析单元的对象是团队气氛，即团队成员对团队工作环境的共同认知；组织分析单元的对象是组织气氛，即组织成员对所在组织工作环境的共同认知。

事实上，在分析组织结构特征与组织气氛间关系的相关研究文献时，我们发现 Huber 等（1975）认为：根据权变理论，组织结构的设计需要与环境相匹配，因此对于高层管理者而言，他们对环境不确定性的认知越强，就会越追求组织结构设计的灵活性和有机化，以此来应对环境的不确定性。但是，对于员工而言，由于他们只能被动地接受既定的组织结构，而高度正规化和专业化的组织结构意味着员工之间的人际交往和信息交流可能在一定程度上受到阻碍，因此会提高他们对环境不确定性的认知，进而在工作中表现出如不合作与恶性竞争等组织不愿意看到的行为。此外，Leifer 和 Huber（1977）对来自健康和福利机构的 12 个工作团队，182 名员工的研究结果也显示，员工参与工作决策和参与战略制定的程度越高，他们对环境不确定性的认知就越弱，进而表现出跨边界行为的可能性也就越低；但是，如果组织的权力等级、正规化、专业化以及严谨化程度越高，员工对环境不确定性的认知也就越强，进而表现出跨边界行为的可能性也就越高。

上述两项研究提醒我们注意，组织结构对个体行为的跨层次影响，很有可能是因为特定的组织结构使得员工对其所在组织的工作环境产生了特定认知（如环境不确定性、工作不安全感等）。因此，我们基于员工个体对特定组织气氛的认知即员工个体的心理气氛来研究组织结构特征影响新生代知识型员工反生产行为的中介机制。

6.1.2 组织结构对新生代知识型员工反生产行为的直接影响

虽然有关组织结构影响员工反生产行为的研究非常稀少（Peterson，2002）。但是，我们依然可以从组织结构对个体影响作用的研究中找到相应的线索。

首先，Ivancevich 和 Donnelly（1975）在针对销售人员的研究中发现：扁平化程度较高的组织，员工的满意度较高，工作焦虑的强度和缺勤率也较低。Porter 和 Lawler（1964）也发现：对于中小型组织，扁平化有利于提高员工的满意度。考虑到扁平化是衡量组织结构复杂化的主要指标——扁平化程度越高的组织其复杂化程度往往越低，所以可以推定：复杂化降低了员工的满意度、提升了其工作焦虑的强度，故而会对反生产行为产生正向影响。尤其是对于新生代知识型员工而言，喜欢简单直接明了地接受和表达观点，传递信息。他们更愿意昭示自我存在、展示自我价值；加之在网络信息环境下，受到西方文化和思想的影响，他们追求思想上的独立自由和主张自我的话语权。他们自尊心强，希望社会和他人认同自己的心理特征十分明显。与此同时，由于他们的经历、视野与前几代人存在较大的差别，他们成长的环境比前几代人要优越许多，这又导致了他们自我定位较高，强调个人本位。由此可见，与 20 世纪 60 年代、70 年代出生的人强调"奉献精神"不同的是，新生代知识型员工强调个人自由和个性解放的特征表现非常明显，复杂的工作环境会对新生代知识型员工的自主意识和开放精神产生负面影响，进而对其反生产行为产生正向影响。基于此，本书提出如下假设。

假设 6-1：组织结构的复杂化特征对新生代知识型员工反生产行为具有显著的正向影响作用，即组织结构的复杂化程度越高，新生代知识型员工表现出的反生产行为则可能越多。

其次，Beck 和 Betz（1975）的研究显示：教师之间的冲突频率和水平都将随着学校正规化程度的提高而显著上升，由于中学的正规化程度比小学的正规化程度更高（主要体现在主管部门出台的管理条例以及学校对教师教学质量的系统控制与考核这两个层面上），所以中学里教师之间的冲突频率和水平明显高于小学里教师之间的冲突频率和水平。其实在高度正规化的组织中，由于个体行为受到各种规章和制度的限制，所以员工可能会想尽办法来应对这些限制，从而表现出一些组织不愿看到的行为。由此可见，高度正规化会导致员工之间以及员工与组织之间产生更多、更大的冲突，所以正规化对反生产行为可能有着正向的影响。尤其是考虑到新生代知识型员工都出生在改革开放以后，成长在我国社会主义市场经济建设不断向纵深发展的时代，市场经济本身的多元性和开放性日益影响和改变着人们的价值观；加之网络和信息技术的快速发展，新生代知识型员工更容易了解世界发生的变化，也更乐于接受各种新文化和新事项。于是，价值体系本身和价值选择的多样化，使得新生代知识型员工的价值观从整体上来看逐由"理想型"向"现实型"过渡甚至发生转变，并呈现出相应多样性。面对现实型和多元化的价值观，如果在组织内设置太多的"条条框框"，会让新生代知识型员工饱受"个体价值"与"组织价值"的冲突所带来的"困扰"甚至是"折磨"。我们也注意到美国硅谷的很多高科技企业实际上对员工的"限制"是很少的，这些企业更多的是在考虑如何为员工创造一个良好的工作环境和宽松的工作氛围，这也在一定程度上反映了组织结构的正规化所存在的负面影响。基于此，本书提出如下假设。

假设 6-2：组织结构的正规化特征对新生代知识型员工反生产行为具有显著的正向影响作用，即组织结构的正规化程度越高，新生代知识型员工表现出的反生产行为则可能越多。

再次，Pfeffer（1991）发现，集权化使员工在较低水平上分享信息和寻求共识，所以通过类似于"开会协调"的方式来解决冲突和矛盾很少见，员工往往倾向于通过一些组织不认可，但是各种规章制度又未明确禁止的行为来补偿自身在冲突中产生的心理和物质损失。Cummings 和 Berger（1976）则发现，低度集权化有利于降低员工在工作中的孤立感，并提高其对领导的满意度，加强与同事之间的良性沟通。由此可见，集权化也会对反生产行为产生正向影响。更重要的是，新生代知识型员工追求公开、公平，厌恶传统的层级制度，更习惯民主、协商的沟通模式。他们并不盲目崇尚甚至迷信权威，所以不会因为职务级别而尊重自己的上级或公司前辈，甚至有时会藐视权威。他们看重上级是否具有良好的个人修养与领导能力，更看重上级能否帮助自己获得职业发展的机会。所以，如果整个组织的集权化程度很高，领导者的权力也就势必很大，这恰恰会使新生代知识型员工产生厌烦和抵触情绪，进而倾向于表现出一些不为组织所接受的反生产行为。基于此，本书提出如下假设。

假设6-3：组织结构的集权化特征对新生代知识型员工反生产行为具有显著的正向影响作用，即组织结构的集权化程度越高，新生代知识型员工表现出的反生产行为则可能越多。

最后，协调机制是研究组织内知识创造、传递和吸收问题的核心，Daft 和 Macintosh（1981）认为协调机制不健全的组织往往信息传递能力较差、反馈速度较慢，从而导致组织内各部门对外部知识的搜集速度和效率降低。当员工只能面对一个滞后的、狭窄的信息平台时，就从广度上抑制了他们通过知识搜集、传递和创造来解决问题的机会。久而久之，就会出现员工因为不能及时解决工作问题而充满负面情绪，甚至相互指责与埋怨的情况，于是各种反生产行为也就随之产生了。由此可见，协调机制也会对反生产行为产生负向影响。尤其是考虑到新生代知识型员工成长在相对优越的环境里，从国家到社会再到家庭，都非常重视他们，所以他们在工作和生活中往往缺乏抗压能力和心理弹性。此外，他们内心又较为敏感、情绪变化大，比较在乎自己的感受，在乎别人对自己的评价，不适应甚至不愿意别人批评自己。当然，他们面临的经济压力和工作压力也非常大，即将面对买房、结婚、赡养父母等种种问题，因此他们很容易产生挫败感甚至是心理健康问题。所有的这些特征，使得新生代知识型员工往往不善于处理与他人之间的关系，于是就需要组织为其设计良好的沟通和协调机制，帮助他们处理和应对各种复杂的内部关系。基于此，本书提出如下假设。

假设6-4：组织结构的协调机制对新生代知识型员工反生产行为具有显著的负向影响作用，即组织结构的协调机制越多、越健全，新生代知识型员工表现出的反生产行为则可能越少。

6.1.3 员工心理气氛的中介作用

在研究反生产行为发生机制的过程中，Martinko 等（2002）所提出的"因果推理模型"非常强调个体认知在组织情境影响反生产行为过程中的中介效应，而 Jones 和 James（1979）认为个体的心理气氛反映了他们对其所在组织的各种情境特征的自我认知。因此，我们认为：由于心理气氛体现了员工对组织情境特征及其相互关系的内化表征的认知，所以我们可以基于心理气氛的视角,来探讨组织结构这一重要的组织情境影响反生产行为的具体机理。考虑到 Parker 等(2003)在一项元分析中曾指出:在个体对工作特征、角色特征、领导特征、团队特征以及组织及其子系统的认知中,员工对工作自主性和工作不安全性的认知是最基础也是重要的。所以,我们可以将工作自主性心理气氛和工作不安全心理气氛作为重要的中介变量来分析组织结构究竟如何影响员工的反生产行为。

1. 员工工作自主性心理气氛的中介作用

工作自主性指的是员工在工作中能够做出选择或进行自我判断的程度(Argyres and Silverman,2004)。按照心理气氛的定义,个体对自身在特定组织中工作自主性的认知就是其工作自主性心理气氛,而组织结构特征对新生代知识型员工的工作自主性心理气氛具有重要影响。

第一,新生代知识型员工需要对自己的工作进行自主决策的权力,这是其非常重要的一种心理需求。如果组织的集权化程度很高,新生代知识型员工势必认为(或感知到)自己所拥有的决策权也就越小和越少,工作自主性心理气氛也就越弱。第二,Argyres 和 Silverman(2004)认为,复杂化程度越高,往往意味着职能部门、管理层级和职位职级的数量越多,这势必导致各种决策权在组织中呈现出一种高度分散的态势,进而使得大家都不清楚自己的工作究竟应该由谁说了算。于是,在高度复杂化的组织中,新生代知识型员工的工作自主性心理气氛也就越弱。第三,Jansen 等(2005)认为,高度正规化的组织往往要求员工处理问题必须遵循流程和规则,并且强调上级传达的信息或指令的组织合法性,因此限制了员工根据具体情况进行自主性的工作安排。而新生代知识型员工恰恰不喜欢所谓的规制和流程,他们更倾向于自己对自己的行为负责,更愿意凭借自己的知识和技能来独立自主地处理问题,所以组织结构的正规化程度越高也有可能对新生代知识型员工的工作自主性心理气氛产生负面影响。第四,协调机制健全和完善的组织为员工提供了一个及时的、宽阔的信息平台和沟通保障,从广度和深度上为员工搜集、传递和创造相应的知识去解决工作中可能遇到的各种问题提供了相应的基础(Daft and Macintosh,1981)。这使得领导者相信新生代知识型员工具备独立进行工作决策的充分信息并愿意给予其更大的工作自主权,所以新生代知识型员工的工作自主性心理气氛也就有可能较强。

与此同时,由于工作自主性是工作满意度的主要决定因素,并且工作自主性较低会诱发个体在工作过程中的角色模糊性压力,以及在人际交往过程中的情绪障碍(Hornung and Rousseau,2007)。而根据 Spector 和 Fox(2002)在挫折-攻击假说和归因理论的基础上提出的反生产行为的"压力-情绪模型",各种导致员工产生负面情绪和压力的因素都可能是反生产行为的重要诱因。所以,当缺乏心理弹性和抗压能力的新生代知识型员工感知到较弱的工作自主性心理气氛时,就比较容易表现出各种反生产行为。据此,我们提出如下研究假设。

假设 6-5:组织结构的复杂化、正规化和集权化特征对新生代知识型员工的工作自主性心理气氛有显著的负向影响作用;而组织结构的协调机制对新生代知识型员工的工作自主性心理气氛有显著的正向影响作用。

假设 6-6：新生代知识型员工的工作自主性心理气氛对其反生产行为有显著的负向影响作用。

假设 6-7：新生代知识型员工的工作自主性心理气氛在组织结构的复杂化、正规化、集权化和协调机制等特征影响反生产行为的过程中起部分中介的作用。

2. 员工工作不安全心理气氛的中介作用

工作不安全感指的是员工对将要失去工作或无法维持工作存续性的威胁性知觉和情绪体验（Cheng and Chan，2008）。按照心理气氛的定义，个体对自身在特定组织中将要失去工作或无法维持工作存续性的认知就是工作不安全心理气氛，而组织结构对其具有重要影响。

第一，Pertusa-Ortega 等（2010）认为，在集权化的组织中，基层单位与员工被完全隔离在决策过程之外，于是员工一方面会因为不了解决策过程而对未来的工作产生高度的不确定性认知，从而出现工作不安全心理气氛；另一方面，由于不能参与决策，所以员工就部分丧失了吸收和更新知识从而提高工作能力的动机，久而久之，就会因为感到自身工作能力没有得到提升而进一步增强其工作不安全心理气氛。新生代知识型员工更是需要通过独立自主的决策或者参与决策来不断地提升自我，如果总是缺少这样的机会，则肯定会导致其产生较强的工作不安全心理气氛。第二，现代企业组织非常强调在分工基础上的合作和协同，但是高度复杂化的组织往往由于过分地关注分工而不可避免地存在机构臃肿和人员冗余。在一个机构臃肿和人员冗余的组织中，每个员工都会感到自身工作的不可替代性非常低，所以工作不安全心理气氛也就较强。新生代知识型员工不是不愿意与他人合作，而是面对复杂的组织机构往往不知合作从何谈起，又应该如何具体展开，于是便在"无法合作"的过程中产生强烈的疏离感和不安全感。第三，员工的工作不安全感主要来源于其工作的不可替代性较低（威胁感）或者对完成工作感到力不从心（无力感）。高度正规化的组织对员工在工作中采用创新性的方法解决问题形成了天然的障碍，当员工只能按部就班、照本宣科地完成工作任务时，他们就会觉得自己的工作随时可以被别人替代，从而产生较强的工作不安全心理气氛。如果新生代知识型员工的工作完全是"按章办事、循规蹈矩"，那么他们就会认为自己的工作没有不可替代性，甚至没有意义，进而产生强烈的工作不安全感。第四，从 Miller 和 Droge（1986）提出的结构型协调机制和流程型协调机制的具体内容来看，协调机制实际上为员工提高其在组织中的工作卷入提供了重要的途径，使得员工不再是一个单独的个体，而是整个组织内部社会网络上的一个节点。而根据 Sora 等（2009）的研究，提高员工在组织中的工作卷入以及增强员工和其他组织成员的互动，恰恰是降低其威胁感和无力感的重要办法。我们经常诟病新生代知识型员工无法融入组织，总是想着跳槽，其实很有可能是因为组织并未针对其设计有效的协调机制，进而使其产生了较强的工作不安全感。由此可见，完善的协调机制能够降低员工的工作不安全心理气氛。

与此同时，Sora 等（2009）还利用社会交换理论和心理契约理论解释了工作不安全心理气氛造成员工消极态度和行为的原因：根据社会交换理论的互惠原则，对于组织所提供的良好工作条件，员工往往会回报以积极的工作态度和行为，而保持这一社会交换过程的内在机制是员工对心理契约的评估。当员工感知到将要失去工作或无法维持工作存续性,即存在较强的工作不安全心理气氛时,他们会因为恐惧感而对其心理契约进行再评估,如果得出契约被违背的结论,那么他们就会做出损害其与组织进行正常社会交换的各种反生产行为。除此之外,工作不安全心理气氛通常被认为是一种障碍性压力源(Yang and Diefendorff,2009),因此也可以用"压力-情绪模型"来解释其对反生产行为的正向影响。据此,我们提出如下研究假设。

假设 6-8:组织结构的复杂化、正规化和集权化特征对新生代知识型员工的工作不安全心理气氛有显著的正向影响作用;而组织结构的协调机制完善化对新生代知识型员工的工作不安全心理气氛有显著的负向影响作用。

假设 6-9:新生代知识型员工的工作不安全心理气氛对其反生产行为有显著的负向影响作用。

假设 6-10:新生代知识型员工的工作不安全心理气氛在组织结构的复杂化、正规化、集权化和协调机制完善化等特征影响反生产行为的过程中起部分中介的作用。

综上所述,本书从组织结构特征入手,分析了复杂化、正规化、集权化和协调机制完善化对新生代知识型员工反生产行为的影响作用,并基于个体心理气氛的视角建构了相应的中介效应模型(图6-1)。

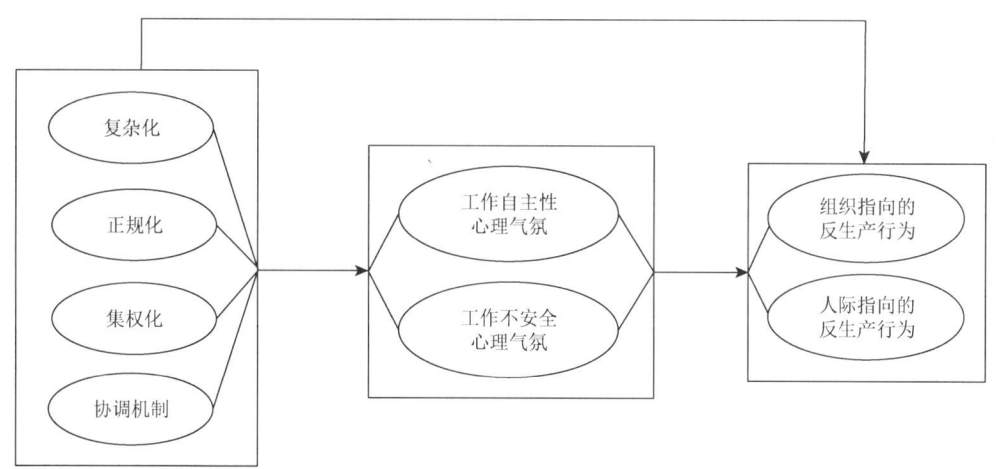

图 6-1 基于心理气氛视角的中介效应理论模型

6.2 数据分析与假设检验

6.2.1 研究工具和数据收集

本书对变量的测量工具主要包括:第一,对反生产行为的测量在 Yang 和 Diefendorff (2009)基于中国组织情境开发的量表基础上,结合本书在第 2 章中自行开发的量表综合而成,其中人际指向的反生产行为分别有 8 个题项,组织指向的反生产行为有 10 个题项。第二,对组织结构的测量量表是在 Pertusa-Ortega 等(2010)以及 Miller 和 Droge

（1986）研究基础上改编的，其中复杂化 5 个题项，正规化 4 个题项，集权化 12 个题项，协调机制 8 个题项。第三，工作自主性心理气氛直接采用 Fox 等（1997）开发的功能自主性问卷（Functional Autonomy Questionnaire，FAQ），该量表由 9 个题项构成。第四，工作不安全心理气氛直接采用 Hellgren 等（1999）编制的量表，该量表由 3 个题项构成。

在实证研究的过程中，我们通过各种关系渠道和 MBA 学员在成都、厦门与中山的 36 家企业中发放了总计 650 份问卷，收回 502 份，剔除 76 份填答不完整或存在明显偏差的问卷后，共获得有效问卷 426 份。有效个体样本的描述性统计特征如下：性别（男性 61.3%、女性 38.7%），年龄（20～25 岁占 13.8%、26～30 岁占 28.4%、31～35 岁占 33.6%、36～40 岁占 18.3%、40 岁以上占 5.9%），婚姻状况（已婚 63.8%、未婚 36.2%），教育水平（大专及以下占 20.6%、大学本科占 56.6%、研究生及以上占 22.8%），任职年限（1 年以下占 28.2%、1～3 年占 39.1%、4～6 年占 19.1%、7 年及以上占 13.6%）。

反生产行为各分量表的 Cronbach's α 系数分别为 0.87 和 0.89；组织结构特征各分量表的 Cronbach's α 系数分别为 0.82、0.79、0.76 和 0.83；工作自主性心理气氛量表的 Cronbach's α 系数为 0.77；工作不安全心理气氛量表的 Cronbach's α 系数为 0.78。

如表 6-2 所示，验证性因子分析的结果显示，本书中各构念模型对数据的拟合优度指标均较好，说明了我们所采用的测量工作具有较好的效度。

表 6-2 测量量表的拟合优度指标分析

	χ^2/df	RMSEA	GFI	CFI	NNFI
组织结构四因素模型	2.827	0.042	0.917	0.901	0.911
工作自主性心理气氛单因素模型	3.170	0.058	0.816	0.892	0.872
工作不安全心理气氛单因素模型	3.212	0.089	0.821	0.836	0.816
反生产行为两因素模型	2.801	0.036	0.936	0.932	0.937

6.2.2 回归分析和主要结论

由于本书涉及多个变量，并且这些变量均来自同一被试填写的问卷，因此可能存在同源方差的问题。所以在进行数据分析前，应首先采用 Harman 单因子检验来判断同源方差是否严重。我们将所有题项放在一起做因子分析，结果显示：在未旋转时得到的第一个主成分占到的载荷量为 22.172%，并未达到多数，因此可以判断不存在较严重的同源方差问题。表 6-3 是所有个体层次变量的描述性统计分析和相关系数矩阵。

表 6-3 各变量的描述性统计和相关系数矩阵（$N=426$）

	1	2	3	4	5	6	7	8
均值	4.2	4.6	3.8	3.6	3.2	4.1	3.9	3.5
方差	0.87	0.72	0.76	0.91	0.83	0.77	0.93	0.86
集权化	*0.76*							
复杂化	0.32*	*0.82*						

续表

	1	2	3	4	5	6	7	8
正规化	0.28*	0.23*	**0.79**					
协调机制	−0.17	−0.18*	−0.16*	**0.83**				
工作自主性心理气氛	−0.23**	−0.27*	−0.26*	0.22**	**0.77**			
工作不安全心理气氛	0.25*	0.22*	0.32	−0.31	−0.19**	**0.78**		
组织指向-反生产行为	0.36*	0.21**	0.36**	−0.26*	−0.18**	0.17**	**0.89**	
人际指向-反生产行为	0.17**	0.29**	0.22*	−0.19*	−0.12**	0.13**	0.28*	**0.87**

注：*表示 $P<0.05$，**表示 $P<0.01$；对角线上数值为各变量的 Cronbach's α 系数。

为了检验组织结构对反生产行为和员工心理气氛的直接影响，我们采用了层次回归的方法：第一步，把所有人口统计变量作为自变量，反生产行为和心理气氛作为因变量构建回归模型1；第二步，把人口统计变量作为控制变量，组织结构作为自变量，反生产行为和心理气氛作为因变量分别构建四个不同的回归模型2。在使用层次回归模型的过程中，我们还对各变量的方差膨胀因子进行了检验：回归模型中各自变量的方差膨胀因子均小于3.5，因此可以判定回归模型中的各主要变量之间不存在多重共线性问题。

表 6-4 组织结构与反生产行为和心理气氛的层次回归结果（$N=426$）

	组织指向-反生产行为		人际指向-反生产行为		工作自主性心理气氛		工作不安全心理气氛	
	模型1	模型2	模型1	模型2	模型1	模型2	模型1	模型2
性别	0.107*	0.210	0.187*	0.320*	−0.106	−0.103	0.131	0.146
年龄	0.124	0.231	0.126	0.212	0.218*	0.162*	0.223	0.208
教育水平	−0.176*	−0.097*	−0.097*	−0.313*	0.124	0.156**	−0.212**	−0.217**
婚姻状况	0.204	0.116	0.116	0.166	−0.231	−0.139	0.124	0.136
任职年限	0.107*	0.136*	0.136*	0.132*	0.156	0.176	−0.213*	−0.202*
复杂化		0.126*		0.138*		−0.096*		0.103**
正规化		0.098		−0.132		−0.102*		0.161
集权化		0.108**		0.087*		−0.203**		0.182**
协调机制完善化		−0.116**		−0.182**		0.128**		−0.152**
R^2	0.156	0.321	0.132	0.278	0.162	0.302	0.182	0.312
F	30.226***	36.611***	29.873***	32.226***	32.241***	36.316***	29.386***	30.122***
ΔR^2		0.165		0.050		0.146		0.140	0.093	0.130

注：*表示 $P<0.05$，**表示 $P<0.01$，***表示 $P<0.001$。

如表6-4所示，正规化对组织指向的反生产行为和人际指向的反生产行为的影响不显著，并且正规化对工作不安全心理气氛的影响不显著，组织结构的其他维度对反生产行为和心理气氛的影响均达到显著水平。因此，假设6-1～假设6-4得到部分验证；假设6-5和假设6-8也得到部分验证。

接下来，为了检验员工心理气氛在组织结构影响反生产行为过程中的中介作用，我们采用 Baron 和 Kenny 提出的三个步骤对员工心理气氛的中介作用进行判定。如表 6-5 所示，我们首先可以通过第二步的实证结果判断：工作自主性心理气氛对组织指向的反生产行为具有显著的负向影响作用（$\beta = -0.212$，$P<0.01$），对人际指向的反生产行为也具有显著的负向影响作用（$\beta = -0.104$，$P<0.01$）；而工作不安全心理气氛对组织指向的反生产行为具有显著的正向影响作用（$\beta = 0.181$，$P<0.01$），对人际指向的反生产行为也具有显著的正向影响作用（$\beta = 0.196$，$P<0.01$）。因此，假设 6-6 和假设 6-9 得到验证。

表 6-5　心理气氛中介作用的层次回归结果（$N=426$）

	第一步	第二步		第三步
	组织指向-反生产行为	工作自主性心理气氛	工作不安全心理气氛	组织指向-反生产行为	组织指向-反生产行为
性别	0.210	−0.103	0.146	0.218	0.161
年龄	0.231	0.162*	0.208	0.221	0.206
教育水平	−0.097*	0.156**	−0.217**	−0.112*	−0.109*
婚姻状况	0.116	−0.139	0.136	0.125	0.211
任职年限	0.136*	0.176	−0.202*	0.126*	0.116*
复杂化	0.126*	−0.096	0.103**	—	0.112*
正规化	0.098	−0.102*	0.161	—	0.108
集权化	0.108**	−0.203**	0.182**	—	0.068*
协调机制正规化	−0.116**	0.128**	−0.152**	—	−0.102*
工作自主性心理气氛	—	—	—	−0.212**	−0.208**
工作不安全心理气氛	—	—	—	0.181**	0.196**
R^2	0.321	0.302	0.312	0.309	0.336
F	36.611***	36.316***	30.122***	32.121***	36.766***
	第一步	第二步		第三步
	人际指向-反生产行为	工作自主性心理气氛	工作不安全心理气氛	人际指向-反生产行为	人际指向-反生产行为
性别	0.320*	−0.103	0.146	0.218*	0.201*
年龄	0.212	0.162*	0.208	0.176	0.165
教育水平	−0.313*	0.156**	−0.217**	−0.218*	−0.206*
婚姻状况	0.166	−0.139	0.136	0.161	0.156
任职年限	0.132*	0.176	−0.202*	0.172*	0.192*
复杂化	0.138*	−0.096	0.103**	—	0.115*
正规化	−0.132	−0.102*	0.161	—	−0.107
集权化	0.087*	−0.203**	0.182**	—	0.082*
协调机制正规化	−0.182**	0.128**	−0.152**	—	−0.142**
工作自主性心理气氛	—	—	—	−0.104**	−0.116**
工作不安全心理气氛	—	—	—	0.196**	0.182**
R^2	0.278	0.302	0.312	0.312	0.316
F	32.226***	36.316***	30.122***	35.166***	36.127***

注：*表示 $P<0.05$，**表示 $P<0.01$，***表示 $P<0.001$。

与此同时，通过第三步的实证结果（表 6-5），我们发现：首先，当工作自主性心理气氛和组织结构各维度一起进入回归方程时，它与组织指向的反生产行为仍然显著负相关（$\beta = -0.208$，$P<0.01$），与人际指向的反生产行为依然显著负相关（$\beta = -0.116$，$P<0.01$）。其次，当工作不安全心理气氛和组织结构各维度一起进入回归方程时，它与组织指向的反生产行为仍然显著正相关（$\beta = 0.196$，$P<0.01$），与人际指向的反生产行为依然显著正相关（$\beta = 0.182$，$P<0.01$）。在此过程中，复杂化、集权化和协调机制与组织指向的反生产行为和人际指向的反生产行为的相关系数依然显著，但是分别有所下降；由于正规化对组织指向的反生产行为和人际指向的反生产行为的影响均不显著，因此工作自主性心理气氛和工作不安全心理气氛只在复杂化、集权化和协调机制影响反生产行为的过程中起到部分中介作用，所以假设 6-7 和假设 6-10 只得到部分验证。

6.3 结果讨论与管理启示

6.3.1 研究结论

首先，实证研究的结果显示：复杂化和集权化对新生代知识型员工反生产行为具有显著的正向影响，而协调机制则对新生代知识型员工反生产行为具有显著的负向影响。这说明了现代企业组织结构形式变革的基本趋势是"柔性化"，因为只有真正实现"柔性化"的企业才能够最大限度地控制新生代知识型员工反生产行为，提高其工作绩效。其次，实证研究的结果显示：正规化对新生代知识型员工反生产行为的影响并不显著。事实上，正规化反映了组织内部规则、程序、指示、命令和控制系统等的标准化水平，它是通过企业内部的规章制度和控制系统的多少来衡量的。再次，实证研究结果显示：正规化对工作不安全心理气氛的影响不显著，组织结构的其他维度对工作自主性和工作不安全心理气氛的影响均达到显著水平。最后，实证研究的结果显示工作自主性和工作不安全心理气氛对新生代知识型员工反生产行为具有显著影响。

需要特别说明的是，虽然本书选择知识密集型企业的组织结构作为重要研究变量，但是整个研究的具体分析单位却是部门或者团队，因此组织结构在本书中实际上是一个团队层次的变量而不是组织层次的变量。我们之所以采用部门或者团队而不采用整个组织作为分析单位主要是基于以下两点考虑：第一，以整个组织作为分析对象在数据采集过程中比较难以保证样本量。显然，如果以整个组织作为分析对象，那么在通过问卷调查进行数据采集的时候需要大量的组织参与进来，才有可能采集到足够和有效的样本。如果再考虑到抽样调查的随机性，数据采集的过程就会变得更加困难。第二，以部门或团队作为分析对象是可行且有效的。Hall（2004）发现：一个组织的结构并不是单一的，不同部门，甚至不同层级都会有不同的组织结构特征。所以，部门或者团队的组织结构特征与其所在的整个组织的结构特征可能会有一定的差异。此外，一个组织的整体结构特征固然重要，但是部门或者团队的结构特征对团队成员来说，其影响往往更直接。因此，考察员工所在部门或团队的组织结构特征就显得更加有意义。当然，在团队中研究组织结构的特征时，复杂性程度就不再是一个重要维度了，因为度量复杂性程度的三个重要方面：横向分化、纵向分化和地理位置分散程度在团队中很难有所体现。Miller 和 Droge（1986）在一项以团队为分析单元的组织结构维度研究中，通过量表分析就发现：在检验效度时，复杂化这个维度的因子载荷往往比较低，于是在测量组织结构维度时就删除了。

6.3.2 管理启示

第一，在大量制造标准化产品的工业化时代，体现专业分工精神的传统企业组织结构形式所采用的复杂化和集权化设计的确能够实现产品整体的最优化生产和运营成本的大幅下降。但是，随着科学技术的发展和市场在广度与深度上的扩张，从市场需求的角度来审视这种组织结构的运行效果时，就会发现新问题。在知识经济时代，顾客、竞争和变革（简称"3C"）构成了影响企业生存与发展的三股力量，为了适应以"3C"为特征的外部环境，即时响应顾客需求和市场竞争，企业必须具备随时进行变革的"动态能力"。然而，如果组织结构形式过于复杂化和集权化并且不具备完善的协调机制，那么企业就会因为员工所表现出的各种不利于组织发展的反生产行为而陷入无法适应顾客需求和市场竞争的僵局。换言之，只有当组织结构具备较低的复杂化和集权化水平，以及较完备的协调机制时，企业才可能具备根据顾客需求和市场竞争随时进行各种变革的"动态能力"。因此，本书的实证研究结果在一定程度上从反生产行为的预防和治理的角度，为企业组织结构形式的变革方向提供了新的理论依据。

第二，从理论上来看，在高度正规化的组织中，由于个体行为受到各种规章制度和控制系统的严格监控与限制，所以员工很有可能在其逆反心理的驱使下，想尽一切办法来应对这些规章制度和控制系统的监管与限制，从而表现出一些企业不愿意看到的反生产行为。但事实上，由于破坏规章制度和控制系统的风险是很大的（尤其是在民营和外资企业，破坏规章制度是要受到严苛的惩罚的），所以即使员工面对这些规章制度和控制系统时虽然有很强的逆反心理和不满情绪，但是也不会贸然去破坏它们。当然，我们也注意到，正规化对于处在不同生命周期的企业而言，其作用可能是不一样的。根据企业生命周期理论，我们认为：对于处于孕育期和初创期的企业而言，规章制度和控制系统可能会扼杀其创造性与生命力；但是对于处于成长期和成熟期的企业而言，规章制度和控制系统则是保证其高效运营和稳定发展的基础；而对于处于衰退期的企业而言，规章制度和控制系统则又会扼杀其进行变革的尝试。由于本书所收集的样本企业的平均成立时间仅为 4.2 年，基本上还处于由初创期向成长期过渡的阶段，正规化的优点和缺点并存，因此很难在它与员工反生产行为之间发现显著的相关关系。由此可见，企业在考虑组织结构的正规化程度问题时，应该充分结合其所处的生命周期来进行有针对性的设计。

当然，管理者必须意识到：一味地依靠规章制度和控制系统来治理员工反生产行为的确有可能在"水压效应"的作用下导致员工产生极强的逆反心理。所以我们认为，企业除了要从规章制度完善的角度考虑如何进行反生产行为的正式控制，更应该从组织文化等软环境建设的角度考虑如何进行反生产行为的非正式控制。在环境变化迅速的今天，包括组织文化在内的各种非正式控制往往比规章制度具有更强的适应性和更好的控制效果，这是因为：首先，当今企业员工的受教育程度越来越高，也越来越追求自主性，所以依靠规章制度进行强制化约束越来越不合时宜；其次，组织文化有着高弹性和无处不在的特点，这使得员工能够自主并自发地参与到解决自身和企业所面临的问题中，从而避免了制度控制的后摄性和回应性缺陷。

第三，事实上 Huber 等（1975）曾指出，高度复杂化和集权化的组织结构意味着员工之间以及员工和管理者之间的人际交往与信息交流可能在一定程度上受到阻碍，因此会提高他们对环境不确定性的认知，进而在工作中表现出不合作与恶性竞争等行为。此外，Leifer 和 Huber（1977）对健康与福利机构的研究结果也显示，员工参与工作决策和参与战略制定的程度越高，他们对环境不确定性的认知就越弱，产生跨边界行为的可能性也就越小；但是，组织的权力等级越森严、复杂化程度越高，并且缺乏相应的内部沟通机制，员工对环境的不确定性认知也就越强，产生跨边界行为的可能性也就越大。据此，我们发现：工作自主性心理气氛和工作不安全心理气氛实际上都在一定程度上反映了员工对环境不确定性的认知，即较低的工作自主性心理气氛和较高的工作不安全心理气氛实际上都体现了员工内心深处的某种不确定性体验。换言之，企业组织结构的柔性化设计（扁平化、分权化和协调机制完善化）实际上是通过降低员工对环境不确定性的认知来抑制其表现出各种反生产行为的，所以工作自主性心理气氛和工作不安全心理气氛在组织结构影响反生产行为的过程中起到了重要的中介作用。

第四，考虑到实证研究的结果显示工作自主性心理气氛和工作不安全心理气氛对反生产行为具有显著影响。我们认为：一方面，企业应该建立起帮助员工根据自身特点进行工作决策的内部机制（主要包括相应的奖惩机制），管理者应该努力实现从裁判员向教练员的角色转变，在充分尊重员工的基础上鼓励员工以适合自己的方式完成具体工作；彻底摒弃官本位意识，多理解、多支持、少命令、少指责员工，以平等、互利的心态处理上下级关系。另一方面，管理者还应该密切关注企业内各种重大和关键事件（如工作分工、工资提升、奖金分配、职位晋升、岗位调动、惩戒处罚、机构重组等）对员工的心理影响，主动开辟多种正式和非正式渠道向员工披露及说明各项管理决策的具体目标与预期效果，避免降低员工的工作自主性心理气氛和提高员工的工作不安全心理气氛。

6.3.3 未来研究展望

首先，有关边界渗透性的概念最初源自生物学的研究，它用来描述生物膜对外界物质和能量有选择性的吸收与释放的程度。团队边界渗透性借鉴了生物膜的概念，它指的是团队成员在多大程度上有选择性地将那些符合团队价值观与资源需求的外部物质吸收进入团队内部；又在多大程度上有选择性地将那些团队规则允许的内部物质释放到团队以外（魏江等，2009）。简单地说，团队边界渗透性体现了一个团队跨越团队边界与其他团队进行信息、资源与材料交流与共享的程度。虽然团队边界渗透和团队成员相互依赖都强调信息、资源与材料的交流与共享，但是团队边界渗透聚焦于信息、资源和材料在不同团队之间交流和共享；而团队成员相互依赖则聚焦于信息、资源和材料在团队内部成员之间的交流和共享，因此他们之间具有本质上的差异。根据团队气氛的研究，当团队成员对"本团队在多大程度上与组织内其他团队进行信息、资源和材料交流与共享,即本团队与其他团队间的关系"产生了共同认知时,有关团队边界渗透的特定气氛就在团队中形成了。我们认为,组织结构的正规化、集权化和协调机制完善化程度都会对团队边界渗透气氛的形成产生相应的影响,但是其具体的影响强度和方向还需要通过理论与实证研究来检验。而团队边界渗透气氛越强意味着团队成员通过多渠道、多方式从其他团队获取信息、资源和材料的机会越多、可能性越大;与此同时,他们通过多渠道、多方式为其他团队提供信息、资源和材料的机会也越多、可能性也越大,这势必对其反生产行为产生相应影响。

其次,团队成员的相互依赖性描述了团队内部成员之间相互合作以及任务交叉性的程度。对于知识密集型企业而言,团队成员的相互依赖性尤为重要,因为团队中每个独立的个体几乎都要通过与其他团队成员分享信息、建议、资源和材料才能完成自身的工作,甚至其获得的相关奖励也在很大程度上依赖于其他团队成员的工作投入。根据团队气氛的研究,当团队成员对"自身的工作在多大程度上依赖于其他团队成员,即自己与团队内其他成员间的关系"产生了共同认知时,有关成员相互依赖的特定团队气氛就在团队中形成了。我们认为,组织结构的规范化、集权化和协调机制完善化程度都会对团队成员相互依赖气氛的形成产生相应的影响,但是其具体的影响强度和方向还需要通过理论与实证研究来检验。而团队成员相互依赖气氛越强则意味着个体行为可预期的程度也就越高、行为的显性化程度也就越强(因为存在相互依赖关系的个体之间会产生有效的"制衡和掣肘"),个体根据自身喜好和意愿行事的可能性也就越低,所以势必对其反生产行为产生相应影响。

基于上述分析,未来的研究可以从团队成员相互依赖气氛以及团队边界渗透气氛的视角提出相应的假说,通过各种理论来解释组织结构、团队边界渗透气氛和员工反生产行为之间的关系,并以实证研究来检验组织结构的三种特征对员工反生产行为的影响机理。

第7章　超越个体特征和组织情境：对工作乐趣的初步探索

在前面的研究中，无论是从个体特征层面还是从组织情境层面探索影响新生代知识型员工反生产行为的前因变量，其目的都是抑制新生代知识型员工表现出对组织整体绩效产生明显负面影响的反生产行为，类似的这些研究（包括我们在本书中展开的研究和其他已有的研究）显然对于我们治理和控制新生代知识型员工的反生产行为具有重要的理论价值和实践指导意义。然而，不可忽视的一个问题是：这种基于"定性因果推理"的基本逻辑建构起来的研究框架和理论模型及其得到的研究结论往往具有较强的"功利性和目的性"。换句话说，基于因果推理得到验证的那些理论假设，在被管理实践者转化为一种具体管理方法的过程中，往往使得他们对这些具体的管理方法产生了一种"工具化"的认识和感知。例如，如果实证研究证实了积极的组织伦理气氛对抑制新生代知识型员工的反生产行为具有很好的效果，那么管理者就会把建构积极的组织伦理气氛当成是一种"工具"来看待，进而有可能在一定程度上忽视了对员工本身（包括思维方式、工作价值观、核心追求等）的关注。

需要说明的是，我们并不认为产生这种认识和感知有什么大的错误，我们想要强调的是：在组织管理的过程中，无论是研究者还是实践者都更应该去关注员工本身，而不是过分关注和创造（或依赖）所谓的"工具"。如果在组织管理的过程中凡事都这么做，纵使短期有效，也可能会在长期"失效"，因为它也许只是一种"治标不治本"的方法。尤其是对于新生代知识型员工而言，这种"工具化"的治理和控制其反生产行为的做法无疑也存在"短期有效、长期失效"的风险。

为了解决上述问题，我们在本书的最后，希望超越新生代知识型员工反生产行为的现有研究体系来探索一些看似不相关，但实则非常重要的问题。具体而言，我们希望能够跳出"因果推理"的逻辑框架，不仅仅是从"因"的角度，工具化地探索新生代知识型员工反生产行为的影响因素，进而提出所谓的"管理方法"；而且还从新生代知识型员工在工作中的价值追求的角度，探索如何提升新生代知识型员工的工作乐趣。事实上，近年来以创造轻松、自由、有趣的工作氛围为直接目的的各种组织活动和制度安排获得了许多企业的青睐；尤其是在重视创新的高科技企业，组织集体郊游、团队拓展或同事之间的社交活动被认为能够有效缓解工作压力、激发工作灵感和提升个体创造力，而这些现象直接引发了西方组织管理领域以"工作乐趣"为主题的研究热潮。我们相信，只要新生代知识型员工能够在工作中体验到更多的工作乐趣，很多现实的管理困境（包括反生产行为）都会迎刃而解。当然，这体现了管理者超越工具化的思维，关注新生代知识型员工本身的一种价值导向。

7.1 工作乐趣研究的广义文献计量分析

从流行的管理学杂志介绍典型企业的成功案例开始，到定性研究探讨工作乐趣的概念内涵和分类（Chan，2010；Plester and Hutchison，2016），再到越来越多的定量研究探讨工作乐趣的结构维度和前因结果（Laran and Janiszewski，2011；Tews et al.，2015），相关研究已经形成具有一定规模的文献，只不过这些文献在一些基本问题上依然存在分歧（Plester and Hutchison，2016）。与此同时，我们发现：虽然将工作乐趣作为一个整体构念的研究历史还比较短，但是针对一些具体的工作乐趣活动（如职场幽默、恋爱政策、工作竞赛等）却有很长的研究历史和丰富的实践经验。无论是从内容、理论或实践的角度来看，这些具体活动的研究都应该包含在工作乐趣的整体研究体系中，它们不但可以作为工作乐趣外延界定和分类的参照，而且还可以相互借鉴研究结论。然而，这些研究成果在近年来出现的工作乐趣整体研究的相关文献中却很少被提及，实在是该领域研究的一大缺憾。所以，本书希望首先对工作乐趣的广义研究文献进行相应的定性和定量的研究①，找出目前该研究领域存在的问题，然后为链接工作乐趣和新生代知识型员工反生产行为打下必要的基础。

7.1.1 广义文献的收集、编码与内容分析

1. 广义文献的收集

本书通过对 1982 年（工作乐趣作为一个组织管理领域的研究构念是在 1982 年被首次提出的）到 2016 年在主流学术期刊上发表的与工作乐趣相关的研究文献（包括具体活动和整体研究）进行结构化的内容分析，从而为回答上述问题提供客观依据。事实上，目前真正以工作乐趣整体为研究对象的相关文献是从 2000 年以后才开始逐渐增多的，而针对各种具体的、单独的乐趣活动和制度安排的研究数量繁多，也就涉及许多关键词，覆盖管理学、心理学、经济学、社会学等多个门类的核心期刊，难以从一开始就比较全面地覆盖。因此，本书采用了一种类似于"滚雪球"的操作方式，分四个阶段来收集研究样本（即广义研究文献），具体过程和对应规则如下。

第一步，参考 Eby 等（2005）在产业组织和组织行为领域针对"工作和家庭关系"所做的一项文献分析时所选择的英文期刊，确定了 20 本期刊的初步检索范围，并以"workplace fun"和"fun at work"作为关键词在相应的数据库（JSTOR/Elsevier/Springer）中进行文献的初步检索。第二步，阅读检索到的所有文献，筛选出真正以工作乐趣为主题的研究文献，并添加可能存在的关联关键词（如 playfulness/flexibility/romance policy），然后再次进行检索，如此反复多次，直到不再获得新的关键词和主题文章。第三步，阅读检索获得的新文献，检查遗漏文献及需要额外检索的期刊，并按照第二步规则在新增的 4 本期刊中重新检索所有关键词。第四步，为了使检索到的文献能够反映近期该领域

---

① 所谓工作乐趣的广义研究文献指的是：将工作乐趣作为一个整体构念进行研究的相关文献（即整体研究对应的文献），以及针对特定工作乐趣活动进行研究的相关文献（即单一研究对应的文献），二者加在一起构成了研究工作乐趣问题的广义文献。

相关研究的发展趋势,本书在 PsychInfo 和 ABInform 数据库中以"workplace fun"和"fun at work"作为关键词检索 2000~2015 年发表的所有同行评审期刊,并同样进行了参考文献的阅读查漏,力争全面获取该领域的研究文献。最终,本次检索获得相关研究文献总计 138 篇。

2. 广义文献的编码

完成样本(即文献)收集后,本书参考以往的综述性研究(Eby et al.,2005;Duriau et al.,2007)以及本书的主题,从基本内容、乐趣边界、乐趣的概念结构和乐趣的前因与效果这四个方面进行了内容分析,并完成了相应的文献编码工作(表 7-1),从而为下一步进行定量分析打下了基础。

表 7-1 工作乐趣研究的广义文献编码表

编码项		编码	操作性定义
1. 工作乐趣研究的基本内容	1.1 研究时间	1. 1982~1999 年 2. 2000~2015 年	论文发表的时间段,样本中最早的工作乐趣整体研究发表于 2000 年,因此作为时间节点
	1.2 研究主题	1. 乐趣效果 2. 乐趣前因 3. 乐趣本身 4. 类型学 5. 综述 6. 其他	乐趣效果是指乐趣活动或制度对个体或组织产生的正面或负面的效果;乐趣前因是指影响乐趣活动或制度开展或起作用的社会、组织或个体层面的原因;乐趣本身是指对工作乐趣内涵、外延、形式或范围的讨论;类型学是指对工作乐趣具体活动或分类的调查或理论研究;综述是指针对工作乐趣整体或具体类型的综述性研究
	1.3 研究视角	1. 整体 2. 幽默玩笑 3. 着装 4. 工作自主性与灵活性 5. 恋爱政策 6. 职场八卦 7. 仪式活动 8. 其他	以工作乐趣整体还是某一类具体活动为研究对象
	1.4 研究方法	1. 定性 2. 定量 3. 混合	采用定性研究(案例研究、文献研究、扎根研究、访谈调查、观察等)、定量研究(问卷调查、内容分析、实验等)或混合研究(同时采用了定性和定量的分析方法)
	1.5 研究模型	1. 分类模型 2. 直接关系模型 3. 调节模型 4. 中介模型 5. 复杂模型	定量和混合研究中所尝试验证的研究模型:分类模型,检验乐趣的概念结构;直接关系模型,检验乐趣前因后果的直接关系;调节模型,检验乐趣前因后果的调节因素;中介模型,检验乐趣前因后果的中介因素;复杂模型,同时检验调节和中介因素
2. 工作乐趣的研究边界	2.1 空间边界	0. 否;1. 是	乐趣活动是否限定在工作场所内,即界定空间边界
	2.2 来源边界	0. 否;1. 是	乐趣活动是否限定为由组织发起,即定来源边界
	2.3 参与者边界	0. 否;1. 是	乐趣活动是否限定由组织成员参与,即界定参与者边界
3. 工作乐趣的概念结构	3.1 是否有分类	0. 否;1. 是	是否通过调查或建模的方式对乐趣活动进行分类
	3.2 福利型乐趣	0. 否;1. 是	是否包括高组织程度、低工作相关的工作乐趣活动或制度
	3.3 辅助型乐趣	0. 否;1. 是	是否包括高组织程度、高工作相关的工作乐趣活动或制度
	3.4 放松型乐趣	0. 否;1. 是	是否包括低组织程度、高工作相关的工作乐趣活动或制度
	3.5 社交型乐趣	0. 否;1. 是	是否包括低组织程度、低工作相关的工作乐趣活动或制度

续表

编码项		编码	操作性定义
4. 工作乐趣的前因与效果	4.1 个体层面效果	0. 未假设 1. 验证正面效果 2. 验证负面效果 3. 正负面皆验证 4. 正面效果未验证 5. 负面效果未验证 6. 正负面皆未验证	未假设指研究没有提出工作乐趣与可能效果的关系假设；验证正面效果指研究假设并验证了工作乐趣在个体层面的正面效果（可能是负向关系，如离职率）；验证负效果指研究假设并验证了工作乐趣在个体层面的负面效应（可能是正向关系）；正负面皆验证指正、负面效果皆得到验证；未验证指研究提出但没有验证相应假设
	4.2 组织层面效果	0. 未假设 1. 验证正面效果 2. 验证负面效果 3. 正负面皆验证 4. 正面效果未验证 5. 负面效果未验证 6. 正负面皆未验证	是否提出或验证工作乐趣在组织层面的效果
	4.3 个体层面前因	0. 未假设 1. 验证正面效果 2. 验证负面效果 3. 正负面皆验证 4. 正面效果未验证 5. 负面效果未验证 6. 正负面皆未验证	是否提出或验证个体层面因素对工作乐趣产生影响
	4.4 组织层面前因	0. 未假设 1. 验证正面效果 2. 验证负面效果 3. 正负面皆验证 4. 正面效果未验证 5. 负面效果未验证 6. 正负面皆未验证	是否提出或验证组织层面因素对工作乐趣产生影响

3. 广义文献的内容分析

首先，从研究的视角来看，如表 7-2 和图 7-1 所示：大部分的文献（81.9%）都是以单一特定的工作乐趣活动或制度安排为研究对象（即单一研究），如工作自主性与灵活性、幽默玩笑、恋爱政策、职场八卦、仪式活动、着装等。真正意义上以工作乐趣整体为研究对象（即整体研究）的文献是从 2000 年之后才开始涌现的，这种研究现状在一定程度上说明了本书的研究意义，即这些大量的针对单个工作乐趣的研究成果应该被工作乐趣的整体研究所借鉴和继承。具体分析这些单一工作乐趣的研究成果后发现：工作自主性与灵活性（31.2%）所占的比重最大，这也与当今企业管理的现实情况是完全一致的：弹性工作时间、自由安排工作等管理手段越来越受到管理者和员工的双重青睐。与此同时，着装（2.9%）和仪式活动（2.9%）作为典型的工作乐趣活动，其研究热度有所下降；而职场八卦（5.1%）、恋爱政策（11.6%）和幽默玩笑（18.8%）则开始作为新兴的工作乐趣活动逐渐受到研究者的重视。

表 7-2　工作乐趣研究的广义文献统计表——研究视角（单位：篇）

项目		研究时间段		合计
		1982~1999 年	2000~2016 年	
研究视角	不针对特定类别活动	0	25	25
	幽默玩笑	11	15	26
	着装	3	1	4
	工作自主性与灵活性	8	35	43
	恋爱政策	7	9	16
	职场八卦	2	5	7
	仪式活动	3	1	4
	其他	4	9	13
合计		38	100	138

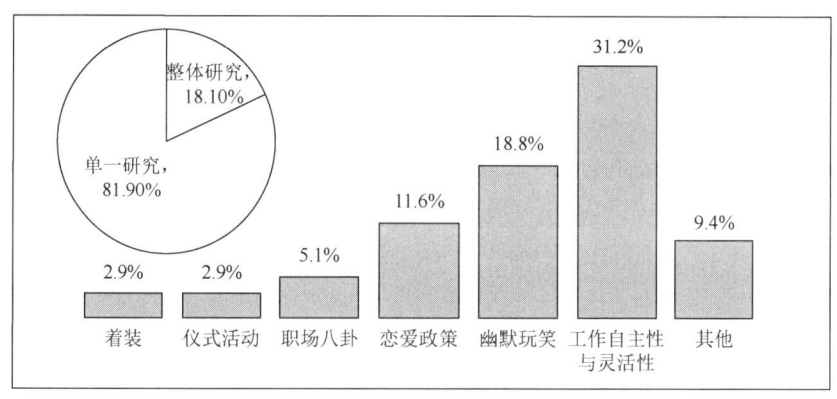

图 7-1　工作乐趣广义文献按研究视角的统计图

其次，从研究主题来看，如表 7-3 所示：针对工作乐趣的结果展开相应研究的文献在所有文献中占到 63% 的比重，其余的研究主题则较为分散（乐趣前因占 14.5%、类型学占 5.8%、乐趣活动本身占 5% 等）。这说明工作乐趣研究的焦点依旧是探讨其管理效果，这一方面反映了目前学术界对工作乐趣所产生的管理效果还没有达成相对一致的认知（即前面所述的"结果分析不明确"）；另一方面也反映了关于工作乐趣的主要类型、前因和产生机制的研究显然还需进一步加强。

最后，从研究方法来看，如表 7-3 所示，1982~1999 年定量研究（47.4%）与定性研究（42.1%）的占比相差不大，2000~2016 年定量研究（51%）占比显著提高。显然，随着工作乐趣相关测量工作的逐渐丰富，有利于定量研究的进一步开展，但混合研究的数量仍然非常有限，总计只占 8.0%。这说明目前关于工作乐趣的研究还没有真正实现多种方法的相互印证，并且具有较高效度的研究成果还比较少。

表 7-3 工作乐趣研究的广义文献统计表——研究主题和方法（单位：篇）

项目		研究时间段		合计
		1982~1999 年	2000~2016 年	
研究主题	乐趣结果	22	65	87
	乐趣前因	3	17	20
	乐趣活动本身	5	2	7
	类型学	1	7	8
	综述	6	4	10
	其他	1	5	6
	合计	38	100	138
研究方法	定量	18	51	69
	定性	16	42	58
	混合	4	7	11
	合计	38	100	138

7.1.2 广义文献存在的问题分析

早期的工作乐趣研究大多以单一的具体活动或公司制度为对象，迪尔和肯尼迪（2008）在 1982 年发表的专著《公司文化》中首次将工作乐趣作为一个整体来研究，而目前该领域的研究至少在以下四个方面还存在明显的意见不一甚至是认识模糊。

1. 工作乐趣的外延界定不清晰

目前，对工作乐趣的内涵认识不存在太大分歧，主要是指工作环境中能够提供娱乐、享受、快乐的一系列趣味活动；但对其外延的界定还不够清晰，即工作乐趣以那些具体活动作为其表现形式，不同学者之间的分歧还很大（Plester, 2009）。针对这一现象，可能存在三个值得商榷的问题：第一，关于工作乐趣活动来源的边界，组织发起与员工自发的活动是否都应该包含在研究的总体范围之内？第二，关于工作乐趣活动空间的边界，是否一定要将发生在工作场所内的活动作为研究对象，与工作相关但是发生在工作场所外的活动是否应该纳入研究的总体？第三，关于工作乐趣活动参与者的边界，活动的参与者是否仅仅只能限定于组织成员？明确工作乐趣的来源、空间和参与者的边界意义重大，因为如果没有较为明确的边界，那工作乐趣的类型划分就失去了意义，而经过实证检验的工作乐趣效果也就不能充分说明到底是员工自我休闲、员工福利还是工作乐趣的作用（Ford et al., 2003）。

2. 工作乐趣的分类标准不统一

目前关于工作乐趣的类型学研究，可以明确地分为两类：一类是罗列工作乐趣活动的具体形式，如纪念活动、集体庆祝、游戏、友谊竞赛、餐饮活动等（Fleming, 2005；Katherine et al., 2005）。这非常直观且能够直接在实践过程中检验活动效果，但具体活动不一定具有普遍性，研究结论也很难横向比较；而且此类研究还缺乏理论依据，无法在分类基础上开展影响机制的深入研究。当然，新形式的工作乐趣活动不断涌现，势必导致此类研究的结论很快会失去部分的实际价值。另一类研究则试图通过理论分析构建多维结构模型（Bolton and Houlihan，2009；Cook，2009），但这类研究大多只停留在模型的理论建构阶段，基本没有针对理论模型的实证检验。McDowell（2004）的研究最早提供了关于工作乐趣的分类模型和测量工具，他把工作乐趣分成同事间社交、工作庆祝、个人自由活动和一般工作乐趣。唐杰和萧永平（2015）通过扎根研究建构了一个工作乐趣的分类模型并通过大样本数据检验了其有效性，该模型从组织性和工作相关性两个维度将工作乐趣分为社交型、放松型、辅助型和福利型。

3. 工作乐趣的前因探究不全面

为什么组织中会出现各种工作乐趣活动呢？这是工作乐趣的前因研究要解决的问题。然而，相比工作乐趣的结果变量研究，目前专门针对工作乐趣进行前因探究的文献还很少，主要集中在个体的人格和年龄两个方面。Karl 等（2007）的研究提出了一个包括态度、感知乐趣、人格特质、情绪失调和相关结果的工作乐趣研究模型，实证分析的结果表明员工个性中的外倾性和宜人性会通过员工对乐趣的态度而影响工作乐趣的产生。Laran 和 Janiszewski（2011）把工作乐趣视为一种激发个人内在行为动机的调节方式，他们发起了六项实验研究，发现个人和背景因素的差异会影响行为动机、执行以及后续的调整行为。Lamm 和 Meeks（2009）通过网络问卷调查了 701 名员工的乐趣感知和工作表现，发现员工的乐趣感知会受到代际关系的影响。虽然也有一些研究定性或定量地探讨了组织层面的影响因素（迪尔和肯尼迪（2008）对组织文化的探讨，Karl 等（2005）的调查显示公共部门、非营利组织、私营企业三种组织中的员工对乐趣的态度没有明显差异），但是到目前为止还没有实证研究验证组织层面的因素对整体工作乐趣的影响，这必然会弱化研究结果的实际应用。

4. 工作乐趣的结果分析不明确

对于工作乐趣的管理实践而言，能够提升个体或组织绩效是其作为管理理念或行动实践存在的核心价值，这会直接影响管理人员以及参与者对工作乐趣的态度（Plester et al.，2015）。目前，以工作乐趣为整体的一些实证研究，初步验证了工作乐趣能够带来更高的士气和更好的氛围（Redman and Mathews，2002），更高的工作满意度和幸福感（Baptiste，2009），更低的离职倾向或离职率（Choi et al.，2013；Tewsand Michel，2014），以及对外部优秀人才产生更强、更大的吸引力（Tews et al.，2012；Pierce et al.，2012）。但也有不少学者认为工作乐趣的负面影响被大大低估（Redman and Mathews，2002），如可能导致员工的犬儒主义及顾客的不满（Fleming，2005），并且由于乐趣活动会受个人和文化的差异影响而表现出明显的效果差别，因此可能并不是一种普遍适用的"特效药"（Owler et al.，2010；王聪颖和杨东涛，2012）。

综上所述，基于对目前工作乐趣相关研究文献所做的定性和定量分析可以发现：在组织管理领域对工作乐趣进行整体研究还存在外延界定不清晰、分类标准不统一、前因探究不全面以及结果分析不明确这四个核心问题。当然，这在很大程度上是由工作乐趣涵盖内容多、认知差异大并且研究历史短所造成的,随着研究的不断推进,上述问题势必都将得到有效的解决(Plester et al., 2015)。然而,从国内的研究现状来看,除了刘凤香(2010)最早对西方组织管理领域的工作乐趣研究进行了相应的文献综述,鲜有针对该问题的系统性研究。为此,在接下来的研究中,我们将首先基于整体研究的视角初探工作乐趣的结构维度及其测量工作,然后利用该工具研究工作乐趣与一些结果变量之间的关系,从而证实工作乐趣在管理实践中的价值。

7.2 工作乐趣的结构维度研究

由于到目前针对工作乐趣结构维度所展开的探索性实证研究还很少,而在国内更是缺乏相对成熟的测量量表,所以本书采用定性与定量相结合的混合方法,在中国文化情境下初步建构一个工作乐趣的测量工具。

7.2.1 文献综述和操作性定义

在目前针对工作乐趣的类型学研究中,最被广泛认可的是将工作乐趣分为官方的和自发的乐趣活动。员工在共同的环境中工作,必然产生互动,进而在互动的过程中形成一定形式的工作乐趣,这类乐趣称为自发的工作乐趣。在组织管理中,当管理者意识到工作场所乐趣的积极作用时,也会有意识地制造出某些乐趣,这类乐趣称为官方的工作乐趣。在此基础上,Bolton 和 Houlihan(2009)的研究以组织发起乐趣活动的动机是控制还是承担义务,以及最终目的是提高生产率还是提升士气为标准把官方工作乐趣分为减压型、补充型、契约型和激发型四种类型。Chan(2010)采用扎根理论的定性案例分析方法又做了进一步的划分,按照员工/管理者导向和社会/战略导向,将工作乐趣分为四类。这两项定性研究由于缺乏相应的测量量表和定量分析,还无法验证有效性。而目前已有的类型学定量研究也可分为两类:一类则是通过调查罗列乐趣的具体形式,如 Karl 和 Joy(2005)的研究就采用主成分分析对 40 种常见的工作乐趣活动进行分析。这种类型学研究有助于直观地讨论和检验它们所产生的效果差别,但近年来一些全新的乐趣形式也在不断涌现(Owler et al., 2010),导致这种方法在时效性和结构的严谨性上明显欠缺(如景观设计、以培训为目的的出游等都很难在上述研究中找到对应分类)。另一类研究则是把工作乐趣视为多维结构,如 Fluegge(2014)的研究将工作乐趣分为同事间的社交活动、工作庆祝活动、个人自由活动和一般工作乐趣四类,其中同事间的社交活动、工作庆祝活动、个人自由活动测量的是发生的频率,一般工作乐趣实际上是测量员工对工作乐趣的总体感知。Cook(2009)的研究运用多维量表分析,从社交性和组织性两个维度把乐趣活动划分成:幽默笑话、非正式社交活动、正式社交活动以及组织官方活动。

基于上述研究,为了在概念上与个人休闲活动和员工福利区分开来,从而给工作乐趣一个更加精准的操作性定义,本书首先就工作乐趣的边界做出以下界定:第一,由组织官方发起的,无论发生在哪一类空间场所,也无论是否与工作直接相关的乐趣活动均视为工作乐趣;第二,员工在工作的空间场所中自发的乐趣活动,如工作间隙或工作时间外发生的乐趣活动；第三，考虑到工作乐趣发生的环境应既包括显性的，如设施、美食，也包括隐性的，如同事关系、气氛等，所以在工作时间及工作场所以外，员工之间以同事为主的乐趣活动也应该包含在内。为了避免语义上的交叉甚至是误解，本书采用"工作乐趣"而非"工作场所乐趣"作为研究的关键词。

7.2.2 理论模型和数据分析

事实上，现有的工作乐趣结构维度研究要么缺少定量数据的检验，要么缺乏足够的理论分类依据，这是本书采用混合研究方法构建工作乐趣结构维度的基本出发点。为此，我们利用混合研究的方法，分两个步骤推进。第一步，采用扎根研究的方式收集定性数据。研究者组建包括行业内专家、典型企业从业人员和研究团队成员在内的焦点访谈小组进行目标明确但具有开放性和深入性的相关讨论，获得一个半结构化的访谈提纲，构建初步的工作乐趣概念模型。然后，研究者采用半结构化提纲对 11 家企业的人力资源管理者展开访谈，平均访谈时间在 1 小时左右，考量理论模型的内容效度及与实践活动的关联性。第二步，基于第一步构建的多维概念结构，借鉴已有测量量表的语句和扎根研究获得的相关信息修订测量量表，并发放问卷检验量表信度与效度。

1. 理论模型建构

研究根据乐趣活动的发起和乐趣活动的载体两个维度对乐趣活动进行了理论划分（图 7-2）：工作乐趣活动的发起关注的是乐趣活动是由组织发起的还是由员工发起的，乐趣的载体关注的是乐趣活动与员工工作的相关程度。研究者在第一轮的访谈中发现组织和员工在发起乐趣活动时很少有明确的目的，却时常会考虑乐趣活动与工作本身的关系问题。他们对于那些与工作紧密相关的乐趣活动（如形式多样的工作培训）会充满热情，相反就会非常克制和谨慎。在这一维度的另一端，是一些与工作本身无关的工作乐趣，如自发的同事间小幽默、同事间的友情或者集体性的外出娱乐活动（看电影、郊游等），这些

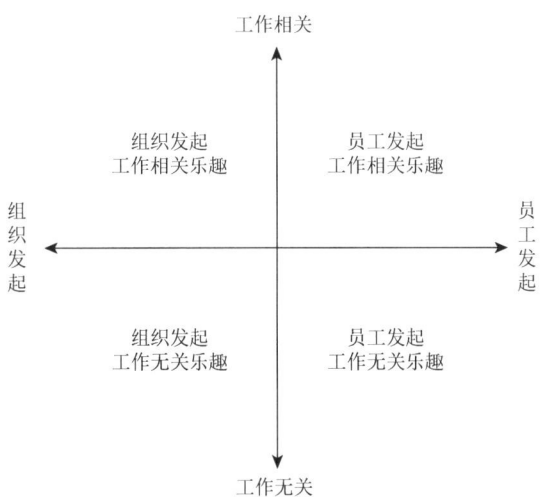

图 7-2　工作乐趣的类型学理论模型

工作乐趣活动与工作本身的关系通常并不那么直接和紧密,它们的载体更多的是企业的文化和工作场所的气氛,因此更像是一种文化管理的工具——可能并不能直接刺激工作热情,但却能够打造员工的认同感。这类工作乐趣通常直接表现为员工的福利。尽管这类乐趣并不被管理者认为能够明显提升工作效率,但它们在提升工作满意度、团队士气以及员工心理健康方面的作用也同样值得关注。

2. 定量数据分析

基于上述理论模型的初始量表包括四个维度,28 条语句,采用李克特 5 点量表,要求被试从 1(没有)到 5(总是)评价乐趣活动的发生频率。经在线问卷调查网站发放电子问卷,收集到样本 128 份,其中有效问卷 123 份,有效回收率为 96.1%,样本男性占 57.7%,高中以上学历占 94.3%,3 年以上工作经验占 81.3%。

量表中所有英文语句采用回译的方式保证效度,考虑到某些英文语句在中文语境中可能具有社会期许性,研究对所有题项的 5 个得分选项进行频次分析,结果并没有语句存在明显的偏向。为避免探索性因子分析出现超出预期的多维度现象,研究采用校正后总相关系数和内部一致性信度系数的方式来提存语句。在删除 5 条语句后,所有剩余的 23 条语句的总相关系数都高于 0.5,4 个因子的一致性系数都高于 0.8,并且通过 KMO(0.827)和 Bartlett's 球形检验,进行探索性因子分析。然后,本书采用方差最大正交旋转的方法进行探索性因子分析,提取特征值大于 1 的因子,最终 23 条语句如预期分布在 4 个因子上。但个别语句出现交叉负载。经过逐条删除比较,最终剩余 19 条语句,方差累计贡献率达到 67.4%。

具体语句分布、来源及因子负载如表 7-4 所示,结合理论模型和各因子的语句,本书将 4 个因子分别命名为社交型、放松型、辅助型和福利型乐趣。

表 7-4 工作乐趣测量量表的因子分析($N=128$)

	测量语句	因子负载	Cronbach's α
因子 1: 社交型乐趣(自发的/工作无关的乐趣)	1-1 同事之间以各种形式分享笑话和小幽默	0.828	
	1-2 同事之间做一些好笑的事情闹着玩	0.790	
	1-5 工作后同事间的社交活动(小酌、聚餐或小型庆祝等)	0.821	
	1-6 同事为主的非正式主题活动(运动、联谊会或亲子活动等)	0.766	
因子 2: 放松型乐趣(自发的/工作相关的乐趣)	2-1 边工作边玩乐(听音乐、上网等)	0.812	0.808
	2-2 自由决定上班时间和工作安排	0.761	
	2-3 令人愉悦的工作环境设计	0.643	
	2-6 工作间隙或午休的小游戏和娱乐活动	0.822	
因子 3: 辅助型乐趣(官方的/工作相关的乐趣)	3-1 完善和新设工作场所的休闲设施(台球、网吧或按摩椅等)	0.777	0.901
	3-2 取得好成绩后的小型庆祝会	0.588	
	3-3 心理咨询或调节活动	0.771	
	3-4 趣味性的团队建设活动(户外拓展、集体主题游戏等)	0.803	
	3-5 轻松的专题讨论会和培训(艺术欣赏、主题参观访问等)	0.782	
	3-6 提供茶点或工作餐	0.875	

	测量语句	因子负载	Cronbach's α
因子4：福利型乐趣（官方的/工作无关的乐趣）	4-1 集体性地外出娱乐活动（看电影、郊游等）	0.685	
	4-2 改善和建设组织内外部景观环境	0.710	
	4-3 趣味性内部福利活动（抽奖、产品拍卖会等）	0.716	
	4-4 组织慰问活动（节假日拜访家人或邮寄礼品等）	0.716	
	4-5 带有歌舞表演的节假日或其他纪念日的庆典	0.815	

7.3 工作乐趣的结果变量研究

在初步建构工作乐趣结构维度和测量工具的基础上，本书还将探讨不同类型的工作乐趣对新生代知识型员工的任务绩效及其角色外行为（包括组织公民行为和反生产行为）的影响。目前该领域的相关研究主要是基于工作乐趣活动能够给员工带来积极和正面的情绪感知，Fredrickson（2001，2013）提出的 BAB 理论（broad and build theory）指出正面的情绪会给个体带来更多可能的选择（如更广阔的想法和行为），从而提高个体的能力和绩效；相反，负面情绪会促使人们做出简单的反应，就像面对生活中的危机情景做出的应激性反应。广阔的选择范围取决于正面情绪的类型，如 Joy（即乐趣感）会促进活动，帮助人们打破限制，在智力和艺术性方面有更好的表现；而 Contentment（即满足感）则有利于促进个体付出努力来保持当前所处的环境（包括能力和资源等），并用新的观点来整合现有的个体和环境的相关资源。这些因为思想和行为而得到拓展的资源能够较为持久地存在，并且会不断发展而获得持续性的效益，从而帮助个体在现实中更好地应对挑战、抓住机会并实现成长。基于这一理论，本书认为工作乐趣能够有效地激发新生代知识型员工的组织公民行为而抑制其反生产行为。

7.3.1 理论基础和研究假设

1. 工作乐趣和新生代知识型员工任务绩效

现有包括真实和实验环境下的研究结果都表明，工作乐趣活动能够同时通过提高员工的能力和工作动机来提升他们的任务绩效。Fluegge（2014）的研究证明了工作乐趣对员工的任务绩效具有显著的正面影响，但他的研究并没有区分不同类型的工作乐趣加以探讨。Avolio 和 Howell（1999）在加拿大一家财务机构对管理者和他们的直接上级进行了相关调查，结果显示那些自评为较有幽默感（即经常在工作中自发地表现出具有幽默感的言行）的基层和中层管理者往往也被他们的直接上级认为在工作中表现出了相对更高的工作效率。

当员工感知到工作乐趣时，能够使其更积极主动地学习和提升自我，进而在工作中表现出更强的解决问题的能力。尤其是新生代知识型员工对工作乐趣的追求要远远超过传统员工,只有在工作中感知到乐趣,才能真正激发他们在工作中的积极性、主动性和创造性。因此从这个角度来看,工作对任务绩效具有积极影响应该是毋庸置疑的。然而,在之前的研究访谈中,我们也发现:有多位管理者明确提出"员工发起的工作乐趣活动可能会对其任务绩效产生负面的影响",即任务绩效可能会由于员工自发的一些工作乐趣活动而被降低(如员工自发组织的聚会可能会影响第二天的工作)。这其中既包括一些传统制造业的管理者,他们认为:"工作时间的自发乐趣并不受鼓励,主要考虑到会造成一定的安全隐忧";当然,也包括一些新生代知识型员工的管理者,他们认为:"受传统观念的影响,员工自发组织的工作乐趣活动会降低工作场所的严肃性"。我们可以明显地发现:受访企业在开展组织发起的乐趣活动的主动性上明显高于对员工发起的乐趣活动的鼓励,这一方面是由于组织和管理者期望通过乐趣活动达到特定的战略和管理目的;另一方面许多管理者也不同程度地表达了对员工自发乐趣活动不易控制,可能会造成对工作绩效不良影响的担忧。为此,本书提出如下假设。

假设 7-1:社交型(**H7-1a**)与放松型(**H7-1b**)工作乐趣活动与新生代知识型员工的任务绩效负相关;而辅助型(**H7-1c**)与福利型(**H7-1d**)工作乐趣活动与新生代知识型员工的任务绩效正相关。

2. 工作乐趣和新生代知识型员工组织公民行为

工作乐趣的作用远不止对任务绩效的积极影响,还包括对组织公民行为的积极影响。Chan(2010)在访谈研究中的大部分受访者都表示他们非常享受参与工作乐趣活动的过程,并且会把这种美好的记忆带到工作中,尤其是一些官方发起的社交型工作乐趣活动,能够帮助员工与一些平时不在一起工作的同事有更多的交流,从而产生对组织更强的归属感,提高员工自身的社会责任意识和对组织的承诺。官方的工作乐趣活动变成了一种平台,帮助员工与其他的同事建立良好的关系,从而更好地融入团队乃至整个组织。

更进一步的理论解释来自 Karl 和 Joy(2005)的研究,他们认为乐趣对组织公民行为的影响可以通过社会交换理论和互惠规范来解释:工作乐趣能够帮助建立同事之间的信任,那么无形中员工就与组织和同事之间建立了一种开放式的责任与义务的关系,员工就更愿意为此付出一些他们自己的努力作为回报,组织公民行为就是其中一种表现。Karl 和 Joy(2005)在三类组织中对上下级关系的经验性研究证明:工作乐趣对员工间信任具有正向的影响。而无论是同事之间的信任,还是员工与组织之间的承诺,在以往的许多研究中都被证明能够有效地预测组织公民行为(Organ and Podsakoff, 2006)。此外,Fluegge(2014)的研究同样在没有区分乐趣类型的情况下验证了工作乐趣对组织公民行为的正向影响。事实上,伴随着精神和物质层面的需求被满足的程度不断提高,使得新生代知识型员工的需求层次发生了明显的整体性跃迁。具体而言,新生代知识型员工绝不仅仅只把工作看成是满足生活需要的基本手段,他们甚至不需要通过工作来满足自身的情感和归属需要,而是试图在工作的过程中获得他人的尊重和实现自我。因此,新生代知识型员工不仅仅注重工资待遇和薪酬福利,而且也注重自我技能的提升以及核心价值的实现。所有的这一切最终都归结为一个核心问题,那就是在工作中究竟能否感受到乐趣，只有在工作中感受到乐趣，新生代知识型员工才能表现出组织公民行为。为此，本书提出如下假设。

假设 7-2：社交型（H7-2a）、放松型（H7-2b）、辅助型（H7-2c）与福利型（H7-2d）工作乐趣活动与新生代知识型员工的组织公民行为正相关。

3. 工作乐趣和新生代知识型员工反生产行为

已经有大量的研究证明积极正面的情绪能够提高工作满意度（Fisher and Ashkanasy, 2000），而有效地提升工作满意度显然是降低员工反生产行为的有效途径。一些学者采用社会互动理论来解释积极情绪与反生产行为之间的关系：愉快的情绪能够带来高质量的社交互动，从而对工作满意度、社会认同以及服务水平都能够产生正面的影响，降低反生产行为出现的概率。Chan（2010）针对旅馆业 10 名人力资源管理者的访谈研究指出：组织发起的工作乐趣，如员工之间赠送小礼物或者组织为员工举办生日派对，都可以给员工带来较高的工作满意度和对工作的美好记忆，当员工参与到这些活动中时，他们会为身处这个组织而感到骄傲，进而极大地控制其表现出反生产行为。还有一些管理者认为员工会把组织发起的工作乐趣视为一种提高工作中生活质量的福利，从而对组织有较高水平的满意度和承诺，进而有效地控制其表现出反生产行为。甚至有的管理者还认为员工之间的游戏活动是一种最有效的提高团队合作和工作满意度的方式；而员工之间相互分享一些开心的事情和幽默剧能够培养对组织和同事关系的信任，从而提高工作满意度，降低反生产行为的发生概率。另外一个角度的观点认为，工作乐趣能够使得员工不会一直把关注的焦点集中于工作任务上，短暂的分心能够帮助他们缓解压力，从而享受到工作、生活和社交活动的平衡。相反，一些受访的管理者也表示如果没有提供足够的工作间隙的娱乐和放松活动，会影响员工的工作满意度，进而迫使其表现出相应的反生产行为（Cammann and Fishman, 1983）。

事实上，由于企业外部竞争环境的日益激烈，有些企业急功近利和只顾眼前利益的做法，在员工管理中体现得较明显。一方面压缩人力成本，包括延长劳动时间，压低劳动报酬等做法伤害了员工身体；另一方面压缩管理成本，包括对工作环境、管理场所建设的忽视甚至是漠视，对员工身心关怀的忽视甚至是漠视等，都严重地伤害了员工心灵。而企业的这些做法，也势必影响新生代知识型员工产生了浮躁、悲观的心理，紧张、不适的情绪，进而在对工作缺乏满意感的情况表现出较多的反生产行为。为此，本书提出如下假设。

假设 7-3：社交型（H7-3a）、放松型（H7-3b）、辅助型（H7-3c）与福利型（H7-3d）工作乐趣活动与新生代知识型员工的反生产行为负相关。

7.3.2 变量测量和假设检验

为了进行实证研究，我们抽取了来自 16 家高新技术企业的样本数据，被调查的员工均为新生代知识型员工。同时为了最大限度地避免同源方差的影响，本书收集了管理者-员工的配对样本进行数据分析。样本收集过程如下：首先，在每个样本企业中，通过人力资源主管随机选择 5~8 位中层管理人员；接着，研究人员与相应管理者协商随机选择并编码 3~10 位其管理的下属；然后，分别由两位研究人员将管理者版问卷和员工版问卷分别发放给管理者及相应的下属。由员工填写有关工作乐趣的问题，而他们的直接上级填写有关任务绩效以及组织公民行为和反生产行为的问题，同时每份问卷也附有有关调研目的和被试信息将受到严格保护的说明。最后，填完后放入密封的信封，由研究人员在现场直接回收。我们最终从 90 位管理者和 610 位员工中回收了问卷，整体回收率达到 94.4%和 78.7%，经过配对和数据有效性检验，最后得到有效的管理者-员工配对问卷共计 463 份。

工作乐趣采用前面所述结构维度研究过程中开发的包含 19 个题项的测量工具，量表信度检验结果显示各分量表的内部一致性信度系数均超过 0.8。组织公民行为通常被认为是一个多维度的概念，考虑到不同的组织公民行为已经被证明有不同的激发机制，我们只采用两个组织公民行为的子维度来作为工作乐趣的结果变量：工作帮助（人际公民行为）和尽责性（工作公民行为），测量量表提取自 Farh 等（1997）专门针对中国情境开发的只有 9 个题项的量表，量表整体的内部信度一致性信度系数达到 0.82。反生产行为的测量在借鉴 Yang 和 Diefendorff（2009）基于中国组织情境开发的量表的基础上，结合本书在第 2 章中自行开发的量表综合设计而成，其中人际指向和组织指向的反生产行为分别有 8 个和 10 个题项，量表整体的内部信度一致性信度系数达到 0.89。除此之外，采用 AMOS18.0 软件对工作乐趣测量量表的效度进行验证，数据分析表明 4 因子的工作乐趣测量量表符合概念模型，拟合数据良好且优于单因子结构和两种双因子结构，4 因子模型的拟合优度指标如下：$\chi^2/df = 3.34$，$GFI = 0.90$，$RMSEA = 0.07$，$TLI = 0.91$，$CFI = 0.92$。

在建设检验的过程中，本书采用层次回归的方法检验工作乐趣与任务绩效以及组织公民行为和反生产行为之间的关系：第一步先将人口统计变量作为自变量，任务绩效以及组织公民行为和反生产行为作为因变量构建模型 1；第二步将人口统计变量作为控制变量，工作乐趣作为自变量，任务绩效以及组织公民行为和反生产行为作为因变量构建模型 2。结果显示，人口统计变量对各个结果变量有一定的影响，但从模型 1 的 R^2 的值可以发现这些变量能够解释的因变量变动的比例较低。在加入各类型的工作乐趣后的模型 2 中，模型的方差解释得到明显提高，并且人口统计变量影响的显著性也明显下降。因为人口统计变量往往反映多个因素的共同影响，所以本书对人口统计变量与主变量之间的关系不做过多引申分析。各模型的 F 值检验也都在 $P<0.001$ 的水平下显著，这说明在加入工作乐趣作为自变量后，各回归模型的解释力显著提高，并且拟合良好，总体上工作乐趣对任务绩效以及组织公民行为和反生产行为具有显著的解释能力。

表 7-5　工作乐趣与工作相关变量的层次回归结果（$N=436$）

变量	反生产行为		组织公民行为		任务绩效	
	模型 1	模型 2	模型 1	模型 2	模型 1	模型 2
年龄	0.071	0.062	0.052*	0.046	0.061**	0.052*
教育程度	0.082*	0.052*	0.012	−0.011	0.052	0.056
性别	0.062	0.077	−0.151**	−0.132*	−0.031	−0.016
社交型乐趣		−0.171**		0.191***		−0.072*

续表

变量	反生产行为		组织公民行为		任务绩效	
	模型1	模型2	模型1	模型2	模型1	模型2
放松型乐趣		−0.126**		0.081*		0.112
辅助型乐趣		−0.181		0.171		0.106**
福利型乐趣		−0.206***		0.14**		0.026
R^2	0.011	0.168	0.033	0.138	0.031	0.126
ΔR^2	0.011	0.157	0.033	0.105	0.031	0.095
F值	1.16	9.21***	3.10*	9.88***	1.06	8.16***

注：***表示在$P<0.001$水平下显著，**表示在$P<0.01$水平下显著，*表示在$P<0.05$水平下显著。

接下来，我们通过结构方程模型中的路径系数来分析各种类型的工作乐趣对新生代知识型员工的任务绩效以及组织公民行为和反生产行为的具体影响效果。如图7-3所示：第一，社交型工作乐趣（$\beta=-0.17$，$P<0.001$）和辅助型工作乐趣（$\beta=0.12$，$P<0.005$）对任务绩效具有显著影响，因此假设7-1a和假设7-1c得到支持，而假设7-1b和假设7-1d没有得到支持，这一实证研究的结果说明新生代知识型员工参与社交型工作乐趣活动和辅助型工作乐趣活动越多，其任务绩效水平就越高。第二，社交型工作乐趣（$\beta=0.22$，$P<0.01$）和福利型工作乐趣（$\beta=0.19$，$P<0.01$）对组织公民行为具有显著的正向影响，因此假设7-2a和假设7-2d得到支持，而假设假设7-2b和假设7-2c没有得到支持，这一实证研究的结果说明新生代知识型员工参与社交型工作乐趣活动和福利型工作乐趣活动越多，其表现出的组织公民行为就越多。第三，放松型工作乐趣（$\beta=-0.21$，$P<0.01$）、辅助型工作乐趣（$\beta=-0.18$，$p<0.01$）和福利型工作乐趣（$\beta=-0.16$，$P<0.01$）对反生产行为具有显著的负向影响，因此假设7-3b、假设7-3c和假设7-3d得到支持，而假设7-3a没有得到支持，这一实证研究的结果说明新生代知识型员工参与放松型工作乐趣活动、辅助型工作乐趣活动和福利型工作乐趣活动越多，其表现出的反生产行为就越少。

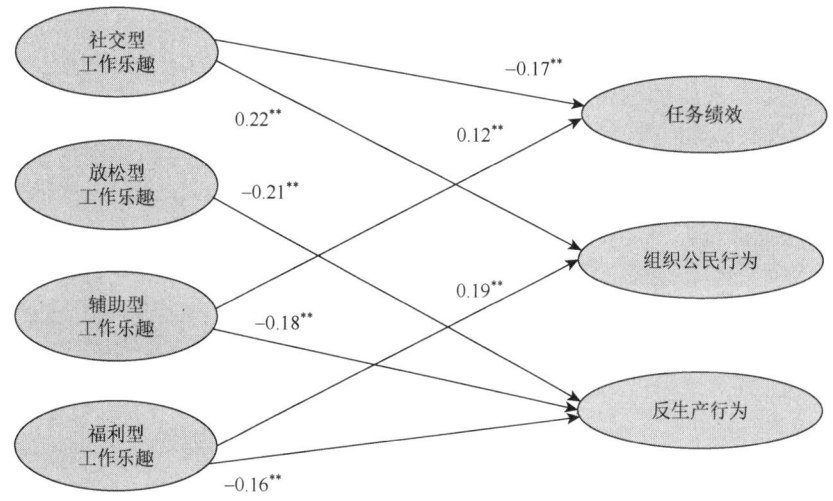

图7-3 工作乐趣效果分析的路径图

7.3.3 研究结论和政策建议

首先,为了鼓励工作乐趣在组织管理过程中发挥积极且可控的效果和作用,企业应该一方面主动发起和设定各种不限于工作场所内的乐趣活动,并将这些乐趣活动作为组织管理和规章制度的一部分明确下来;另一方面,企业还应该在内部营造一种相对轻松和愉悦的工作氛围,依托员工的兴趣、爱好和特长开展一些不定期与非正式的乐趣活动,让员工实现工作和生活的有机平衡。当然,由员工自发组织的非正式乐趣活动不应该作为组织管理和规章制度的一部分,也不应该限定其发生的空间和地理位置。更重要的是,由于员工自发组织的、在工作场所以外的、涉及企业利益相关者的非正式乐趣活动往往存在"政策模糊性",即很难界定这种乐趣活动究竟是为了组织目标的实现,还是仅仅只满足了员工的社交需求,甚至是员工获取关系资源的一种手段,所以企业应该适度控制,而不能盲目推崇。

其次,如果企业要进行有针对性的工作乐趣活动设计和政策制定,那么至少可以从这四个不同的层面具体展开:①在社交型工作乐趣活动设计方面,可以开展各种形式的公益活动、团队拓展以及跨部门非正式沟通和意见交换等;②在放松型工作乐趣活动设计方面,可以不定期地组织有主题的聚餐、郊游、读书会和观影、运动、小游戏等;③在辅助型工作乐趣活动设计方面,可以在工作场所布置休闲设施、提供茶点或工作餐以及工作后的亲子活动和小型庆功会等;④在福利型工作乐趣活动设计方面,可以由公司组织和安排各种慰问、旅游、抽奖或办公环境改善等。

最后,管理者尤其是团队和部门这一层级的主管对工作乐趣活动的重视程度,将直接影响企业制定的各种涉及工作乐趣的政策实施的具体效果。因此,企业应该对团队和部门主管开展工作乐趣活动和采用相关管理策略的培训工作,让其了解并重视工作乐趣对员工绩效的影响作用。此外,良好的同事间关系是企业开展和实施各种工作乐趣活动的基础和前提,如果没有良好的同事间关系,某些工作乐趣活动根本无从推施。因此,在实施工作乐趣活动之前,企业需要对团队和部门间同事关系进行调查和摸底,如果现有的工作氛围还无法推施某些工作乐趣活动,那应该首先思考如何解决这方面的具体问题(当然,某些工作乐趣活动本来就具有解决同事间关系紧张的功能和作用)。需要特别说明的是:工作乐趣除了来源于一些具体的活动设计,还可以来自工作本身,如根据工作特征模型,如果企业能够让员工在工作中感受到技能的多样性、任务的完整性、任务的重要性、任务的自主性和任务的反馈性,那么员工也会感受到工作的价值和乐趣,这一点切不可被忽略。当然,工作乐趣绝非包治百病的"万能特效药",甚至有时候会出现"水土不服"的问题。因此,无论是在企业层面设计还是团队和部门层面开展工作乐趣活动,都应该遵循"边试边改、有效可靠"的基本原则,也要考虑各种活动实施带来的成本和收益之间的具体关系。

7.4 工作乐趣未来研究的展望

对照组织行为学研究的其他子领域的研究历程,工作乐趣的研究还处于比较初级的阶段，尤其是在国内的组织管理领域，相关研究才刚刚起步。基于广义文献的定性和定量分析，针对目前工作乐趣整体研究存在的不足，借鉴针对该问题具有更长研究历史的单项研究成果，我们从以下三个方面提出未来针对工作乐趣进行理论研究和管理实践的具体对策。

7.4.1 厘清工作乐趣的边界研究

总体来看，在现有文献中存在"来源"、"空间"和"参与者"这三种传统的界定工作乐趣边界的视角。如表7-6所示，目前的绝大多数研究（91.3%）都至少从一个视角对工作乐趣进行边界限定，过半数从两个视角进行了界定，而同时从三个视角进行界定或完全没有界定的研究则占比很低（6.5%）。这一方面说明了边界限定的重要性，另一方面也说明目前研究者对边界的限定问题还存在较大的不一致性。同时从三个视角做出边界限定的文献几乎全部是针对某个具体的工作乐趣活动展开的研究。结合研究时间来看，2000~2016年从两个以上的视角来限定边界的文献比例从82%下降到了58%，这说明实际上学者在此过程中不断地突破工作乐趣的原有边界，拓展新的领域。因此，狭义地限定工作乐趣的研究边界并不符合当前该领域的研究现状和未来的研究趋势。

表7-6 工作乐趣研究的广义文献统计表——边界划分（单位：篇）

工作乐趣的边界	研究时间段		合计
	1982~1999年	2000~2016年	
未界定边界	2	10	12
单一边界	5	32	37
双边界	29	51	80
三边界	2	7	9
合计	38	100	138

首先，工作乐趣来源的边界。将工作乐趣的来源限定为"组织发起"的研究文献在所有文献中所占的比例是比较低的（20.3%），这部分学者强调有组织的活动和制度安排才应该是组织管理领域工作乐趣研究的对象。事实上，将工作乐趣分为组织发起（official fun或packaged fun）和员工自发（organic fun）是最早也是目前被广泛接受的基本分类方式，大部分的研究都认为应该同时考虑这两个来源（Plester et al., 2015）。但是，也有一些学者认为工作乐趣应该是随意的和非正式的，即完全由员工自发开展的（Fineman，2006）。当然，这类研究的数量极少（3.6%）；更多的研究还是为了区分员工自发的工作休闲活动与组织发起的娱乐活动之间的差异（Tews et al., 2013）。

其次，工作乐趣空间的边界。虽然工作场所乐趣（workplace fun）是许多相关研究的关键词，但是有42.8%的研究并不局限于员工工作的特定空间场所，如许多研究中所涉及的工作乐趣都包括集体出游（Choi et al., 2013；Tews et al., 2015）。从这一现象上来看，将该研究主题对应的中文译为"工作乐趣"而不是"工作场所乐趣"似乎更为恰当；而从理论上来看，所有组织发起的工作乐趣活动都可能直接或间接地（通过产生同事间的正面情感)给工作环境带来乐趣的感知,无论是否发生在实际工作环境中(Karl and Peluchette,2006)。

最后,工作乐趣参与者的边界。绝大部分的研究(84.8%)都默认员工是工作乐趣的参与者,但少数研究的额外界定也符合工作乐趣的研究内涵和目的,例如,Plester(2009)针对职场幽默的一项研究就包括了顾客与合作伙伴。这些研究的对象虽然符合工作乐趣的研究内涵和研究目的,即参与者的边界可以扩展至一些组织的利益相关者,如顾客、家人、供应商或合作伙伴等。但是,考虑到利益相关者之间的互动行为必须对组织绩效产生积极影响,而且这些行为很难受到组织管理策略的影响,所以员工自发地与利益相关者共同开展的各种活动,如果不是发生在工作场所,则不应该被纳入研究范畴。

事实上,广义文献分析的结果进一步验证了工作乐趣研究边界的不清晰,而对研究边界进行科学限定是开展相关理论探索的重要基础。因此,未来应该从来源、空间和参与者这三个视角综合考量,以明确工作乐趣的外延和研究的边界。换言之,由组织发起的工作乐趣不论发生的场所、参与成员和工作相关程度,均应纳入工作乐趣的研究范畴;而由员工发起的工作乐趣如果发生在工作场所或员工之间,也应纳入研究范畴。需要说明的是:由员工自发的、发生在工作场所外且包括利益相关者的乐趣活动虽然在个别文献中被纳入研究范畴,但受组织文化和人力资源管理策略的影响较小,并且也很难建立起与组织绩效直接或明显的关系,因此不应纳入研究范畴。

7.4.2 厘清工作乐趣的分类研究

如表 7-7 所示,现有文献中针对工作乐趣进行分类研究的数量很少(8%),即使是通过调查或建模来探索工作乐趣的类型学研究也还非常不足(32.1%),而基于分类模型来定量研究不同类型工作乐趣的文献仅仅只有 6 篇。本书根据唐杰和箫永平(2015)所构建的四分类模型对 138 篇文献进行编码,结果表明他们建构的四类工作乐趣能够基本涵盖所有文献的研究内容,平均抽样编码信度达到 91.0%,说明该分类模型的区分效度较好。具体的分类统计显示,放松型乐趣在现有研究中最被关注(44.6%),如员工自主安排工作、工作间隙的放松游戏等;其次是社交型乐趣(31.0%),如员工之间的幽默、工作后的聚会等。这两类工作乐趣的研究文献所占的比例较高,说明过去对工作乐趣的研究主要还集中在低组织程度的、员工自发的乐趣活动上;当然,这也反映了早期工作乐趣的研究焦点主要针对随意的和非正式的活动。与此同时,福利型乐趣的研究也占一定的比例(27.3%),如仪式活动和员工关爱项目等;但是辅助型乐趣的研究比例则最低(14.4%),如工作竞赛等。这从侧面反映出在现实的企业管理过程中,这方面的工作乐趣开展得比较少,也就缺乏研究的现实土壤。

表 7-7 工作乐趣研究的广义文献统计表——类型划分(单位:篇)

有无进行乐趣类型		研究时间段		合计
		1982~1999 年	2000~2016 年	
	无	38	89	127
	有	0	11	11
合计		38	100	138

事实上,广义文献分析的结果显示了工作乐趣的类型学(即分类)研究非常不足,而本书在类型编码时采用唐杰和萧永平(2015)的研究成果,从组织性和工作相关性两个维度出发,将工作乐趣分为社交型、放松型、辅助型和福利型四类。结果证实该分类模型具有较好的区分效度,因此未来的研究可以在此基础上探讨不同类型工作乐趣的效果差异,以进一步检验多维结构的有效性,也能够为实践活动提供更有针对性的操作性建议。此外,对员工主导的社交型和放松型工作乐趣的研究已经形成一定的理论成果,能够为管理实践提供相应依据。但是,针对辅助型工作乐趣的研究还严重不足,一些前沿的案例研究已经显露出此类工作乐趣的价值,但还缺乏有效的检验,如虚拟游戏学习(Dodgson et al., 2013)和工作环境设计(Ashkanasy et al., 2014)等,未来研究可以予以适当的关注。

7.4.3 厘清工作乐趣的因果研究

如表7-8所示,在所有的定量研究和混合研究中,只有29.6%的文献将乐趣的产生原因作为主要研究对象,其中3/4的研究从个体层面入手,说明工作乐趣的前因研究主要关注的是个体层面的因素。但前因研究中有41.6%的研究主要假设没有得到验证,且仅有4项研究针对的是负面影响,这着实说明了目前工作乐趣的前因研究不但数量不足,而且还很不成熟。再从结果研究的相关文献来看,76.5%的研究针对的是个体层面的因素,主要包括提高工作积极性、工作满意度和工作效率,但这其中有1/4的研究假设没有得到验证;而组织层面的结果变量主要包括组织凝聚力和组织绩效,等等。与此同时,在工作乐趣结果变量的实证研究中,只有不到1/4的文献(23.5%)分析了乐趣活动的负效应,如Pundt和Herrmann(2015)对冒犯性幽默和有危害的玩笑所做的研究。更具体地探讨定量研究的模型,直接效应模型占比过半(53.5%),然后是调节效应模型(22.5%),而中介模型以及其他复杂模型的研究则很少,这说明该领域的研究目前仍然以简单关系的验证和不同情境的适用性研究为主。

表7-8 定量研究和混合研究中工作乐趣的前因与结果(单位:篇)

项目		影响因素		研究模型				
		个体因素	组织因素	分类模型	直接关系模型	调节模型	中介模型	复杂模型
工作乐趣的前因	验证正向影响	8	4	0	10	0	1	1
	验证负向影响	1	0	0	1	0	0	0
	正、负皆检验	1	0	0	0	1	0	0
	正向未验证	6	2	0	5	0	0	0
	负向未验证	2	0	0	2	0	0	0
	合计	18	6	0	18	1	1	2
工作乐趣的结果	验证正向影响	20	8	0	11	8	3	3
	验证负向影响	2	1	0	2	2	0	0
	正、负皆检验	7	1	0	4	3	1	0
	正向未验证	9	2	1	3	2	4	1
	负向未验证	1	0	0	0	0	1	0
	合计	39	12	1	20	15	9	4

注:"复杂模型"指"被调节的中介或者被中介的调节模型"。

上述广义文献分析的结果显示：

（1）工作乐趣前因的研究明显不足，未来的研究可以借鉴具体乐趣活动的研究成果从两个方面来进行拓展：一方面，可以考虑更多维度的前因，如上级主管的特征、员工间关系对工作乐趣的影响以及工作沉浸（work-related flow）所带来的乐趣（Fagerlind et al.，2013）。另一方面，应该深化乐趣产生的机制研究，这个问题的核心是如何能够让员工在工作中感受到快乐、愉悦等正面的情绪，在此过程中可以综合采用如情感事件理论、工作适应理论等来探索相应的机制，并采用实验或大样本调查的方式检验其可靠性，从而发展出可能的新理论。

（2）工作乐趣结果研究的关注点还比较单一，尤其是组织层面的效果研究较少。未来的研究应该探讨更多元、更多层次的乐趣效果，如在单项乐趣活动的效果研究中已经涉及的员工心理健康、工作-家庭平衡和团队绩效等。

（3）工作乐趣直接效果的实证研究存在许多不一致的结论，如工作乐趣与组织承诺以及离职倾向的关系还有不同的结论（Tews and Michel，2014），因此未来的研究可以通过区分行业、区域和员工类型进一步检验不同类型工作乐趣的效果差异。

（4）工作乐趣负面效果的研究极少，检验可能的负面效果，才能回答管理者长期以来存在的关于工作乐趣的疑问。在这方面，可以借鉴单项乐趣活动已有的研究成果来进一步展开探讨，如在恋爱政策研究中讨论较多的是对工作过程和上下级关系的破坏、幽默和玩笑的冒犯性（Pundt and Herrmann，2015），以及备受争议的工作自主性对工作失误的影响（Wilson et al.，2015）。

第8章 研究总结

本书以绩效反馈作为切入点和突破口，针对新生代知识型员工反生产行为的影响因素、具体机制和控制对策展开相应的理论研究与实证分析。通过不断对研究内容和方案设计进行相应的优化，以期从个体特征和组织情境这两个层面建构一个更加全面与完备的新生代知识型员工反生产行为影响机制的理论研究框架。具体而言：基于我们在过去的研究过程中积累的大量原始数据（1026份知识型员工反生产行为的原始调查问卷），以及后期通过多次调查访谈和问卷发放所收集的第一手研究资料，本书有效地完成了包括：①新生代知识型员工反生产行为的结构维度探索；②个体人格特质对新生代知识型员工反生产行为的影响机制研究；③绩效反馈模式对新生代知识型员工反生产行为的影响机制研究；④组织结构特征对新生代知识型员工反生产行为的影响机制研究；⑤组织伦理气氛对新生代知识型员工反生产行为的影响机制研究；⑥超越个体特征和组织情境的工作乐趣的探索性研究等六个具有内在逻辑关联性的核心问题的研究。

8.1 研究内容和结论

本书围绕新生代知识型员工反生产行为的影响因素、发生机制和控制对策进行了比较系统的理论与实证研究，具体研究内容和主要研究结论如下。

1. 新生代知识型员工反生产行为的结构维度和测量量表

第2章通过实证研究的方法澄清了新生代知识型员工在反生产行为表现内容上的独特性，并采用标准的量表开发的程序，对新生代知识型员工反生产行为的结构维度进行了探索性研究，结果发现：新生代知识型员工反生产行为可以根据其"指向性和逐利性"这两个维度划分成四种类型（即四个维度）：贪墨侵占行为（组织指向的逐利型反生产行为）、渎职怠惰行为（组织指向的非逐利型反生产行为）、公司政治行为（人际指向的逐利型反生产行为）和敌对破坏行为（人际指向的非逐利型反生产行为）。在此基础上，本书初步建构了一个由50个题项组成的新生代知识型员工反生产行为的测量量表，经本书后续的实证分析检验，该量表的信效度水平均达到良好。

2. 个体人格特质对新生代知识型员工反生产行为的影响机制

第3章基于社会认知理论和资源保护理论，从工具性动机的视角研究了尽责感、宜人性和神经质对新生代知识型员工反生产行为的影响作用，并探讨了团队伦理气氛对该影响的调节机制，结果发现：宜人性对反生产行为的影响在不同团队内没有显著差异，团队伦理气氛能够增强尽责感对反生产行为的负向影响，并减弱神经质对反生产行为的正向影响。在此基础上，还进一步借助公平理论（又称社会比较理论）研究了不同类型的团队伦理气氛（自利导向、关怀导向和规则导向）和组织公正（领导公正和信息公正）对尽责感与神经质影响反生产行为的调节机制。结果发现：第一，领导公正对尽责感和组织指向与人际指向反生产行为之间的关系具有显著的调节作用，对领导公正的感知越强，尽责感和组织指向与人际指向反生产行为之间的负向关系越强；第二，领导公正对神经质和人际指向反生产行为之间的关系具有显著的调节作用，对领导公正的感知越强，神经质和人际指向反生产行为之间的正向关系越弱；第三，信息公正对神经质和人际指向反生产行为之间的关系具有显著的调节作用，对信息公正的感知越强，神经质和人际指向反生产行为之间的正向关系越弱。

3. 绩效反馈模式对新生代知识型员工反生产行为的影响机制

第4章基于反馈效价的视角，有机整合反馈内容（消极或积极）和反馈目的（评估或发展），建构了一个绩效反馈模式的分类标准，并将绩效反馈模式划分成：放任型反馈（消极-评估）、耗散型反馈（积极-评估）、协整型反馈（消极-发展）和激发型反馈（积极-发展）。在此基础上，以认知评价理论、期望落差理论、资源保护理论和社会交换理论为相应的基础，分析了四种不同类型的绩效反馈模式通过自我效能感和考核公平感作为相应的中介变量，对新生代知识型员工反生产行为的具体影响机制。进一步的案例和实证研究结果显示：第一，与协整型和激发型反馈相比，新生代知识型员工在放任型和耗散型反馈下会表现出明显较多的反生产行为，并且新生代知识型员工在放任型和耗散型反馈下的自我效能感和考核公平感也明显较低；第二，自我效能感和考核公平感都对新生代知识型员工的反生产行为具有显著的负向影响；第三，放任型和耗散型绩效反馈会对新生代知识型员工的自我效能感和考核公平感产生负向影响，进而促进其反生产行为；而协整型和激发型绩效反馈则会对新生代知识型员工的自我效能感和考核公平感产生正向影响，进而有效抑制其反生产行为。

4. 组织伦理气氛对新生代知识型员工反生产行为的影响机制

第5章在具体区分组织文化和组织气氛间具体差异的基础上，采用社会控制理论研究了自利导向、规则导向和关怀导向的组织伦理气氛对新生代知识型员工反生产行为的四个维度的具体影响，并利用优势分析的方法比较了不同类型的组织伦理气氛对反生产行为的某一具体维度的影响强度。相关实证分析的结果显示：第一，新生代知识型员工感知到的自利导向的团队伦理气氛对贪墨侵占行为、渎职怠惰行为和公司政治行为具有显著的正向影响；第二，新生代知识向员工感知到的关怀导向的团队伦理气氛对贪墨侵占和敌对破坏行为具有显著的负向影响；第三，新生代知识型员工感知到的规则导向的团队伦理气氛对贪墨侵占行为、渎职怠惰行为、公司政治行为和敌对破坏行为均有显著的负向影响；第四，在所有类型的团队伦理气氛中，自利导向的团队伦理气氛对新生代知识型员工反生产行为的影响强度最大。

5. 组织结构特征对新生代知识型员工反生产行为的影响机制

第6章研究组织结构复杂化、集权化、正规化和协调机制完善化四个重要特征对新生代知识型员工反生产行为的影响作用,并基于心理气氛的视角,分析工作自主性心理气氛和工作不安全心理气氛的中介机制。相关实证研究的结果显示:第一,复杂化和集权化对新生代知识型员工反生产行为具有显著的正向影响,正规化对新生代知识型员工反生产行为的影响并不显著,而协调机制则对新生代知识型员工反生产行为具有显著的负向影响。这在一定程度上说明了现代企业组织结构形式变革的基本趋势是"柔性化",只有真正实现"柔性化"的企业才能够最大限度地提高员工的工作绩效,控制其消极态度和行为。第二,新生代知识型员工的工作自主性心理气氛对其反生产行为具有显著的负向影响,而工作不安全心理气氛则对其反生产行为具有显著的正向影响。第三,除了正规化对工作不安全心理气氛的影响不显著,组织结构的其他维度对工作自主性和工作不安全心理气氛的影响均显著,换言之,复杂化、集权化和协调机制完善化可以以工作自主性心理气氛和工作不安全心理气氛为中介,对新生代知识型员工反生产行为产生影响。

6. 超越个体特征和组织情境对工作乐趣的探索性研究

第 7 章为了跳出现有的新生代知识型员工反生产行为的研究体系来探索一些看似不相关,但实则非常重要的问题。我们超越"定性因果推理"的逻辑框架,从新生代知识型员工在工作中的价值主张和终极追求这个角度,梳理了研究工作乐趣问题的相关成果,并试图将工作乐趣和新生代知识型员工反生产行为建立起相应的联系。具体而言,我们采用文献计量分析的基本方法,对研究工作乐趣问题的广义文献进行了内容分析,澄清了其目前存在的四大核心问题:外延界定不清晰、分类标准不统一、前因探究不全面、结果分析不明确。在此基础上,通过对工作乐趣的类型学探讨,初步界定了四种类型的工作乐趣:社交型乐趣(自发的/工作无关的乐趣)、放松型乐趣(自发的/工作相关的乐趣)、辅助型乐趣(官方的/工作相关的乐趣)、福利型乐趣(官方的/工作无关的乐趣),并利用该分类模型检验了四种类型的工作乐趣对新生代知识型员工的任务绩效、组织公民行为和反生产行为的影响。实证分析的结果显示:放松型工作乐趣、辅助型工作乐趣和福利型工作乐趣都对新生代知识型员工反生产行为具有显著的负向影响。但是,由于目前该领域的相关研究才刚刚起步,所以未来如果期望从工作乐趣的角度来探索新生代知识型员工反生产行为的预防措施和控制对策,还需要进一步厘清工作乐趣的边界、分类和因果等一系列问题。

8.2 管理对策和建议

事实上,研究新生代知识型员工反生产行为具有很强的必要性。从企业的角度来看,这关系到企业人力资源管理策略的制定和具体实践,更关系到企业未来的生存和发展;从个人的角度来看,这关系到新生代知识型员工能否尽快成长为一个真正意义上的高绩效工作者,更关系到其个人长期的职业发展和成功。因此,从这个角度来看,本书的应用价值主要体现在:帮助中国企业的管理者更加全面地了解和认识新生代知识型员工反生产行为的表现内容和形式,并引导他们通过人格特质评估、绩效反馈优化、伦理气氛培育、组织结构设计以及工作乐趣创造等具体手段和措施,有效地预防和控制新生代知识型员工反生产行为。

1. 审慎对待人格特质评估

近年来,越来越多的中国企业开始在人力资源招聘的过程中采用各种心理测验对应聘者进行甄选。这其中,大五人格特质测试已经成为几乎绝大多数企业都要求应聘者必须完成的一项基础性心理测试。不可否认,人格倾向测试可以对个体的人格进行分析与评估,从而为企业的人才甄选与录用工作提供科学的依据。但是,我们认为:纵然人格特质在一定程度上体现了员工面对消极事件和消极情绪时的差异性以及员工在"报复倾向"上的差异性,企业也不应该武断地把人格特质测试作为决定一名潜在雇员去留的决定性指标,除非企业所招聘的工作岗位对员工的人格特质有明确而严格的要求。换言之,企业不能简单地因为人格特质与反生产行为之间的某种关系而凭借人格测试的结果进行人才甄选,否则很有可能会在招聘环节就失去大量优秀的人才。因为根据资源保护理论对人格特质与反生产行为间关系的解释,企业只要关注员工在工作过程中的各种心理需求,及时发现其资源匮乏并为其进行资源补偿,即使是具有消极人格特质的员工,也能够将其在工作中的反生产行为控制在最低水平;但如果企业无视员工在工作过程中的各种心理需求,无法为员工实现工作目标提供必要的资源支持,即使是具有积极人格特质的员工,也可能无法阻止其出现反生产行为。

所以,企业不仅要审慎地采用人格测试的方法从人事甄选的角度来预防由人格特质可能引起的各种反生产行为,更应该以人格测试的结果为基础,从员工资源保护的角度来控制由人格特质可能引起的各种反生产行为,从而在企业内部建立起一个反生产行为的事前预防和过程控制系统。尤其是对于中国企业的员工而言,由于"知恩图报"是中国人所具有的传统性的重要特征之一,因此如果企业能够关注员工的心理需求,适时适当地帮助具有消极人格特质的员工降低资源匮乏感,这些员工就会在工作过程中通过抑制反生产行为作为对企业的回报;同时,如果企业能够适时适当地为具有积极人格特质的员工提供各种形式的与工作任务相关的资源支持,这些员工也会在工作过程中通过进一步控制反生产行为作为对企业的回报。

2. 不断优化绩效反馈模式

随着越来越多的 90 后求职者步入职场,很多企业中的员工年龄结构也悄然发生着改变。据前程无忧发布的《2013 年离职与调薪调研报告》企业中 85 后员工的比例越高,其平均离职率也会越高;而如果企业中 85 后员工所占比例达到 70%以上,员工的离职率更是会达到惊人的 21.9%。虽然雇主和社会大众普遍认为新生代员工更注重自我实现,职业观念复杂多变,对企业的忠诚度较低是稳定性相对较差、离职率相对较高的原因,但是,从《2013 离职与调薪调研报告》发布的统计数据来看,"对薪酬福利不满意"、"绩效考核体系缺乏公平公正性"以及"难以获得技能提升和良好的职业发展空间"才是新生代知识型员工主动离职的最重要的三个真正原因。由此可见,为了创建一支相对稳定的新生代知识型员工队伍,提高绩效考核的公平与公正性是一个不可或缺的因素。然而,现在的很多企业虽然重视绩效考核,但是却把精力过分地放了如何提高考核精度与降低考核偏差这两个问题上,却忽视了基于绩效考核进行科学有效的绩效反馈。事实上,这种"重考核形式、轻反馈实质"的绩效管理体系，直接导致了员工对考核公平感的认知较差，也很难基于考核获得技能提升和职业发展的空间。所以，本书的一个重要管理启示就是，只有考核与反馈两手都要抓，并且两手都过硬的企业，才能真正为新生代知识型员工创造一个科学的绩效管理体系。

然而，为了提高绩效反馈的信息量和所谓的公平性，现在有一些企业在绩效反馈的过程中基于360度考核建立起了所谓的360度反馈体系。但是，360度反馈的核心不在于反馈源究竟有多少的问题，而在于反馈过程中反馈源与反馈对象之间的交互作用。换言之，反馈源如何与反馈对象之间建立起相应的尊重和信任机制，使反馈对象相信并接受反馈信息，从而达到有效激发反馈对象的积极态度与行为，控制反馈对象的消极态度与行为，才是360度反馈体系建构要解决的核心问题。基于本书的相关理论和案例研究成果来看，如果反馈源是上级或组织本身，那么只有反馈源以帮助反馈对象实现有效发展（包括技能提升和职业发展）为目的，采用激发型绩效反馈或协整型绩效反馈，才可能获得反馈对象的"信任"，从而有效控制其出现各种消极的态度和行为。尤其是对于新生代知识型员工而言，由于他们的工作和生活价值观中有更多的追求公平、自主、独立以及成就的基因，以及相应的领地意识和自尊心，但是他们往往又缺乏抗逆和自我约束的能力。因此，从有效控制新生代知识型员工反生产行为的角度来看，上级或组织应该尽量少采用以评估为目的的放任型绩效反馈和耗散型绩效反馈，从而避免员工因自我效能感与考核公平感的降低而表现出反生产行为。

3. 持续培育积极伦理气氛

作为组织文化的重要组成部分和具体表现形式，在组织中避免或塑造某些特定类型的团队伦理气氛，对于有效地控制和管理新生代知识型员工的反生产行为具有非常重要的现实意义。新生代知识型员工基本上都是独生子女，因此他们凡事都习惯以自我为中心，具有很强的自我意识。在网络信息环境下，受到西方文化和思想的影响，他们追求思想上的独立自由和主张自我的话语权。他们更愿意昭示自我存在、展示自我价值；他们自尊心强，希望社会和他人认同自己的心理特征十分明显。同时，由于他们的经历、视野与前几代人存在较大的差别，他们成长的环境比前几代人要优越许多，他们自我定位较高，强调个人本位。所有的这一切叠加在一起，就产生了一个非常重要的影响：面对高度自利的他人或组织环境，新生代知识型员工往往会强势反击、寻求报复。这也就不难理解为什么当新生代知识型员工感知到自利导向的团队伦理气氛时会表现出较多的反生产行为了。反之，如果在组织内形成一种强调规则、尊重制度的伦理气氛，则很有可能给新生代知识型员工提供心理上的边界感甚至仪式感，让员工在行动上有一个相对明确的底线和方向，进而有效地控制其表现出相应的反生产行为。由此可见，在组织中避免（自利导向的伦理气氛）或塑造（规则导向的伦理气氛）某些特定类型的团队伦理气氛，对于有效的控制和管理新生代知识型员工的反生产行为具有非常重要的现实意义。

然而，虽然近年来组织伦理方面的问题逐渐受到了国内企业管理者的重视，但是其关注的重点主要还集中在组织制度化伦理系统的建设层面，企业伦理规章制度建设、伦理咨询、伦理教育和培训等。现实表明，这种做法存在很大的局限性：一方面，随着企业所处的环境日趋动态复杂,企业与员工所面临的规范问题和伦理困境往往是全新的,解决问题的途径也就没有什么先例可循,因此制度化企业伦理系统的功能与效用的发挥会受到很大的限制;另一方面,组织制度化伦理系统发挥作用的关键还在于组织成员对组织伦理环境(伦理规章制度只是伦理环境的一个方面)的认同与内化。所以,仅仅依靠制度化或者科层控制的方式来治理组织中的员工反生产行为是远远不够的,而把制度化伦理系统的建设当成解决员工反生产行为问题的措施,同样没有走出简单的依靠正式控制的办法来解决问题的窠臼。事实上,企业应该更多地从行为科学的角度入手来探索解决问题的有效途径,而组织伦理气氛的塑造和培育就是一个现实而可行的操作方案,尤其是对于新生代知识型员工而言,这一点更加明显。因为新生代知识型员工反生产行为的改善和控制不仅与组织的规章制度、教育培训有着密切的关系,也与组织是否存在支持、鼓励相关行为的伦理气氛密切相关。组织伦理气氛的塑造和培育不仅有利于提高新生代知识型员工的组织认同、组织承诺感和工作满意度,而且还可以减少提高组织的周边绩效,推动组织的可持续性发展。从这个意义上来说,组织伦理气氛的塑造和培育是一条从根本上解决新生代知识型员工反生产行为问题的重要途径,只有在组织中不断地塑造和强化积极的伦理气氛,才能有效地控制新生代知识型员工在动态环境下可能出现的种种不符合组织利益和阻碍组织目标实现的反生产行为。

4. 动态优化组织结构设计

在大量制造标准化产品的工业化时代,体现专业分工精神的传统企业组织结构形式所采用的复杂化和集权化设计的确能够实现产品整体的最优化生产和运营成本的大幅下降。但是,随着科学技术的发展和市场在广度与深度上的扩张,从市场需求的角度来审视这种组织结构的运行效果时,就会发现新问题。在知识经济时代,顾客、竞争和变革(简称"3C")构成了影响企业生存与发展的三股力量,为了适应以"3C"为特征的外部环境,即时响应顾客需求和市场竞争,企业必须具备随时进行变革的"动态能力"。然而,如果组织结构形式过于复杂化和集权化并且不具备完善的协调机制,那么企业就会因为员工所表现出的各种不利于组织发展的反生产行为而陷入无法适应顾客需求和市场竞争的僵局。换言之,只有当组织结构具备较低的复杂化和集权化水平,以及较完备的协调机制时,企业才可能具备根据顾客需求和市场竞争随时进行各种变革的"动态能力"。

与此同时,工作自主性和工作不安全心理气氛实际上都在一定程度上反映了员工对环境不确定性的认知,即较低的工作自主性心理气氛和较高的工作不安全心理气氛实际上都体现了员工内心深处的某种不确定性体验。换言之,企业组织结构的柔性化设计(扁平化、分权化和协调机制完善化)实际上是通过降低员工对环境不确定性的认知来抑制其表现出各种反生产行为的,所以工作自主性心理气氛和工作不安全心理气氛在组织结构影响反生产行为的过程中起到了重要的中介作用。基于此,企业应该建立起帮助员工根据自身特点进行工作决策的内部机制(主要包括相应的奖惩机制),管理者应该努力实现从裁判员向教练员的角色转变,在充分尊重员工的基础上鼓励员工以适合自己的方式完成具体工作;彻底摒弃官本位意识,多理解、多支持、少命令、少指责员工,以平等、互利的心态处理上下级关系。另外,管理者还应该密切关注企业内各种重大和关键事件（如工作分工、工资提升、奖金分配、职位晋升、岗位调动、惩戒处罚、机构重组等）对员工的心理影响，主动开辟多种正式和非正式渠道向员工披露及说明各项管理决策的具体目标与预期效果，避免降低员工的工作自主性心理气氛和提高员工的工作不安全心理气氛。

5. 倡导创造工作乐趣

在组织管理的过程中，无论是研究者还是实践者都应该更加关注管理的最重要对象——员工本身，而不是过分地关注和创造（或依赖）所谓的"工具"。如果在组织管理的过程中凡事都这么做，纵使短期有效，也可能会在长期"失效"，因为它也许只是一种"治标不治本"的方法。尤其是对于新生代知识型员工而言，这种"工具化"的治理和控制其反生产行为的做法无疑也存在"短期有效、长期失效"的风险。我们相信，只要新生代知识型员工能够在工作中体验到更多的工作乐趣，很多现实的管理困境（包括反生产行为）都会迎刃而解。当然，这体现了管理者超越工具化的思维，关注新生代知识型员工本身的一种价值导向。

事实上，为了鼓励工作乐趣在组织管理过程中发挥积极且可控的效果和作用，企业应该一方面主动发起和设定各种不限于工作场所内的乐趣活动，并将这些乐趣活动作为组织管理和规章制度的一部分明确下来；另一方面，企业还应该在内部营造一种相对轻松和愉悦的工作氛围，依托员工的兴趣、爱好和特长开展一些不定期和非正式的乐趣活动，让员工实现工作和生活的有机平衡。当然，由员工自发组织的非正式乐趣活动不应该作为组织管理和规章制度的一部分，也不应该限定其发生的空间和地理位置。更重要的是，由于员工自发组织的、在工作场所以外的、涉及企业利益相关者的非正式乐趣活动往往存在"政策模糊性"，即很难界定这种乐趣活动究竟是为了组织目标的实现，还是仅仅只满足员工的社交需求，甚至是员工获取关系资源的一种手段，所以企业应该适度控制，而不能盲目推崇。

8.3 创新与不足

1. 本书的主要学术创新

第一，在澄清了新生代知识型员工反生产行为独特性的基础上，将其划分为贪墨侵占、渎职怠惰、公司政治和敌对破坏四个具体维度，并开发了具有一定信效度的测量量表。

第二，以新生代知识型员工为特定研究对象，从个体特征和组织情境两个层面，比较系统地分析了一些核心因素影响反生产行为的具体机制，并提出了相应的针对反生产行为的预防措施和控制对策。其中，关于绩效反馈模式和组织结构特征的分析，对现有的研究成果起到了补充和完善的重要作用。

第三，对工作乐趣的广义文献进行了定性与定量相结合的具体分析，并且对工作乐趣与新生代知识型员工任务绩效、组织公民行为和反生产行为间的关系进行了相应的探索，打破了基于"定性因果推理"的基本逻辑建构反生产行为影响机制的研究框架和理论模型的窠臼，拓展了研究反生产行为问题的现有理论体系，为后续相关研究奠定了一定的基础。

第四，在本书的研究过程中还产生了一些具体的学术创新：①将反生产行为界定为组合型多维构念，采用多维尺度分析的方法对具有相关性的测量指标进行相应的分类；②提出了基于反馈效价对绩效反馈模式进行划分的理论构想，初步界定了耗散型、放任型、协整型和激发型的绩效反馈模式；③采用纵向研究的基本方法，通过一个准实验性质的案例研究，分两阶段收集研究数据，分析了绩效反馈的四种模式对新生代知识型员工反生产行为的影响；④采用优势分析的基本方法，定量比较了不同类型的组织伦理气氛（自利导向、规则导向和关怀导向）影响新生代知识型员工反生产行为的四个维度（贪墨侵占、渎职怠惰、公司政治、敌对破坏）相对重要性程度；⑤基于个体心理气氛的视角，分析了组织结构特征通过新生代知识型员工的工作自主性心理气氛和工作不安全心理气氛对其反生产行为产生影响的具体过程，为组织结构对个体态度和行为产生影响的发生机制提供了一个新的研究视角；⑥通过对工作乐趣的类型学分析，初步界定了四种类型的工作乐趣：社交型乐趣（自发的/工作无关的乐趣）、放松型乐趣（自发的/工作相关的乐趣）、辅助型乐趣（官方的/工作相关的乐趣）、福利型乐趣（官方的/工作无关的乐趣）。

2. 本书的主要不足

第一，从绩效反馈多元化的角度来看，组织会给员工提供关于其工作绩效的信息反馈，员工自身的反馈寻求也是其获得与绩效相关信息的一个重要途径。然而，本书目前只从组织层面探索了绩效反馈模式影响新生代知识型员工反生产行为的具体机制，却没有从个体层面分析新生代知识型员工的反馈寻求对其反生产行为的影响。事实上，我们在本书项目的具体执行过程中，曾经尝试过以在校大学生作为研究对象，探索其反馈寻求行为对学业自我效能感、学习成绩以及学习怠惰行为的影响，并且在理论模型建构的过程中提出了多组具有竞争性关系的研究假设，但是实证分析的结果却并不理想，出现了一些暂时解释不清楚的数据结果。除此之外，无论组织层面的绩效反馈模式还是个体层面的反馈寻求行为，都在很大程度上受到整个组织的反馈文化以及主管（即反馈者）的领导风格等因素的影响，然而，本书目前也尚未展开相关议题的讨论。基于此，今后针对绩效反馈问题的研究可以针对上述问题展开更多的理论探索。

第二，从研究方法的角度来看，针对绩效反馈模式影响新生代知识型员工反生产行为的相关研究采用了纵向研究的基本方法分阶段收集研究数据，其他实证研究的相关数据基本上都是截面数据，这是本书存在的一个明显不足。此外，对新生代知识型员工反生产行为的测量也主要以员工自评为主，没有收集主管他评的数据与员工自评的数据进行相应的配对，这可能也是本书在实证数据收集上存在的另一个不足。基于此，今后的相关研究一方面应该考虑通过纵向研究设计分阶段收集实证数据；另一方面也应该考虑通过配对数据的收集来开展相关实证研究，从而在更大程度上保障研究数据的可靠性。当然，除了通过问卷调查收集研究数据，也可以通过实验（包括准实验）、网络爬虫等方式多渠道采集研究数据，并展开不同数据源的对比分析。

参 考 文 献

白晓君, 2013. 新生代员工的人力资源管理策略[J]. 价值工程, 32(1): 140-141.
蔡波, 2012. 组织气候与新生代员工管理[J]. 企业导报, (12): 191-192.
陈春花, 刘景龙, 2012. 反生产行为管理策略研究: 组织公正视角[J]. 科技管理研究, (1): 193-196.
达夫特, 2008. 组织理论与设计[M]. 9版. 王凤彬, 张秀萍, 译. 北京: 清华大学出版社.
迪尔, 肯尼迪, 2008. 新企业文化[M]. 孙健敏, 黄小勇, 李原, 译. 北京: 中国人民大学出版社.
范丽群, 周祖成, 2006. 组织伦理气氛与不道德行为关系的实证研究[J]. 软科学, (4): 117-121.
傅红, 2013. 组织变革对新生代员工工作压力影响关系研究[D]. 昆明: 昆明理工大学.
傅红, 段万春, 2013. 我国新生代员工的特点及动因——从新生代各种热门事件引发的思考[J]. 社会科学家, (1): 88-91.
高萍, 2009. 80后个性特征及管理策略研究[D]. 大连: 大连海事大学.
宫淑燕, 2015. 新生代知识员工自我认同对组织行为的作用机理研究[D]. 西安: 西北工业大学.
郭重庆, 2008. 中国管理学界的社会责任与历史使命[J]. 管理学报, (3): 320-322.
郭重庆, 2011. 中国管理学者该登场了[J]. 管理学报, (12): 1733-1736.
韩巍, 2009. 管理学在中国: 本土化学科构建几个关键问题的探讨[J]. 管理学报, (6): 711-717.
黄洪基, 邓蕾, 陈宁, 等, 2009. 关于"80后"的研究文献综述[J]. 中国青年研究, (7): 7-15.
黄瑛, 裴利芳, 2012. 工作场所越轨行为的影响因素和组织控制策略[J]. 中国人力资源开发, (11): 55-60.
纪海楠, 2011. XL集团新生代员工战略性人力资源管理研究[D]. 昆明: 昆明理工大学.
卡斯特, 罗森茨韦克, 1985. 组织与管理——系统方法与权变方法[M]. 傅严, 等译. 北京: 中国社会科学出版社.
李超平, 时勘, 2005. 优势分析在组织行为学研究中的应用[J]. 数理统计与管理, (6): 44-48.
李国富, 2012. 新生代员工差别化人力资源策略研究[J]. 安徽科技学院学报, (1): 118-123.
李京文, 2001. 新世纪的创新: 新特点、新趋势与我们的对策[J]. 中国统计, (12): 19-21.
李溪, 郑馨, 张建琦, 2015. 绩效反馈模式的最新研究进展[J]. 经济管理, (9): 189-199.
李燕萍, 侯烜方, 2012. 新生代员工工作价值观结构及其对工作行为的影响机理[J]. 经济管理, (5): 77-86.
李燕萍, 杨婷, 潘亚娟, 等, 2012. 包容性领导的构建与实施——基于新生代员工管理视角[J]. 中国人力资源开发, (3): 31-35.
李忆, 司有和, 2009. 组织结构、创新与企业绩效: 环境的调节作用[J]. 管理工程学报, (4): 20-26.
李玉梅, 2016. 新生代员工组织公平感与反生产行为的关系研究[D]. 大连: 辽宁大学.
刘凤香, 2010. 工作场所乐趣研究现状评介与未来展望[J]. 外国经济与管理, (10): 42-50.
刘红霞, 2013. 新生代白领的职业诉求研究——基于中关村科技园区企业新生代白领的调查分析[J]. 中国青年研究, (1): 65-69.
刘文彬, 井润田, 2010. 组织文化影响员工反生产行为的实证研究: 基于组织伦理气氛的视角[J]. 中国软科学, (9): 118-129.
刘文彬, 井润田, 李贵卿, 2014a. 员工人格特质对反生产行为的影响机制研究: 团队伦理气氛的跨层次调节[J]. 预测, (4): 8-14.
刘文彬, 井润田, 林志扬, 2014b. 组织结构对员工反生产行为的影响机理——基于心理气氛视角[J]. 软科学, (11): 76-80.

刘文彬, 唐杰, 2015. 绩效反馈对新生代员工反生产行为的影响机制[J]. 经济管理, (6): 188-199.
刘亚, 2002. 组织公平感的结构及其与组织效果变量的关系[D]. 武汉: 华中师范大学.
刘玉新, 张建卫, 黄国华, 2011. 组织公正对反生产行为的影响机制: 自我决定理论视角[J]. 科学学与科学技术管理, (8): 162-172.
刘云, 石金涛, 2008.气氛研究的范式界定与脉络梳理[J]. 外国经济与管理, (12): 25-31.
龙君伟, 2003a. 反馈干预对绩效的影响研究[J]. 心理科学, (4): 658-660.
龙君伟, 2003b. 绩效反馈对员工创造性的影响[J]. 人类工效学, (1): 49-51.
罗宾斯, 1996.管理学[M]. 4 版. 黄卫伟, 等译. 北京: 中国人民大学出版社.
吕翠, 周文霞, 2010. 新生代员工怎么管理——从富士康员工坠楼事件谈起[J]. 中外企业文化, (6): 23-25.
麦克纳, 比奇, 2005. 人力资源管理简明教程[M]. 张勉, 刘文雯, 王墨, 等译. 北京: 中国人民大学出版社.
潘琦华, 2012. 新生代员工职业发展通道管理研究——以 YL 公司为例[J]. 中国人力资源开发, (8): 98-101.
潘琦华, 2013. 需求偏好视角下新生代员工激励的经济学分析[J]. 河南师范大学学报(哲学社会科学版), (1): 162-164.
彭贺, 2010. 中国知识员工反生产行为分类的探索性研究[J]. 管理科学, (2): 86-93.
彭贺, 2011. 知识员工反生产行为的结构及测量[J]. 管理科学, (5): 12-22.
彭正龙, 赵红丹, 梁东, 2011. 中国情境下领导-部署交换与反生产行为的作用机制研究[J]. 管理工程学报, (2): 30-36.
盛庆琜, 2006. 统合效用主义与公平分配[M].杭州: 浙江大学出版社.
石金涛, 范丽群, 周祖城, 2007. 我国企业伦理气氛及不道德行为差异的研究[J]. 科学学研究, (4): 756-763.
唐杰, 萧永平, 2015. 基于扎根理论的工作乐趣研究: 边界、类型与策略[J]. 人力资源管理, (3): 14-15.
唐美玲, 2007. 青年白领的职业获得与职业流动——男性与女性的比较分析[J]. 青年研究, (12): 1-8.
汪亚明, 刘文彬, 唐杰, 2017. 基于混合方法的工作乐趣分类模型构建及其效用的实证研究[J]. 运筹与管理, (4): 185-191.
王聪颖, 杨东涛, 2012. 员工代际差异对其工作场所乐趣与绩效关系的影响[J]. 管理学报, (12): 1772-1778.
王永丽, 时堪, 2004. 绩效反馈研究的回顾与展望[J]. 心理科学进展, (2): 282-289.
魏江, 王铜安, 陆江平, 2009. 知识密集型服务企业创新组织结构特征及其与创新绩效关系实证研究[J]. 管理工程学, (3): 103-110.
伍晓奕, 2007. 新生代员工的特点与管理对策[J]. 中国人力资源开发, (2): 44-46.
谢蓓, 2007. 80 后新生代员工激励措施探讨[J]. 技术与市场,(2): 65-66.
邢以群, 杨海锋, 2001. 企业管理系统的自适应性研究[J]. 科学学与科学技术管理, (9): 36-39.
徐光, 钟杰, 高阳, 2016. 知识型员工创新行为激励策略研究——基于心理契约视角[J]. 科学管理研究, (4): 89-92.
姚月娟, 2008. 新生代员工的多元化激励[J]. 生产力研究, (10): 144-145.
翟肖锋, 2007. 国有企业知识型员工的激励问题研究[D]. 太原: 太原理工大学.
展珊珊, 2011. 新生代员工的主观幸福感、组织认同及工作绩效关系研究[D]. 武汉: 华中师范大学.
张丹, 2011. 企业新生代员工管理问题研究[D]. 哈尔滨: 黑龙江大学.
张光磊, 刘善仕, 2012. 企业能力与组织结构对自主创新的影响——基于中国国有企业的实证研究[J]. 管理学报, (3): 408-414.
张光磊, 周金帆, 2015. 新生代员工的定义与特征研究述评[J]. 武汉科技大学学报(社会科学版), (4): 449-454.
张建卫, 刘玉新, 2008. 反生产行为的理论述评[J]. 学术研究, (12): 80-90.

张建卫,刘玉新,2009. 企业反生产行为:概念与结构解析[J].心理科学进展,(5): 1059-1066.

张永军,2014. 绩效考核公平感对反生产行为的影响:交换意识的调节作用[J]. 管理评论,(8): 158-180.

张志学,张建君,梁钧平,2006. 企业制度和企业文化的功效:组织控制的观点[J]. 经济科学,(1): 117-128.

赵策,2016. 新生代员工组织认同、工作幸福感和反生产行为关系研究[D]. 长春:吉林大学.

赵君,2013. 基于绩效考核视角下职场偏差行为的治理策略[J]. 人力资源管理,(5): 65-67.

赵君,廖建桥,张永军,2011. 绩效考核对员工反伦理行为的影响:研究综述与未来展望[J]. 管理评论,(11): 102-109.

周青,2010. 激励"新生代"员工并非难事[J]. 人力资源,(5): 38-39.

周石,2009. 80后员工"职业观"分析[J]. 管理世界,(4): 184-185.

朱光,黄盼盼,2012. 目标管理模式下的新生代员工管理[J]. 现代管理科学,(2): 104-106.

朱晓武,阎妍,2008. 组织结构维度研究理论与方法评价[J]. 外国经济与管理,(11): 57-64.

Abas C, Omar F, Halim F W, et al, 2015. The mediating role of organizational-based self-esteem in perceived organizational support and counterproductive work behavior relationship[J]. International Journal of Business and Management, 10(9): 99-108.

Aleassa H M, Zhang J, 2014. Performance appraisal satisfaction and counterproductive behaviors: direct and moderating effects[J]. International Journal of Business Administration, 5(1): 76-89.

Alvero A M, Bucklin B R, Austion J, 2001. An objective review of the effectiveness and essential characteristics of performance feedback in organizational settings(1985-1998)[J]. Journal of Behavior Management, 21(1): 3-29.

Appelbaum S H, Deguire K J, Lay M, 2007. The relationship of ethical climate to deviant workplace behavior[J]. Corporate Governance, 5(4): 43-55.

Aquino K, Galperin B L, Bennett R J, 2004. Social status and aggressiveness as moderator of the relationship between interactional justice and workplace deviance[J]. Journal of Organization Behavior, 34(5): 1001-1029.

Aquino K, Lewis M U, Bradfield M, 1999. Justice constructs, negative affectivity and employee deviance: A proposed model and empirical test[J]. Journal of Organizational Behavior, 20(7): 1073-1091.

Argyres N S, Silverman B S, 2004. RandD, Organization Structure, and the development of corporate technological knowledge[J]. Strategic Management Journal, 25(8): 929-958.

Ashkanasy N M, Ayoko O B, Jehn K A, 2014. Understanding the physical environment of work and employee behavior: An affective events perspective[J]. Journal of Organizational Behavior, 35(8): 1169-1184.

Avolio B J, Howell J M, 1999. A funny thing happened on the way to the bottom line: Humor as a moderator of leadership style effects[J]. Academy of Management Journal, 42(2): 219-227.

Baptiste N R, 2009. Fun and well-being: Insights from senior managers in a local authority[J]. Employee Relations, 31(6): 600-612.

Barker J R, 1993. Tightening the iron cage: Concertive control in self-managing teams[J]. Administrative Science Quarterly, 38(3): 408-437.

Barney J B, Zhang S J, 2009. The future of Chinese management research: A theory of Chinese management Versus a Chinese theory of management[J]. Management and Organization Review, 5(1): 15-28.

Baron R A, Neuman J H, 1996. Workplace violence and workplace aggression: Evidence on their relative frequency and potential causes[J]. Aggressive Behavior, 22(3): 161-173.

Barsky A, 2008. Understanding the ethical cost of organizational goal-setting: A review and theory development[J]. Journal of Business Ethics, 81(1): 63-81.

Beattie S, Woodman T, Fakehy M, et al, 2016. The role of performance feedback on the self-efficacy-performance relationship[J]. Sport, Exercise, and Performance Psychology, 5(1): 1-13.

Beck E M, Betz M, 1975. Comparative analysis of organizational conflict in schools[J]. Sociology of Education, 48(1): 59-74.

Belschak F D, Hartog D N D, 2009. Consequences of positive and negative feedback: The impact on emotions and extra-role behaviors[J]. Applied Psychology, 58(2): 274-303.

Bennett R J, Robinson S L, 2000. Development of a measure of workplace deviance[J]. Journal of Applied Psychology, 85(3): 349-360.

Bergeron D G, 2007. The potential paradox of organizational citizenship behavior: Good citizens at what cost?[J]. The Academy of Management Review, 32(4): 1078-1095.

Berkowitz L, Connor W H, 1966. Success, failure, and social responsibility[J]. Journal of Personality and Social Psychology, 12(1): 69-82.

Berry C M, Ones D S, Sackett P R, 2007. Interpersonal deviance, organizational deviance, and their common correlates: A review and meta-analysis[J]. Journal of Applied Psychology, 92(2): 410-424.

Bies R J, Tripp T M, 1996. Beyond distrust: Getting even' and the need for revenge[A]//Kramer R M, Tyler T. (Eds.) Trust in Organizations[C]. Newbury Park, CA: Sage Publications.

Bolton S C, Houlihan M, 2009. Are we having fun yet? A consideration of workplace fun and engagement[J]. Employee Relations, 31(6): 556-568.

Boswell W R, Boudreau J W, 2002. Separating the developmental and evaluative performance appraisal uses[J]. Journal of Business and Psychology, 16(3): 391-412.

Bowling N A, Eschleman K J, 2010. Employee personality as a moderator of the relationships between work stressors and counterproductive work behavior[J]. Journal of Occupational Health Psychology, 15(1): 91-103.

Bowling N A, Gruys M L, 2010. Overlooked issues in the conceptualization and measurement of counterproductive work behavior[J]. Human Resource Management Review, 20(1): 54-61.

Bracken D W, Rose D S, 2011. When does 360-degree feedback create behavior change? And how would we know it when it does?[J]. Journal of Business Psychology, 26(2): 183-192.

Camara W J, Schneider D L, 1994. Integrity test: Fact and unresolved issues[J]. American Psychologist, 49(3): 112-119.

Cammann C, Fishman M, 1983. Assessing the attitudes and perceptions of organizational members[M]. Assessing organizational change: A guide to methods, measures, and practices: 71-138.

Campbell W K, 1999. Narcissism and romantic attraction[J]. Journal of Personality and Social Psychology, 77(6): 1254-1270.

Cennamo L, Gardner D, 2008. Generational differences in work values, outcomes and person-organization values fit[J]. Journal of Managerial Psychology, 23(8): 891-906.

Chan S C H, 2010. Does workplace fun matter? Developing a useable typology of workplace fun in a qualitative study[J]. International Journal of Hospitality Management, 29(4): 720-728.

Chen G, Gully S M, Eden D, 2011. Validation of a new general self-efficacy scale[J]. Organizational Research Methods, 4(1): 62-83.

Cheng G H L, Chan D K S, 2008. Who suffers more from job insecurity? A meta-analytic review[J]. Applied Psychology, 57(2): 272-303.

Choi Y G, Kwon J, Kim W, 2013. Effects of attitudes vs experience of workplace fun on employee behaviors: focused on generation Y in the hospitality industry[J]. International Journal of Contemporary Hospitality

Management, 25(3): 410-427.

Chory R M, Westerman C Y K, 2009. Feedback and Fairness: The Relationship between negative performance feedback and organizational justice[J]. Western Journal of Communication, 73(2): 157-181.

Cleveland J, Murphy K R, Williams R E, 2004. The social context of performance appraisal: Review and framework for the future[J]. Journal of Management, 30(6): 881-905.

Coffin B, 2003. Breaking the silence on white collar crime[J]. Risk Management, 50(2): 8.

Colbert A E, Mount M K, Harter J K, et al, 2004. Interactive effects of personality and perceptions of the work situation on workplace deviance[J]. Journal of Applied Psychology, 89(2): 599-609.

Colguitt J A, Conlon D E, Wesson M J, et al, 2001. Justice at the millennium: A metaoanalytic review of 25 years of organizational justice research[J]. Journal of Applied Psychology, 86(3): 425-445.

Colquitt J A, Conlon D E, Wesson M J, et al, 2001. Justice at the millenium: A meta-analytic review of 25 years of organizational justice research[J]. Journal of Applied Psychology, 86(3): 425-445.

Conlon D E, Meyer C J, Nowakowski J M, 2005. How does organizational justice affect performance, withdrawal, and counterproductive behavior[A]//Greenberg J, Colquitt J. (Eds.) Handbook of Organizational Justice[C]. Mahwah, NJ: Laurence Erlbaum: 301-327.

Cook K, 2009. Fun at work: construct definition and perceived impact in the workplace[D]. Griffith University.

Csaszar F A, 2012. Organizational structure as a determinant of performance: Evidence from mutual funds[J]. Strategic Management Journal, 33(6): 611-632.

Cullen M J, Sackett P R, 2003. Personality and counterproductive behavior workplace behavior[A]//Barrick M, Ryan A M. (Eds.) Personality and work[C]. New York: Jossey-Bass-Pfeiffer.

Cummings L L, Berger C J, 1976. Organization structure: How does it influence attitudes and performance[J]. Organizational Dynamics, 5(2): 34-49.

Daft R L, Macintosh N B, 1981. A tentative exploration into the amount and equivocality of information processing in organizational work units[J]. Administrative Science Quarterly, 26(2): 207-224.

Dalal R S, 2005. A meta-analysis of the relationship between organizational citizenship behaviour and counterproductive work behavior[J]. Journal of Applied Psychology, 90(4): 1241-1255.

Deal T E, Kennedy A A, 1982. Corporate Cultures: The Rites and Rituals of Corporate Life[M]. Cambridge, MA: Addison-Wesley.

Denison D R, 1996. What is the difference between organizational culture and organizational climate? A native's point of view on a decade of paradigm wars[J]. Academy of Management Journal, 21(3): 619-632.

Deshpande S P, 1996. Ethical climate and the link between success and ethical behavior: An empirical investigation of a non-profit organization[J]. Journal of Business Ethics, 15(3): 315-320.

Deshpande S P, George E, Joseph J, 2000. Ethical climate and managerial success in russian organizations[J]. Journal of Business Ethics, 23(2): 211-217.

Devonish D, Greenidge D, 2010. The effect of organizational justice on contextual performance, counterproductive work behaviors, and task performance: Investigating the moderating role of ability-based emotional intelligence[J]. International Journal of Selection and Assessment, 18(1): 75-86.

Dodgson M, Gann D M, Phillips N, 2013. Organizational learning and the technology of foolishness: The case of virtual worlds at IBM[J]. Organization Science, 24(5): 1358-1376.

Dunlop P D, Lee K, 2004. Workplace deviance, organizational citizenship behavior, and business unit performance: the bad apples do spoil the whole barrel[J]. Journal of Organizational Behavior, 25(1): 67-80.

Duriau V J, Reger R K, Pfarrer M D, 2007. A content analysis of the content analysis literature in organization studies: Research themes, data sources, and methodological refinements[J]. Organizational research methods, 10(1): 5-34.

Eby L T, Casper W J, Lockwood A, et al, 2005. Work and family research in IO/OB: Content analysis and review of the literature (1980-2002)[J]. Journal of Vocational Behavior, 66(1): 124-197.

Eddleston K A, Kidder D L, Litzky B E, 2002. Who's the Boss? Contending with competing expectation from customers and management[J].Academy of Management Executive, 16(4): 85-95.

Elm D R, Nichols M L, 1993. An investigation of the moral reasoning of managers[J]. Journal of Business Ethics, 12(11): 817-833.

Erdogan B, Kraimer M L, Liden R C, 2001. Procedural justice as a two-dimensional construct: An examination in the performance appraisal context[J]. The Journal of Applied Behavioral Science, 37(2): 205-222.

Everett A, 2011. Benefits and challenges of fun in the workplace[J]. Library Leadership and Management, 25(1): 1-10.

Fagerlind A C, Gustavsson M, Johansson G, et al, 2013. Experience of work-related flow: Does high decision latitude enhance benefits gained from job resources?[J]. Journal of Vocational Behavior, 83(2): 161-170.

Farh J L, Earley P C, Lin S C, 1997. Impetus for action: A cultural analysis of justice and organizational citizenship behavior in Chinese society[J]. Administrative Science Quarterly, 42(3): 421-444.

Farh J L, Tsui A S, Xin K, et al, 1998. The influence of relational demography and Guanxi: The Chinese case[J]. Organization Science, 9(4): 471-488.

Farrell G A, Bobrowski C, Bobrowski P, 2006. Scoping workplace aggression in nursing: Finding from an Australian study[J]. Journal of Advanced Nursing, 55(6): 778-787.

Fedor D B, Buckley M R, Eder R W, 1990. Measuring subordinate perceptions of supervisor feedback intentions: Some unsettling results[J]. Educational and Psychological Measurement, 50(1): 73-89.

Fineman S, 2006. On being positive: Concerns and counterpoints[J]. The Academy of Management Review, 31(2): 270-291.

Fisher C D, Ashkanasy N M, 2000. The emerging role of emotions in work life: An introduction[J]. Journal of Organizational Behavior, 21(2): 123-129.

Fleming P, 2005. Workers' playtime? Boundaries and cynicism in a "culture of fun" program[J]. The Journal of Applied Behavioral Science, 41(3): 285-303.

Fleming P, Sturdy A, 2009. Just be yourself[J]. Employee Relations, 31(6): 569-583.

Fluegge E R, 2014. Play hard, work hard: Fun at work and job performance[J]. Management Research Review, 37(8): 682-705.

Fong C T, 2006. The effects of emotional ambivalence on creativity[J]. The Academy of Management Journal, 49(5): 1016-1030.

Ford R C, McLaughlin F S, Newstrom J W, 2003. Questions and answers about fun at work[J]. Human Resource Planning, 26(1): 791-792.

Ford R C, Newstorm J W, 2004. Making workplace fun more functional[J]. Industrial and Commercial Training, 36(3): 117-120.

Fox S, Spector P E, 1999. A model of work frustration aggression[J]. Journal of Organizational Behavior, 20(6): 915-931.

Fox S, Spector P E, Katwyk P V, 1997. Objectivity in the assessment of control at work[A].Annual Meeting of the Society for Industrial and Organizational Psychology, St. Louis.

Fredrickson B L, 2001. The role of positive emotions in positive psychology: The broaden-and-build theory of positive emotions[J]. The American Psychologist, 56(3): 218-226.

Fredrickson B L, 2013. Positive emotions broaden and build[J]. Advances in Experimental Social Psychology, 47(1): 1-53.

Fritzsche D J, 1997. Ethical climates and the ethical dimension of decision-making[J]. Journal of Business Ethics, 24(2): 125-140.

Geddes D, 1993. Examining the dimensionality of performance feedback messages: Source and recipient perceptions of influence attempts[J]. Journal Communication Studies, 44(3): 200-215.

Geddes D, Baron R A, 1997. Workplace aggression as a consequence of negative performance feedback[J]. Communication Quarterly, 10(4): 433-454.

Geothasi T D, 1986. Social comparison strategy in the feekback of performance[J]. Journal of Personality and Social Psychology, 59(6): 896-706.

Giacalone R A, Greenberg J, 1997. Antisocial Behavior in Organization[M]. Thousand Oaks, CA: Sage.

Goethais G R, 1986. Social comparison theory: Psychology from the lost and found[J]. Personality and Social Psychology Bulletin, 12(3): 261-278.

Greco L M, O'Boyle E H, Walter S. T, 2015. Absence of malice: A meta-analysis of nonresponse bias in counterproductive work behavior research[J]. Journal of Applied Psychology, 100(1): 75-97.

Greenberg J, 1987. A taxonomy of organizational justice theories[J]. The Academy of Management Review, 12(1): 9-12.

Greenberg J, Alge B J, 1998. Aggressive reactions to workplace injustice[A]//Griffin RW, O'Leary-Kelly A, Cillins J. (Eds.) Dysfunctional Behavior in Organization: Violent Behaviors in Organizations[C]. Greenwich, CT: JAI: 83-118.

Greenberg J, Scott K S, 1996. Why do workers bite the hands that feed them? Employee theft as a social exchange process[J]. Research in Organizational Behavior, 18(2): 111-156.

Gruber J E, 1990. How women handle sexual harassment: A literature review[J]. Social Science Research, 74(2): 3-9.

Gruys M L, Sackett P R, 2003. Investigating the dimensionality of counterproductive work behavior[J]. International Journal of Selection and Assessment, 11(1): 30-42.

Gundersun D E, Capozzoli E A, Rajamma R K, 2008. Learned ethical behavior: An academic perspective[J]. Journal of Education for Business, 83(83): 315-324.

Gupta V, Kumar S, 2013. Impact of performance appraisal justice on employee engagement: A study of Indian professionals[J]. Employee Relation, 35(1): 67-78.

Halbesleben J R, Harvey J, Bolino M C, 2009. Too engaged? A conservation of resources view of the relationship between work engagement and work interference with family[J]. Journal of Applied Psychology, 94(6): 1452-1465.

Hall D T, 2004. The protean career: A quarter-century journey[J]. Journal of Vocational Behavior, 65(1): 1-13.

Harper V L, 1990. Intuitive psychologist or intuitive lawyer? Alternative models of the attribution process[J]. Journal of Personality and Social Psychology, 39(3): 767-772.

Harris L C, Ogbonna E, 2002. The antecedents, types and consequences of frontline, deviant, antiservice behaviors[J]. Journal of Service Research, 4(3): 163-181.

Hatch M J, 1993. The dynamics of organizational culture[J]. Academy of Management Review, 18(4): 657-693.

Hellgren J, Sverke M, Isaksson K A, 1999. Two-dimensional Approach to Job Insecurity: Consequences for employee attitudes and well-being[J]. European Journal of Work and Organizational Psychology, 8(2):

179-195.

Henle C A, 2005. Predicting workplace deviance from the interaction between organizational justice and personality[J]. Journal of Management Issues, 17(2): 247-261.

Hewlin P F, 2003. And the award for best actor goes to-facades of conformity in organizational settings[J]. Academy of Management Review, 28(4): 633-642.

Hobfoll S E, 1989. Conservation of resources: A new attempt at conceptualizing stress[J]. American Psychologist, 44(3): 513-524.

Hobfoll S E, 2001. The influence of culture, community, and the nested self in the stress process: Advancing conservation of resources theory[J]. Applied Psychology, 50(3): 337-421.

Hobfoll S E, 2011. Conservation of resource caravans and engaged settings[J]. Journal of Occupational and Organizational Psychology, 84(1): 116-122.

Hollinger R C, Clark J P, 1982. Formal and informal social controls of employee deviance[J]. Sociological Quarterly, 23(3): 333-343.

Holtz B C, Harold C M, 2013. Effects of leadership consideration and structure on employee perceptions of justice and counterproductive work behavior[J]. Journal of Organizational Behavior, 34(4): 492-519.

Horning D N M, 1970. Blue collar theft: Conceptions of property, attitudes toward pilfering, and work group norms in modern industrial plant[A]//Smigel E O, Ross H L.(Eds.) Crimes against Bureaucracy[C]. NY: Van Nostrand Reinhold: 46-64.

Hornung S, Rousseau D M, 2007. Active on the job-proactive in change, how autonomy at work contributes to employee support for organizational change[J]. Journal of Applied Behavioral Science, 43(4): 401-426.

Huber G P, Q'Connell M J, Cummings L L, 1975. Perceived Environmental Uncertainty: Effects of information and structure[J]. Academy of Management Journal, 18(4): 725-740.

Hung T K, Chin N W, Lu W L, 2009. Exploring the relationships between perceived coworker loafing and counterproductive work behavior: The mediating role of a revenge motive[J]. Journal of Business and Psychology, 24(3): 257-270.

Isaac R G, 1993. Organizational culture: Some new perspectives[A]//Golembiewski R T.(Eds.) Handbook of Organizational Behavior[C]. Marcel Dekker Inc., NY.

Ivancevich J M, Donnelly J H, 1975. Relation of organizational structure to job satisfaction, anxiety-stress, and performance[J]. Administrative Science Quarterly, 20(2): 272-280.

Jacobs G, Belschak F D, Hartog D N D, 2014. Unethical behavior and performance appraisal: The role of affect, support, and organizational justice[J]. Journal of Business Ethics, 121(1): 63-76.

James L R, Jones A P, 1974. Organizational climate: A review of theory and research[J]. Psychological Bulletin, 81(12): 1096-1112.

Jansen J J P, Van Den Bosch F A J, Volberda H W, 2005. Managing potential and realized absorptive capacity: How do organizational antecedents matter[J]. Academy of Management Journal, 48(6): 999-1015.

Jensen J M, Opland R A, Ryan A M, 2010. Psychological contracts and counterproductive work behaviors: Employees responses to transactional and relational breach[J]. Journal of Business Psychology, 25(4): 555-568.

John O P, Donahue E M, Kentle R L, 1991. The Big Five Inventory-Versions 4a and 54[M]. CA: University of California, Berkeley, Institute of Personality and Social Research.

Jones A P, James L R, 1979. Psychological climate: Dimensions and relationships of individual aggregated work environment perceptions[J]. Organizational Behavior and Human Performance, 23(2): 201-250.

Joy V L, Witt L A, 1997. Delay of gratification as moderator of the procedural justice-distributive justice relationship[J]. Group and Organization Management, 17(3): 297-308.

Judge T A, Scott B A, Ilies R, 2006. Hostility, job attitudes, and workplace deviance: Test of a multi-level model[J]. Journal of Applied Psychology, 91(1): 126-138.

Karl K A, Joy P, 2005. Attitudes toward workplace fun: A three sector comparison[J]. Journal of Leadership and Organizational Studies, 12(2): 1-17.

Karl K A, Peluchette J V, 2006. How does workplace fun impact employee perceptions of customer service quality?[J]. Journal of Leadership and Organizational Studies, 13(2): 2-13.

Karl K A, Peluchette J V, Hall L, et al, 2005. Attitudes toward workplace fun, a three sector comparison[J]. Journal of Leadership and Organizational Studies, 12(2): 16-27.

Karl K A, Peluchette J V, Harland L, 2007. Is fun for every? personality difference in healthcare providers' attitudes toward fun[J]. Journal of Health and Human Services Administration, 29(4): 409-447.

Katherine K, Joy P, Leda H, et al, 2005. Attitudes toward workplace fun: A three sector comparison[J]. Journal of Leadership and Organizational Studies, 12(2): 1-16.

Katz D, 1964. The motivational basis of organizational behavior[J]. Behavioral Science, 9(2): 131-146.

Khan A K, Quratulain S, Bell C M, 2014. Episodic envy and counterproductive work behaviors: Is more justice always good?[J]. Journal of Organizational Behavior, 35(1): 128-144.

Kluger A N, DeNisi A, 1996. The effects of feedback interventions on performance: A historical review, a meta-analysis, and a preliminary feedback intervention theory[J]. Psychological Bulletin, (3).

Krischer M M, Penney L M, Hunter E M, 2010. Can counterproductive work behaviors be productive? 反生产行为 as emotion-focused coping[J]. Journal of Occupational Health Psychology, 15(1): 154-166.

Kruskal J B, 1964. Multidimensional scaling by optimizing goodness-of-fit to a non-metric hypothesis[J]. Psychometrika, 29(3): 1-27.

Kuhnen C M, Tymula A, 2012. Feedback, self-esteem, and performance in organization[J]. Management Science, 58(1): 94-113.

Kwok C, Au W T, Ho J M C, 2005. Normative controls and self-reported counterproductive behaviors in the workplace in China[J]. Applied Psychology: An International Review, 54(4): 456-475.

Lamm E, Meeks M D, 2009. Workplace fun: The moderating effects of generational differences[J]. Employee Relations, 31(6): 613-631.

Laran J, Janiszewski C, 2011. Work or fun? How task construal and completion influence regulatory behavior[J]. Journal of Consumer Research, 37(6): 967-983.

Law K S, Wong C S, 1999. Multidimensional constructs in structural equation analysis: An illustration using the job perception and job satisfaction constructs[J]. Journal of Management, 25(2): 143-160.

LeBlanc M M, Kelloway K, 2002. Predictors and outcomes of workplace violence and aggression[J]. Journal of Applied Psychology, 87(3): 444-453.

Lee K, Allen N J, 2002. Organizational citizenship behavior and workplace deviance: The role of affect and cognitions[J]. Journal of Applied Psychology, 87(1): 131-142.

Lee K, Ashton M C, Shin K H, 2005. Personality correlates of workplace anti-social behavior[J]. Applied Psychology: An International Review, 54(1): 81-98.

Leifer R, Huber G P, 1977. Relations among perceived environmental uncertainty, organization structure, and boundary-spanning behavior[J]. Administrative Science Quarterly, 22(2): 235-247.

Levy P E, Williams J R, 2004. The social context of performance appraisal: Review and framework for the future[J]. Journal of management, 30(6): 881-905.

Liao H, Joshi A, Chuang A, 2004. Sticking out like a sore thumb: Employee dissimilarity and deviant at work[J]. Personnel Psychology, 57(4): 969-1000.

Lin X H, Richard G, 2003. Organizational structure, context, customer orientation, and performance: Lessons from Chinese state-owned enterprises[J]. Strategic Management Journal, 24(11): 1131-1151.

Litwin G H, Stringer R A, 1968. Motivation and organizational climate[J]. Oxford, England: Harvard University.

Loch K D, Conger S, 1996. Evaluating ethical decision making and computer use[J]. Association for Computing Machinery, 39(7): 74-83.

London M, Smither J W, 2002. Feedback orientation, feedback culture, and the longitudinal performance management process[J]. Human Resource Management Review, 12(1): 81-100.

Maccallum R C, Browne M W, 1993. The use of causal indicators in covariance structure models: Some practical issues[J]. Psychological Bulletin, 114(3): 533-41.

MacLane C N, Walmsley P T, 2010. Reducing counterproductive work behavior through employee selection[J]. Human Resource Management Review, 20(1): 62-72.

Marcus B, Schuler H, 2004. Antecedents of counterproductive behavior at work: A general perspective[J]. Journal of Applied Psychology, 89(4): 647-660.

Martinko M J, Gundlach M J, Douglas S C, 2002. Toward an integrative theory of counterproductive workplace behavior: A causal reasoning perspective[J]. International Journal of Selection and Assessment, 10(1): 36-50.

McCrae R R, John O P, 1992. An introduction to the five-factor model and its applications[J]. Journal of Personality, 60(2): 175-216.

McDowell T, 2004. Fun at work: Scale development, confirmatory factor analysis, and links to organizational outcomes[D]. Alliant International University, California School of Professional Psychology, San Diego.

Merton R K, 2012. Social structure and anomie[J]. Mid-American Review of Sociology, 3(4): 91-96.

Meyer H H, Kay E, French J R P, 1965. Split roles in performance appraisal[J]. Harvard Business Review, 43(1): 123-129.

Miles D E, Borman W E, Spector P E, 2002. Building an integrative model of extra role work behaviors: A comparison of counterproductive work behavior with organizational citizenship behavior[J]. International Journal of Selection and Assessment, 10(1): 51-57.

Miller D, Droge C, 1986. Psychological and traditional determinants of structure[J]. Administrative Science Quarterly, 31(4): 539-560.

Mischel W, 1973. Toward a cognitive social learning reconceptualization of personality[J]. Psychological Review, 80(4): 252-283.

Moffitt T E, 1993. Adolescence-limited and life-course-persistent antisocial behavior: A developmental taxonomy[J]. Psychological Review, 100(4): 674-701.

Mount M, Ilies R, Johnson E, 2006. Relationship of personality traits and counterproductive work behavior: The mediating effects of job satisfaction[J]. Personnel Psychology, 59(3): 591-622.

MSNBC, 1996. Dishonesty in American: Lying, cheating, and stealing[EB/OL]. http: //www.msnbc.com/, May 19.

Murphy K R, 1993. Honesty in the Workplace[M]. Belmont, CA: Brooks/Cole.

Nease A A, Mudgett B O, Quifiones M A, 1999. Relationships among feedback sign, self-efficacy, and acceptance of performance feedback[J]. Journal of Applied Psychology, 84(5): 806-814.

Neuman J H, Baron R A, 2005. Aggression in the workplace: A social-psychological perspective[C]// pector P E, Fox S. (Eds.) Counterproductive Work Behavior: Investigations of Actors and Targets. Washington, DC:

American Psychological Association: 13-40.

O'Leary-Kelly A M, Newman A M, 2003. The implications of performance feedback research for understanding antisocial work behavior[J]. Human Resource Management Review, 13(4): 605-629.

Organ D W, Podsakoff P M, 2006. Organizational citizenship behavior: Its nature, antecedents, and consequences[M]. Sage.

Owler K, Morrison R, Plester B, 2010. Does fun work? The complexity of promoting fun at work[J]. Journal of Management and Organization, 16(3): 338-352.

Parker C P, Baltes B B, Young S A, et al, 2003. Relationships between psychological climate perceptions and work outcomes: A meta-analytic review[J]. Journal of Organizational Behavior, 24(4): 389-416.

Payne N, Jones F, Harris P, 2002. The impact of working life on health behavior: The effect of job strain on the cognitive predictors of exercise[J]. Journal of Occupational Health Psychology, 7(4): 342-253.

Penney L M, Hunter E M, Perry S J, 2011. Personality and counterproductive work behavior: Using conservation of resources theory to narrow the profile of deviant employees[J]. Journal of Occupational and Organizational Psychology, 84(1): 58-77.

Penney L M, Spector P E, 2005. Job stress, incivility, and counterproductive workplace behavior: The moderating role of negative affectivity[J]. Journal of Organizational Behavior, 26(7): 777-796.

Pertusa-Ortega E M, Zaragoza-Saez P, Claver-Cortes E, 2010. Can formalization, complexity, and centralization influence knowledge performance[J]. Journal of Business Research, 63(3): 310-320.

Peterson D K, 2002. Deviant workplace behavior and the organizational ethical climate[J]. Journal of Business and Psychology, 17(1): 47-61.

Pfeffer J, 1991. Organization theory and structural perspectives on management[J]. Journal of Management, 17(4): 789-803.

Pierce C A, Karl K A, Brey E T, 2012. Role of workplace romance policies and procedures on job pursuit intentions[J]. Journal of Managerial Psychology, 27(3): 237-263.

Plester B, 2009. Crossing the line: Boundaries of workplace humor and fun[J]. Employee Relations, 31(6): 584-599.

Plester B, Cooper-Thomas H, Winquist J, 2015. The fun paradox[J]. Employee Relations, 37(3), 380-398.

Plester B, Hutchison A, 2016. Fun times: The relationship between fun and workplace engagement[J]. Employee Relations, 38(3): 332-350.

Podsakoff P M, Ahearne M, MacKenzie S B, 1997. Organizational citizenship behavior and the quantity and quality of work group performance[J]. Journal of Applied Psychology, 82(2): 262-288.

Poortvliet P M, 2009. The joint impact of achievement goals and performance feedback on information giving[J]. Basic and Applied Social Psychology, 31(3): 197-209.

Porter L W, Lawler E E, 1964. The effects of "Tall" versus "Falt" organization structures on managerial job satisfaction[J]. Personnel Psychology, 17(2): 135-148.

Porter L W, Steers R M, 1973. Organizational, work and personal factor in employee turnover and absenteeism[J]. Psychological Bulletin, 80(2): 151-176.

Pundt A, Herrmann F, 2015. Affiliative and aggressive humors in leadership and their relationship to leader-member exchange[J]. Journal of Occupational and Organizational Psychology, 88(1): 108-125.

Ralston D A, Egri C P, Stewart S, et al, 1999. Doing business in the 21st Century with the new generation of chinese managers: A study of generational shifts in work values in China[J]. Journal of International Business Studies, 30(2): 415-427.

Rasheed A, Khan S U R, Rasheed M F, et al, 2015. The impact of feedback orientation and the effect of satisfaction with feedback on in-role job performance[J]. Human Resource Development Quarterly, 26(1): 31-51.

Redman T, Mathews B P, 2002. Managing services: Should we be having fun?[J]. Service Industries Journal, 22(3): 51-62.

Rhoades L, Eisenberger R, 2002. Perceived organizational support: A review of the literature[J]. Journal of Applied Psychology, 87(4): 698-714.

Robinson S L, Bennett R J, 1995. A typology of deviant workplace behaviors: A multidimensional scaling study[J]. Academy of Management Journal, 38(2): 555-572.

Robinson S L, Greenberg J, 1998. Employees behavior badly: Dimensions, determinates and dilemmas in the study of workplace deviance[J]. Trends in Organizational Behavior, 5(1): 1-29.

Rotundo M, Sackett P R, 2002. The relative importance of task, citizenship, and counterproductive performance for supervisor ratings of overall performance: A policy capturing study[J]. Journal of Applied Psychology, 87(2): 66-80.

Rotundo M, Xie J L, 2008. Understanding the domain of counterproductive work behavior in China[J]. The International Journal of Human Resource Management, 19(5): 856-877.

Salgado J F, 2002. The big five personality dimensions and counterproductive behavior[J]. International Journal of Selection and Assessment, 10(1): 117-125.

Sansone C, 1986. A question of competence: The effects of competence and task feedback on intrinsic interest[J]. Journal of Personality and Social Psychology, 51(5): 918-931.

Sansone C, 2015. Competence feedback, task feedback and intrinsic interest: An examination of process and context[J]. Journal of Experimental Social Psychology, 25(4): 343-361.

Semmer N K, Tschan F, Meier L L, et al, 2010. Illegitimate tasks and counterproductive work behavior[J]. Applied Psychology, 59(1): 70-96.

Shri R L, 2011. Can a new generation bring about regime change?[J]. International Journal of Middle East Studies, 43(3): 261-276.

Skarlicki D P, Folger R, Tesluk P, 1999. Personality as a moderator in the relationship between fairness and retaliation[J]. Academy of Management Journal, 42(1): 100-108.

Smither J W, London M, Reilly R R, 2005. Does performance improve following multisource feedback? A theoretical model, meta-analysis, and review of empirical findings[J]. Personnel Psychology, 58(1): 33-66.

Smithikrai C, 2008. Moderating effect of situational strength on the relationship between personality traits and counterproductive work behavior[J]. Asian Journal of Social Psychology, 11(2): 253-263.

Sora B, Caballer A, Peiro J M, et al, 2009. Job insecurity climate's influence on employees' job attitudes: Evidence from two european countries[J]. European Journal of Work and Organizational Psychology, 18(2): 125-147.

Spector P E, 2011. The relationship of personality to counterproductive work behavior(反生产行为): An integration of perspectives[J]. Human Resource Management Review, 21(4): 342-352.

Spector P E, Bauer J A, Fox S, 2010. Measurement artifacts in the assessment of counterproductive work behavior and organizational citizenship behavior: Do we know what we think we know?[J]. Journal of Applied Psychology, 95(4): 781-790.

Spector P E, Fox S, 2002. An emotion-centered model of voluntary work behavior: Some parallels between counterproductive work behavior and organizational citizenship behavior[J]. Human Resource Management Review, 12(1): 269-292.

Spector P E, Fox S, 2005. The stressor-emotion model of counterproductive work behavior[C]. In Counterproductive

Work Behavior: Investigations of Actors and Targets. Washington, DC: American Psychological Association: 151-174.

Spector P E, Fox S, 2010. Counterproductive work behavior and organizational citizenship behavior: Are they opposite forms of active behavior?[J]. Applied Psychology, 59(1): 21-39.

Spector P E, Fox S, Penney L M, et al, 2006. The dimensionality of counterproductivity: Are all counterproductive behaviors created equal?[J]. Journal of Vocational Behavior, 68(3): 446-460.

Stamper C L, Masterson S S, 2002. Insider or outsider? How employee perceptions of insider status affect their work behavior[J]. Journal of Organizational Behavior, 23(8): 875-894.

Stewart S M, Bing M N, Davison H K, 2009. In the eyes of the beholder: A non-self-report measure of workplace deviance[J]. Journal of Applied Psychology, 94(1): 207-215.

Tews M J, Michel J W, 2014. Fun and friends: The impact of workplace fun and constituent attachment on turnover in a hospitality context[J]. Human Relations, 67(8): 923-946.

Tews M J, Michel J W, Bartlett A, 2012. The fundamental role of workplace fun in applicant attraction[J]. Journal of Leadership and Organizational Studies, 19(1): 105-114.

Tews M J, Michel J W, Stafford K, 2013. Does fun pay? The impact of workplace fun on employee turnover and performance[J]. Cornell Hospitality Quarterly, 54(4): 370-382.

Tews M J, Michel J W, Xu S, 2015. Workplace fun matters…but what else?[J]. Employee Relations, 37(2): 248-267.

Tim B, Chery L V, 2000. The moderating effect of individuals' perceptions of ethical work climate on ethical judgments and behavior iterations[J]. Journal of Business Ethics, 27(4): 351-363.

Trevino L K, 1986. Ethical decision making in organizations: A person-situation interaction model[J]. Academy of Management, 11(3): 601-617.

Trevino L K, Youngblood S A, 1990. Bad apples in bad barrels: A causal analysis of ethical decision making behavior[J]. Journal of Applied Psychology, 75(2): 378-365.

Tusi A S, 2009. Autonomy of: Shaping the future of emerging scientific communities[J]. Management and Organization Review, 5(1): 1-14.

Twenge J M, 2010. A review of the empirical evidence on generational differences in work attitudes[J]. Journal of Business and Psychology, 25(2): 201-210.

Van Beek I, Hu Q, 2012. For fun, love, or money: What drives workaholic, engaged, and burned-out employees at work?[J]. Applied Psychology, 61(1): 30-55.

Van Dijk D, Kluger A N, 2011. Task type as a moderator of positive/negative feedback effects on motivation and performance: A regulatory focus perspective[J]. Journal of Organizational Behavior, 32(8): 1084-1105.

Vardi Y, 2001. The effect of organizational and ethical climates on misconduct at work[J]. Journal of Business Ethics, 29(4): 325-337.

Vardi Y, Wiener Y, 1992. Organizational misbehavior: A calculative-normative model[J]. Paper Presented at the Annual Meeting of the Academy of Management, Las Vegas.

Victor B, Cullen J B, 1987. A theory and measure of ethical climate in organizations[J]. Research in Corporate Social Performance and Policy, 9(2): 14-20.

Victor B, Cullen J B, 1988. The organizational bases of ethical work climates[J]. Administrative Science Quarterly, 33(1): 101-125.

Wiener Y, 1988. Forms of value system: A focus on organizational effectiveness and cultural change and maintenance[J]. Academy of Management Review, 13(4): 534-545.

Wiener Y, Vardi Y, 1990. Relationship between organizational culture and individual motivation: A conceptual integration[J]. Psychology Report, 67(3): 295-306.

Williams L J, Anderson S E, 1991. Job satisfaction and organizational commitment as predictors of organizational citizenship and in-role behaviors[J]. Journal of Management, 17(3): 601-617.

Wilson R A, Perry S J, Witt L A, et al, 2015. The exhausted short-timer: Leveraging autonomy to engage in production deviance[J]. Human Relations, 68(11): 1693-1711.

Wimbush J C, Shepard J M, Markham S E, 1997. An empirical examination of the relationship between ethical climate and ethical behavior from multiple levels of analysis[J]. Journal of Business Ethics, 16(16): 1705-1716.

Witt L A, Burke L A, Barrick M R, et al, 2002. The interactive effects of conscientiousness and agreeableness on job performance[J]. Journal of Applied Psychology, 87(1): 164-169.

Wong C S, Law K S, 1999. Testing reciprocal relations by nonrecursive structural equation models using cross-sectional data[J]. Organizational Research Methods, 2(1): 69-87.

Xie J L, 1996. Karasek's model in the People's Republic of China: Effects of job demands, control, and individual differences[J]. Academy of Management Journal, 39(6): 1594-1618.

Yang J X, Diefendorff J M, 2009. The relations of daily counterproductive workplace behavior with emotions, situational antecedents, and personality moderators: A diary study in Hong Kong[J]. Personnel Psychology, 62(2): 259-294.

Zellars K L, Perrewe P L, Hochwarter W A, et al, 2006. The interactive effects of positive affect and conscientiousness on strain[J]. Journal of Occupational Health Psychology, 11(3): 281-289.

Zhou J, 1998. Feedback value, feedback style, task autonomy, and achievement orientation: Interaction effects on creativity performance[J]. Journal of Applied Psychology, 83(2): 261-276.